독이 되는 부모

독이 되는 부모

초 판 1쇄 발행 2008년 10월 15일
초 판 20쇄 발행 2023년 3월 28일
지은이 수잔 포워드 · 크레그 벅
옮긴이 김형섭 · 지성학 · 황태연
펴낸이 김은선

펴낸곳 초록아이
주 소 경기도 고양시 일산서구 주화로 180 월드메르디앙 404호
전 화 031-911-6627
팩 스 031-911-6628

등 록 제 410-2007-000069호(2007. 6. 8)
ISBN 978-89-92963-81-7 13370

* **푸른육아**는 도서출판 초록아이의 임프린트로 육아서 브랜드입니다.

* 잘못된 책은 바꾸어 드립니다.
* 푸름이닷컴(www.purmi.com) 홈페이지를 방문하시면
  푸름이 부모님의 육아 상담 및 생생한 육아 정보를 무료로 보실 수 있습니다.

독이 되는 부모

수잔 포워드 · 크레그 벅 지음

감형섭 · 지성학 · 황태연 옮김

이 책을 읽다 보면 인생이 꼬이고 고통스럽기만 한 게 다 부모 탓처럼 느껴질 수 있다. 나는 아무 잘못도 없는데 말이다. 하지만 그렇게 생각하라고 이 책을 번역한 게 아니다.

어린 아이는 마치 백지 같아서 거기에 무엇을 쓰느냐에 따라 인생이 달라진다. 부모의 의도에 따라 아이에게 가르치는 것이 다르고, 그 아이 또한 부모에게 배운 대로 살아가기 때문이다. 만약 아무 생각 없이 해온 습관대로 (누군가는 전통 혹은 가풍이라고 말하고 싶을지도 모른다) 되지도 않는 내용을 아무렇게나 휘갈겨버린다면 어떻게 될까?

어린아이는 부모의 요구가 자신에게 적합한지 적합하지 않은지를 판단할 수가 없다. 그래서 부모가 아무리 좋은 의도로 그랬다고 하더라도 책임은 모두 부모에게 있다. 더구나 우리의 임상 경험으로 보면, 부모 자신들도 어렸을 때 스스로 감당하기 어려웠던 것들을 그들 부모에게 강요받았다.

이 책은 아이들에게 도움이 되기보다는 독이 되는, 병적인 부모들에 대한 내용이다. 이 책에서 말하려고 하는 것은 크게 세 가지다. 첫 번째는 한 개인이 힘들게 살아가게 된 원인 가운데 하나는 부모의 영향이고, 두 번째는 나쁜 것은 한 세대에서 끝나지 않고 대물림

될 수 있다는 것이며, 세 번째는 문제를 어떻게 해결하느냐에 관한 것이다.

정신의학 용어 가운데 '병적인 동일시'라는 말이 있다. 부모나 힘이 있는 사람들이 있다는 것을 분명히 알고 있고, 그것을 몹시 싫어하면서도 똑같이 닮아가는 경우를 말한다. 아무런 힘이 없는 아이들은 아주 쉽게 병적인 동일시를 한다. 자신을 학대하고 고통스럽게 만드는 사람과 똑같아지면 좀 나아지지 않을까 하는 기대 때문이기도 하고, 가해자에게 복수하고 싶기 때문이기도 하다.

자신이 병적인 동일시를 했다는 사실을 모르면 올바른 사회생활을 할 수 없고, 바람직한 인간관계를 형성하기도 어렵다. 어른이 되어서도 아이의 틀에서 벗어날 수 없기 때문에 어른으로서 해야 할 일들을 잘못한다. 그러다 부모가 되어 자녀에게 그 잘못을 똑같이 되풀이한다.

다시 한번 말하지만 부모 탓만 해서는 고통이 치유되지 않는다. 무엇보다 악순환의 고리를 끊어버리려는 용기가 필요하다. 너무 오랫동안 길들여진 습관이라 어쩔 수 없다고 하지 말고, 너무 창피하고 수치스러워하지 말며, 내 인생의 주인이 되어 의미 있고 가치 있는 삶을 살아가기 바란다.

아울러 내가 아무 문제 없는 부모라고 생각되더라도, 아이에게 무언가를 요구하는 방법이 아이에게 독이 되지는 않는지 꼭 한 번 돌아보기 바란다.

김형섭(정신과 전문의)

| 차례 |

제1부 독이 되는 부모

1 chapter 부모님 말씀이 전부 옳아요
−신처럼 군림하는 부모

2 chaper 내게는 어린 시절이 없어요
−의무를 다하지 않는 무능한 부모

3 chaper 모든 게 부모님 마음대로예요
−자식을 조종하는 부모

아버지가 저를 때린 건 맞습니다. 다 제가 잘 되라고 때린 거지요. 그런데 그게 제 결혼 생활까지 망칠 줄은 몰랐습니다.

서른여덟 살의 잘나가는 정형외과 전문의 민수 씨는 아내가 여섯 살 난 아들과 네 살 된 딸을 데리고 집을 나가버리자 나를 찾아왔다. 아내는 민수 씨가 자신의 감정을 스스로 조절할 수 있기 전에는 절대 돌아오지 않겠다고 했다. 툭하면 화를 내고, 잔인하게 비난을 해대는 남편에게 지칠 대로 지쳤기 때문이었다. 민수 씨도 자기 성격이 불 같고 잔소리가 심하다는 건 알았지만, 아내가 집을 나갔다는 사실에 몹시 충격을 받은 듯했다.

나는 우선 민수 씨에게 지나온 삶에 대해 이야기해보라고 했다. 그리고 되도록 많은 이야기를 할 수 있도록 짧게 물었다. 부모에 대해 묻자 그는 웃으면서 가족을 그린 그림을 보여주었다. 아버지가 두드러지게 표현되어 있었다. 그의 아버지는 유명한 심장외과 전문의였다.

아버지가 아니었으면 의사가 되지 않았을 겁니다. 아버지는 의사로서는 최고였거든요. 그런데 할아버지와 할머니는 아버지가 성직자가 되기를 간절히 원했답니다.

나는 민수 씨와 민수 씨 아버지의 관계가 방금 이야기한 할아버지와 아버지의 관계와 같냐고 물었다. 그러자 그는 신경질적으로 웃으며 대답했다.

제가 정형외과 전문의가 되겠다고 하기 전까지는 사이가 그럭저럭 괜찮았습니다. 요즘은 아버지와 만나기만 하면 다툽니다. 어제는 최악이었어요. 저를 가족에서 제외하겠다며 고래고래 소리를 질렀습니다. 정형외과 전문의가 되겠다고 한 게 화근이었지요.

나는 그의 아버지가 그리 훌륭한 사람은 아니라는 걸 알았다. 민수 씨는 이야기하는 내내 초초한지 손을 쥐었다 폈다 했다. 자신도 알았는지 그러지 않으려고 손가락 끝으로 책상을 눌렀다. 그러는 것도 아버지한테 배운 것 같았다. 나는 아버지가 늘 그렇게 폭군처럼 마음대로 하냐고 물었다.

아닙니다. 정말이에요. 자주 고함을 지르고, 몇 대 때리기도 했지만 다른 아버지들보다 심하진 않았어요. 폭군은 아니에요.

'때린다'고 말할 때 민수 씨의 목소리가 떨리는 것 같았다. 나는 왜 그러느냐고 물었다. 그러자 민수 씨는 일주일에 두세 번씩은 맞았다고 털어놓았다. 하지만 맞았다는 것 자체에 상처를 받은 것 같지는 않았다. 오히려 권위적이고 무시하는 말들, 다 지난 자질구레한 일들을 끄집어내 수치심을 주는 것에 상처를 받은 것 같았다.

민수 씨 아버지는 아무데나 마구 아들을 때렸다. 민수 씨는 어릴 적부터 온몸에 안맞은 곳이 없다고 했다. 나는 민수 씨 아버지가 얼마나 나쁜 사람인지 말해주었다.

민수 : 그래도 피가 나도록 맞아본 적은 없습니다. 제가 잘못했다고 얼른 빌었거든요. 아버지는 제가 당신이 정해 놓은 기준에서 벗어나지 않기를 바랐지요.

나 : 아버지를 무서워하셨네요?

민수 : 어릴 때는 죽을까 봐 정말 겁이 났습니다. 하지만 자식을 죽이는 부모는 없잖아요.

나 : 그렇다면 민수 씨, 당신 아이들도 그런 느낌을 받기 바라나요?

민수 씨는 시선을 피했다. 나는 의자를 바짝 당겨 앉으며 부드러운 목소리로 이야기를 이어갔다.

나 : 민수 씨 아내는 아이들을 치료하는 소아과 의사예요. 당신과 똑같은 상처를 입은 아이들이 병원에 온다면 경찰에 신고할 거예요.

민수 씨는 대답하지 않았다. 눈에 눈물이 가득 고였다. 민수 씨의 심리적 방어기제가 무너지기 시작했다. 그는 처음으로 껍질을 벗고 오랫동안 억눌려 왔던 고통과 분노의 근원에 대해 이야기를 펼쳐나갔다.

민수 씨는 아버지 때문에 어린 시절부터 분노의 화신이 되어 있었다. 그리고 분노가 걷잡을 수 없을 때마다 주로 가까이 있는 사람, 즉 아내와 아이들에게 끝없이 화를 내고 괴롭혔다.

나는 앞으로 무엇을 해야 할지 알았다. 그의 내면에 남아 아직도 매를 맞고 있는 상처투성이 소년을 치유하는 일이었다. 그날 저녁 집에 와서도 계속 그 생각만 했다. 민수 씨의 눈에 눈물이 고이던 모습을 잊을 수가 없었다. 그리고 어린 시절 마음에 상처를 준 부모 때문에 어른이 되어서도 어려움을 겪으며, 자신도 모르게 자식에게도 똑같은 잘못을 되풀이하고 있을 수많은 부모들을 떠올렸다. 그게 바로 내가 이 책을 쓰게 된 이유다.

왜 어린 시절을 되돌아봐야 하는가

이런 일은 얼마든지 있다. 나는 지난 20여 년 동안 수없이 많은 사람들을 만나면서 그들 대부분이 어렸을 때 부모로부터 매를 맞고, 심한 비난을 들으며, 지나가듯 '멍청이'나 '바보 같은 놈'이라는 말을 듣고, 죄책감을 느끼며, 성적으로 학대당하고, 과도한 책임을 강요당하며, 과보호로 인해 자존감에 상처를 받아 그로 인해 지금까지 고통받고 있다는 걸 알게 되었다.

그러나 대부분의 사람들은 지금 겪고 있는 문제가 부모와 직접 연관이 있다는 걸 금세 이해하지 못했다. 다들 부모와 있었던 좋지 않은 문제는 넘어가 버리고 싶어 했기 때문이다. 이것이 바로 일반화된 감정의 맹점이다.

정신분석에서 굉장히 중요하게 여기는 어린 시절의 경험들은 '그때는……' 하는 식으로 멀리 떨어져 있던 것들을 '지금 여기'로 끌어내어 치료에 이용하는 것이다. 상담자가 감정이입을 해 문제가 되고 있는 내담자의 행동이나 대인관계 등의 문제들을 검토하고 변화시킬 수 있게 이끌어주는 것이다. 하지만 치료를 받으려면 많은 노력과 시간과 돈을 투자해야 하기 때문에 결과는 몹시 미미하다.

그러므로 파괴적인 행동양식의 변화에만 초점을 맞추는 단기요법이 효과적이다. 물론 단기요법이 병적인 증세를 개선할 만큼 효과적이지 않다는 건 알고 있다. 그래서 증세의 근원에 관심을 기울여야 한다. 다시 말해 현재의 자기 비하적인 행동의 문제들을 변화시키고, 아울러 과거에 받은 상처들을 치유하는 이중 치료방식이 가장 효과적이라는 것이다.

우리 부모가 우리에게 뿌린 감정과 정신의 씨앗이 자라 우리의 삶을 결정한다. 그 씨앗이 어떤 가정에서는 사랑과 존경, 그리고 독립심 등의 형태로 뿌려지지만, 많은 가정에서는 공포와 속박 그리고 죄책감과 수치심 등이 얼룩진 형태로 뿌려진다.

당신이 두 번째 가정에서 자랐다면 이 책은 온전히 당신을 위해 쓴 책이라는 점을 기억해 주기 바란다. 그런 잘못된 씨앗들은 시간이 지날수록 점점 뿌리를 내리고 자라서 당신의 인생을 좀먹고 꿈을 실현하지 못하게 방해할 것이다. 그 얽히고 설킨 덩굴들이 당신의 대인관계와 직업, 가정을 위협하고, 자존감과 신뢰감에 지속적으로 손상을 입힐 것이다.

나는 이런 잘못된 점들을 하나 하나 가려 내고, 뿌리 뽑도록 당신을 도와줄 것이다.

왜 독이 되는 부모가 될까

어떤 부모든 가끔씩 부족한 면을 드러내게 마련이다. 나도 내 아이들에게 몇 가지 엄청난 실수를 한 적이 있을 것이며, 아이들에게 (그리고 나에게도) 커다란 고통을 주었을 것이다. 감정적으로 늘 안정되어 있는 부모는 없다. 어떤 부모든 아이를 자기 마음대로 하려들 때가 있고, 때릴 때도 있다. 그렇다고 이런 실수들이 늘 아이에게 잔혹한 게 되고, 부모를 모두 몹쓸 인간으로 만드는 것은 아니다.

부모도 인간이기에 자신만의 문제들을 안고 살아간다. 그러므로 아이들이 가끔씩 분노의 대상이 될 뿐, 대부분의 시간은 사랑과 이해 속에서 보살핌을 받으며 자라게끔 한다.

반면 아이의 삶을 계속 좌지우지하려고 들면서 끊임없이 아이들에게 군림하려는 부모들도 많다. 이런 부모들은 아이들에게 절대적으로 해를 끼친다.

아이들에게 해를 끼치는 부모들을 적절하게 표현하려고 고심하다가 문득 한 단어가 생각났다. 바로 '독' 이라는 단어였다. 부모로부터 받은 마음의 상처는 유독성 화학물질과 같이 천천히 그리고 깊숙하게 침투해 아이가 자란 후에도 계속 고통을 주고, 그 아이가 부모가 되면 자신의 아이에게 다시 상처를 입힌다. 특히 신체적인 학대는 너무나 큰 상처가 된다. 그렇기 때문에 단 한 번의 경험으로도 무시무시한 감정적인 상처를 남긴다.

이러한 잘못이 왜 대를 이어가며 일어나는 것일까? 그것은 우리의 부모가 부모 역할을 자신들의 부모로부터 배운 것이지, 교육 전문가로부터 배운 게 아니기 때문이다.

삶이 괴롭고 고통스러운 이유는 무엇일까

어릴 때 매를 맞으며 자랐든, 바보 취급을 받으며 자랐든, 오랫동안 방치되어 자랐든, 과보호 속에서 자랐든, 과도한 기대와 요구를 받으며 자랐든, 독이 되는 부모 밑에서 자란 사람들은 한결같이 삶이 괴롭다. 자존감에 상처를 입고, 자기 파괴적인 행동을 하며, 허무적이고, 사랑할 줄 모르며, 삶에 대해 무력하다.

독이 되는 부모 밑에서 자란 아이들은 의식적이든 무의식적이든 부모가 아니라 자기 자신을 비난한다. 부모에게 따진다거나 부모를 무능하다고 생각하는 것보다 자기를 탓하는 게 쉽기 때문이다.

이런 아이들은 어른이 되어서도 과거의 상처를 계속 품고 살아가기 때문에 긍정적인 자아를 갖기가 극히 어렵다. 이렇게 어릴 때 자기 자신에 대한 신뢰나 가치를 상실한 사람은 살면서 여러 가지 고통의 스펙트럼을 보인다.

자신의 부모가 독이 되는 부모였는지 아닌지를 판단하는 건 그렇게 쉬운 일이 아니다. 그래서 첫 단계로 다음과 같은 질문들을 통해 당신의 부모가 어떤 부모인지 판단해야 한다. 이 질문들 가운데 몇 가지가 당신을 불안하고 불편하게 할 수도 있다. 우리 부모가 우리에게 어떻게 했는지를 드러내 보이는 것은 원래 어려운 일이기 때문이다. 고통스럽지만 그래도 감정적으로 반응한다는 것은 그만큼 건강하다는 뜻이다.

첫째, 어린 시절 부모와의 관계는 어떤가?

❶ 부모가 당신을 가치 없는 아이라고 무시했는가? 부모가 모욕적인
별명을 지어 부르거나 비난했는가?

❷ 부모에게 맞은 적이 있는가? 부모가 물건을 집어던졌거나 회초리
혹은 다른 도구로 맞은 적이 있는가?

❸ 부모가 술을 많이 마시거나 약물에 의존했는가?

❹ 집안 분위기로 인해 혼란스럽거나 불편하거나 집을 나가고 싶거나
괴롭거나 부끄럽다고 느낀 적이 있는가?

❺ 부모가 정서장애 혹은 정신병이나 신체적 결함 때문에 우울해 하거
나 부모 역할을 제대로 하지 못한 적이 있는가?

❻ 위 항목의 이유로 당신이 부모를 돌봐야 했는가?

❼ 부모가 비밀로 해야 할 어떤 일을 당신에게 저지른 적이 있는가?
어떤 방식으로든 성적으로 괴롭힘을 당한 적이 있는가?

❽ 부모 때문에 몹시 놀란 적이 있는가?

❾ 부모에게 분노하고 화를 내는 게 두려운가?

둘째, 어른이 되고 난 후의 인간관계는 어떤가?

❶ 스스로를 파괴하거나 학대하는 인간관계를 맺고 있는가?

❷ 누군가와 가까워지는 것이 두려운가? 그가 당신에게 해를 끼치거나
당신을 배신할 거라고 생각하는가?

❸ 인생은 그리 즐거운 게 아니라고 생각하는가? 삶에 대한 부정적인

생각이 드는가?

❹ 당신이 누구이며, 무엇을 하고, 무엇을 원하는지 생각하는 게 괴로울 때가 있는가?

❺ 사람들이 당신의 참 모습을 알게 될까 봐 걱정스럽거나, 사람들이 당신의 참 모습을 알고 나면 좋아하지 않을 거라고 생각하는가?

❻ 잘 되어가고 있는데도 괜히 불안하거나, 사람들이 당신을 믿지 못할까 봐 걱정스러운가?

❼ 가끔 이유도 없이 화가 나거나 슬픈가?

❽ 모든 일에 완벽주의자인가?

❾ 긴장을 풀거나 즐겁게 보내기가 어려운가?

❿ 아주 잘하고 있을 때조차 '마치 부모처럼' 행동한다고 느낄 때가 있는가?

셋째, 현재 어른인 당신과 부모의 관계는 어떤가?

❶ 부모가 당신을 여전히 아이처럼 대하는가?

❷ 중요한 무언가를 결정할 때 부모의 허락을 받는가?

❸ 부모를 만나고 난 다음에는 어떤 감정이 강하게 들거나 특별한 행동을 하게 되는가?

❹ 부모의 뜻을 따르지 않는 게 걱정스러운가?

❺ 부모가 당신을 위협하거나 죄책감이 들게 만들어 당신을 조종하려 하는가?

❻ 부모가 매사를 돈으로 해결하려고 하는가?

❼ 부모가 어떻게 생각할지 신경 쓰이는가? 부모가 행복해하지 않으면 그게 다 당신 탓 같은가? 부모를 만족시키는 게 의무라고 생각하는가?

❽ 무엇을 해도 부모를 만족시키지 못할 것 같은가?

❾ 부모가 언젠가는, 어떤 방식으로든 지금보다 나아질 거라고 생각하는가?

만약 3분의 1 이상의 질문에 대한 답이 '그렇다'로 나온다면 이 책은 당신에게 많은 도움이 될 것이다. 어떤 부분은 당신과 전혀 상관없는 것처럼 보일 수 있다. 하지만 학대의 종류와 상관없이 독이 되는 부모 밑에서 자란 아이들은 누구나 같은 정도로 상처받는다는 것을 상기해 주기 바란다.

예를 들어 술 중독이 아닐 뿐 그와 버금가게 혼란스럽고 불안정한 부모 밑에서 자랐다면, 술 중독 부모 밑에서 자란 아이들과 똑같이 상처를 받는다는 이야기다. 따라서 상처를 치유하는 원칙과 기술은 대동소이하므로 이 책에 있는 어떤 부분이든 소홀히 하지 않기를 바란다.

독이 되는 부모의 영향력으로부터 자유로워지기

만약 당신이 독이 되는 부모 밑에서 성장한 사람이라면, 부모가 준 왜곡된 죄책감과 수치심, 자기 비하적인 유산으로부터 벗어날 방법은 많다. 희망을 잃지 말기를 바란다. 마치 마술처럼 부모가 어느 날 갑자기 바뀔 거라는 희망이 아니라, 부모의 강력하고 파괴적인 사슬에서 심리적으로 벗어날 수 있다는 현실적인 희망 말이다.

나는 당신이 부모와 갈등관계에 있든지 아니든지, 몇 년 동안 아예 얼굴도 안 보고 지내든지, 부모 중 한 분이 돌아가셨거나 두 분 다 돌아가셨든지 하는 것과 상관없이, 당신이 부모의 영향력을 명확히 파악한 다음 그 영향력을 다루어 나갈 수 있게 해줄 것이다.

많은 사람들이 부모가 세상을 떠난 뒤에도 여전히 부모의 영향력 안에서 살아가기 때문에 지금부터 하는 이야기들이 다소 생경하게 느껴질지도 모르겠다. 영혼이 지켜보고 있다는 것은 현실이 아닌데도 심리적으로 지대한 영향을 끼친다. 부모의 요구와 기대, 그리고 어떤 형태로든 수치심과 죄책감에 사로잡히는 이유는 부모가 세상을 떠난 후에도 사라지지 않고 남아 있기 때문이다.

이미 오래 전부터 당신은 부모의 영향력에서 벗어나고 싶은 욕구를 느끼고 있었을지도 모른다. 또한 벌써 문제를 어떤 식으로든 해결하려고 했을지도 모른다. 전에 한 내담자는 이런 이야기를 했다. "부모님은 제 인생에 참견한 적이 없어요. 그런데도 부모님이 너무 미워요. 그렇다는 걸 부모님도 알고 있어요."

그러나 그녀의 분노에 불을 붙이자 실상이 드러나기 시작했다. 그녀의 부모는 여전히 그녀를 좌지우지하려 들고 있었으며, 그녀는 그런 것에 대한 분노를 다스리느라 에너지를 쏟아 부으며 인생을 허비하고 있었다.

문제에 직면한다는 것은, 과거라고 하는 유령과 현재를 좀 먹고 있는 악마를 떨쳐버릴 수 있는 중요한 시작점이라고 할 수 있다.

어린 시절에 당한 일들은 책임질 필요가 없다

이쯤에서 이런 생각을 할 수도 있다. '책을 읽거나 전문가들 이야기를 들어보면, 남을 탓하거나 부모 탓을 하면 안 된다던데…….'

말도 안 되는 소리다. 당신 부모는 자신들이 저지른 행동에 대해 책임을 져야 한다. 물론 당신이 어른이 된 이상 어른으로서 마땅히 책임져야 할 게 있다. 하지만 어른이 되고 난 후의 삶이란 게 당신 힘으로는 어쩔 수 없었던 어린 시절의 경험들로 이루어져 있다는 사실을 알아야 한다.

그러므로 사실대로 이야기하자면 이렇다.

'당신은 스스로를 방어할 수 없었던 어린시절에 당한 일들을 책임져야 할 이유가 없다!'

그리고 당신의 의무는 잘못된 과거가 현재까지 이어지고 있는 데 대해 무언가 특별한 조치를 취하는 것이다.

지금부터 당신의 여러 가지 감정에 그 값을 매길 것이다. 감정적으로 방어하고 있는 것을 한 꺼풀 벗겨내고 나면 분노와 불안, 상심, 혼돈 그리고 애도 감정까지도 느낄 것이다. 오랫동안 내면화되어 왔던 부모상을 깨뜨림으로써 상실감과 배반감을 느낄 수도 있다. 하지만 당신을 불편하게 만드는 내용이 있다면, 그 내용에 좀 더 많은 시간을 할애하기 바란다.

이제 당신과 나는 아주 중요한 여행을 떠날 것이다. 진실을 찾아 모험과 여행을 할 것이다. 여행이 끝날 무렵이 되면 그 어느 때보다도 인생의 무게감을 느낄 것이다. 하룻밤 사이에 여러분의 문제를 마술처럼 해결해주겠다는 게 아니다. 하지만 용기와 희망만 잃지 않는다면, 당신은 부모의 영향력에서 벗어나 진정한 어른으로 거듭날 것이며, 좀 더 인간미 넘치는 좋은 부모가 될 것이다.

제1부

독이 되는 부모

부모님 말씀이 전부 옳아요

– 신처럼 군림하는 부모

고대 그리스 인간들에게는 큰 문제가 있었다. 신들이 올림포스 산 정상에 있는 천상의 놀이터에서 인간 세상을 내려다보며 인간들에게 함부로 벌을 내린 것이다. 친절할 필요도 없었고, 공정할 필요도 없었다. 노골적으로 불합리한 결정을 마구 내리기도 했다.

변덕이 심한 신들 때문에 인간은 메아리가 되기도 했고, 무거운 바위를 산꼭대기까지 밀어올렸다 굴러떨어지면 또 밀어올리기를 반복하기도 했다. 이런 예측할 수 없는 신들의 권위는 인간들에게 공포를 불러일으켰고, 사후 세계를 두려워하게 만들었다

독이 되는 부모와 자식의 관계도 이와 다를 게 없다. 예측할 수 없는 부모는 아이들에게 공포감을 조성하는 신처럼 보이기 때문이다. 우리가 아주 어렸을 때, 우리에게는 신처럼 보이는 부모가 전부였다. 부모가 없으면 사랑도 못 받고 보호도 못 받으며, 살 집도 없고, 음식도 없다는 것을 너무나 잘 알고 있었다. 우리에게 부모는 신처럼 전지전능한 공급자였다. 우리에게는 부모가 주는 것들이 절대적으로 필요했다.

따라서 부모에게 대들거나 부모를 거스르는 일은 상상조차 할 수 없었다. 그러는 동안 우리는 그들을 완벽한 부모로 기정사실화해버렸다. 그리고 더 넓은 세상으로 나아가게 되면서 우리에게 닥쳐올 미지의 세계에 대처하기 위해 부모를 완벽한 존재로 확신해버렸다.

그렇게 생각해야 왠지 보호를 받는 것처럼 느껴졌기 때문이다.

아이는 태어나 세 살 무렵이 되면 처음으로 독립을 주장한다. 대소변 가리는 것에 저항하며 '끔찍한 세 살'의 본색을 드러낸다. 그리고 '싫어!'라는 말이 삶의 일부를 결정해준다는 걸 알게 되고, '네 '라는 말이 남의 말에 순순히 따르는 거라는 걸 알게 되면서 일관된 주체성을 갖게 되고, 자율성과 의지를 만들어간다.

부모로부터 분리되는 과정은 사춘기와 청소년기에 극에 달한다. 따라서 이 시기에는 부모의 가치와 의미, 권위에 적극적으로 저항하게 된다. 합리적이며 평온한 가정의 부모는 아이들이 이렇게 갑작스러운 변화를 보여도 잘 참아낸다. 그리고 독립하려는 아이에게 용기를 주지는 않더라도 참고 기다려준다. 그런 부모는 "드디어 때가 왔구나!" 하고 생각한다. 자신의 청소년기를 되돌아볼 수 있는 여유가 있기 때문이다. 즉 아이가 정서적으로 성숙해 가는 과정이라는 걸 아는 것이다.

반면 독이 되는 부모는 대소변 가리기부터 사춘기, 청소년기에 보이는 반응을 자신에게 반항하거나 자신의 인격을 모독하는 행동으로 여겨 아이들을 위협한다. 아이로 하여금 자신에게 의존하게 만들고, 깊은 절망감을 느끼게 만들어 스스로를 방어하는 것이다.

그리고 아이가 건강하게 자라도록 뒷받침해 주기는커녕 훼방을 놓고 있으면서도 아이에게 한없는 관심을 쏟는 줄 알고 스스로를 위로한다. "좋은 성격을 만들어 주려는 거야", "옳은 것과 그른 것을 구분할 줄 알게 하려는 거야."라고 이야기하면서 아이의 자존감에 상처를 입히고, 아이가 독립하는 걸 방해한다.

그런 부모가 과연 올바른 부모인가 아닌가 제쳐두고라도 일단 그런 행동과 생각은 아이를 혼란에 빠뜨리고 증오심과 걱정, 돌발적인 행동을 하게 만든다.

대부분의 문화와 종교는 부모의 절대적인 권위를 인정하고 있다. 남편과 아내, 연인, 상사, 친구에게는 화를 내도 괜찮은데 부모에게는 절대로 그래선 안 된다고 금기시하는 것이다. 당신도 "엄마한테 그렇게 말대답하지 마."라든가 "아버지에게 대드는 아이가 어디 있니?"라는 말을 수없이 들으며 자랐을 것이다.

어쨌든 아이는 신과 같은 부모의 처분에 무조건 따를 수밖에 없다. 그리고 고대 그리스 신들 때문에 인간들이 그랬던 것처럼, 다음에는 번개가 어디로 떨어질지 도무지 알 수가 없다. 하지만 아이러니컬하게도 독이 되는 부모는 조만간 번개가 내리칠 거라는 사실을 알고 있다. 대부분 어렸을 때 자신의 부모로부터 똑같은 대접을 받은 경험이 있기 때문이다. 그때 느꼈던 공포가 마음속 깊이 자리잡고 있다가 서서히 뿌리를 내려 어른이 된 후 자신의 아이들에게 똑같이 행동하게끔 하는 것이다.

내가 틀리고 부모님이 옳아요

자존감에 상처를 입은 아이는 더욱 의존적이 되어 부모가 자신을 완벽하게 보호해주며, 모든 걸 다 해줄 거라고 굳게 믿게 된다. 감정적으로나 신체적으로나 박해를 받지 않으려면 독이 되는 부모의 행동에 책임을 물어서는 안 되고, 그대로 믿고 따를 수밖에 없기 때문이다. 부모의 행동이 얼마나 위협적이었느냐에 상관없이 아이들은 자라서도 여전히 부모를 신처럼 받들어야 할 필요를 느낀다. 아버지로부터 맞고 컸어도 여전히 아버지가 옳았다고 믿는 게 편하기 때문이다.

예전에 내가 상담했던 어떤 사람은 이렇게 말했다. "제 생각에 우리 부모님은 완벽한 분들이었습니다. 그래서 부모님이 저를 야단치면 다 제가 잘못해서 그런 거라고 믿었어요."

대개 신처럼 군림하려 드는 부모 밑에서 자란 사람들은 부모와 자신에 대해 이렇게 믿고 있다.

- 나는 틀리고, 부모는 옳다.
- 나는 약하고, 부모는 강하다.

이런 강력한 믿음이 오랫동안 부모에게 의존하게 만든다. 그리고 부모의 도움이 절실한 순간에 정작 부모가 아무 도움도 못 될 거라는 뼈아픈 진실까지 외면하게 만든다.

우리가 자기 인생을 책임지는 첫걸음은 이제까지 외면해온 진실을 바로 보는 것이다. 용기가 필요할 것이다. 하지만 이 책을 읽는다는 것 자체가 용기가 있다는 증거이므로 얼마든지 변할 수 있다.

부모님은 제 실수를 자꾸 들추어내요

서른 살의 수지 씨는 어느 것 하나 빠질 게 없는 매력적인 여성이다. 하지만 처음 나를 찾아왔을 때는 몹시 우울해 보였다. 그녀는 사는 게 재미없고 불행하게 느껴진다고 했다. 패션 디자이너로 몇 년 동안 일했던 그녀는 자기 사업체를 갖는 게 꿈이지만 성공할 자신이 없어서 망설이고 있었다. 이상하게도 그녀는 무슨 일이든 실패할까 봐 매우 두려워했다. 2년 전에는 임신하는 데도 실패했다고 했다.

나는 수지 씨와 이야기를 나누면서 그녀의 남편이 부드러운 사람이고, 늘 그녀를 사랑하는데도 남편에게 심하게 분노하고 있으며, 그래서 임신도 안 된다는 걸 알게 되었다. 게다가 최근에 친정어머니와 말다툼을 벌인 다음부터 부부 사이가 더 소원해져 있었다.

임신해야 한다는 생각에서 벗어날 수가 없어요. 엄마와 점심을 먹으면서 그 이야기를 했더니 엄마가 이러더군요. "네가 전에 아이를 유산했기 때문에 임신이 안 되는 거다. 하느님이 알아서 하신 거지." 그 후로 늘 울고 살았어요. 엄마는 제 실수를 잊지 못하게 하거든요.

나는 그녀에게 아이를 유산한 이야기를 해보라고 했다. 그녀는 몇 번을 망설이다 털어놓았다.

부모님은 독실한 천주교 신자예요. 전 어릴 때부터 다른 아이들보다 조숙했어요. 열세 살 때 이미 키가 160센티미터를 넘었고 가슴의 발육도 빨랐어요. 당연히 남자아이들로부터 많은 관심을 받았죠. 저도 은근히 좋아했고요. 그게 아버지를 화나게 했어요. 제가 남자친구와 처음으로 입을 맞추었다는 사실을 안 그날 밤, 아버지는 이웃집이 다 들릴 정도로 제게 욕을 퍼부었어요. 창녀라고까지 했죠. 거기서부터 삶이 내리막길이었던 것 같아요. 남자친구를 만나러 가는 건 지옥에 가는 거라더군요. 아버지는 고삐를 늦추지 않았어요. 그러다 보니 저도 제가 나쁜 아이 같았어요. 그래서 열여덟 살 때 남자아이하고 잤어요. 그렇게 해서 임신을 했고요. 집안이 발칵 뒤집혔죠. 제가 유산하겠다고 하자 부모님께서 완강하게 반대하더군요. "엄마가 되어 가지고 어떻게 그런 죄를 저지를 수가 있느냐?"고 천 번도 넘게 이야기했죠. 지옥에 가지 않는 대신 임신이라는 벌을 받았다는 거예요. 부모님의 유산 동의를 얻으려면 참는 수밖에 없었어요.

유산한 다음 어떻게 되었느냐고 묻자 그녀는 풀이 죽은 채 의자에 푹 파묻혔다. 그 모습이 나를 더욱 가슴 아프게 했다.

아버지는 저를 전보다 더 끔찍하게 대했어요. 지금 생각해보면 그전이나 그 이후나 별로 달라진 건 없었어요. 제가 모자란다고 느끼면 느낄수록 더 잘해보려고 노력했지만 허사였지요. 어리석게도 전 제가 사랑받던 아주 어렸을 때로 돌아가려고 했어요. 시간을 거꾸로 돌리려고 애썼던 거죠. 하지만 부모님은 꿈쩍도 하지 않았어요. 이미 엎질러진 물이나 마찬가지였죠. 이제 와서 부모님을 원망하고 싶지는 않아요. 부모님의 도덕성이 너무 높다는 걸 알았다면 그렇게 행동하지 않았을 거예요. 아무튼 저는 제가 너무 큰 죄를 저질렀다고 생각하고 모든 걸 부모님이 바라는 대로 했어요. 하지만 남편은 저의 그런 태도를 못 견뎌 해요. 남편은 저를 이해하지 못해요. 그저 부모님이 저를 용서해 주기만 기다리는걸……

나는 수지 씨의 이야기를 들으면서 그녀의 부모가 딸에게 크나큰 고통을 주었다는 사실과, 그럼에도 불구하고 그녀의 부모가 전혀 책임을 못 느끼고 있다는 것이 안타까웠다. 나를 찾아올 당시 수지 씨는 자포자기 상태였다. 자신을 포함해 매사를 부정적으로 바라보고, 비하하고 있었다. 부모의 종교적인 신념 때문에 희생당한 것일 뿐인데도 말이다.

나는 수지 씨 부모가 그녀에게 얼마나 잔인하게 굴었는지, 그녀를 얼마나 괴롭혔는지 설명해주어야겠다고 결심했다. 더 이상 그녀 자신을 망치지 않도록 해야 했기 때문이다.

나 : 그 어린 소녀가 그 동안 당해온 걸 생각하니 화가 나서 견딜 수가 없군요. 부모님이 정말 너무 했어요. 종교적인 신념을 당신에게 벌주는 데만 쓴 것 같군요. 수지 씨가 그런 대접을 받아야 할 만큼 잘못한 것도 아닌데 말이에요.

수지 : 전 두 가지 죄를 지었어요!

나 : 그때는 어린애였어요. 설사 잘못했다고 하더라도 평생 죗값을 치러야 하는 건 아니에요. 하느님도 당신이 속죄하고 바르게 살아가길 바랄 거예요. 당신이 이야기하는 것처럼 당신 부모가 옳은 분들이라면 당신에게 동정과 연민의 눈길도 보냈어야 해요.

수지 : 부모님은 제 영혼을 구하려고 했어요. 만약 저를 사랑하지 않았다면 저를 버렸을 거예요.

나 : 그 문제를 다른 측면에서 살펴볼까요? 만약 유산을 하지 않았다면 어떻게 되었을까요? 그리고 당신에게 어린 딸이 있다고 해요. 당신이 열여덟 살 때쯤이라고 했나요?

수지 씨는 고개를 끄덕였다.

나 : 그 딸이 다시 임신을 했다고 쳐보자고요. 당신 같으면 그 딸을 어떻게 하겠어요? 당신 부모처럼 할 건가요?
수지 : 절대로 안 그럴 거예요.

수지 씨는 비장한 심정으로 말했다.

나 : 그것 봐요. 당신 부모는 당신을 좀 더 사랑했어야 해요. 실수는 당신 부모가 한 거지 당신이 한 게 아니에요.

수지 씨는 인생의 절반을 자신을 방어하는 벽을 쌓는데 허비했다. 독이 되는 부모의 자녀들은 그렇게 벽을 쌓는 방어기제를 만들고, 결국 실패한다. 각자가 지닌 여러 가지 색의 심리적인 벽돌로 방어기제를 만들지만, 사실은 자신을 '부정'하는 것 외에는 결코 아무것도 아닌 셈이다. 이 '부정'은 자신이 죄를 짓지 않았다는 부정과, 부모가 자신에게 못하고 있는 게 아니라는 부정을 둘 다 포함한다.

'부정'은 현실을 바로 보지 못하게 한다

'부정'은 가장 원시적인 동시에 가장 강력한 힘을 지닌 심리적인 방어기제로, 고통스러운 삶의 경험에 근거해 현실에 대한 판단력을 떨어뜨리거나 현실과 완전히 동떨어지게 만든다. 심지어 부모가 우리에게 어떻게 했는지 잊어버리고 존경하도록 만들기도 한다.

부정을 하면 일시적인 안도감을 얻는 대신 크나큰 대가를 치러야 한다. 부정은 우리의 감정적인 압박감을 토대로 하는데, 그 기간이 길면 길수록 더 큰 압박감을 느끼게 된다. 그래서 얼마 못 가 주저앉는다. 부정이라는 방어기제를 사용해야 했던 위기를 넘긴다 해도, 그동안 그렇게도 피해 온 진실과 마주할 수밖에 없는 것이다. 우리가 부정을 좀 더 현명하게 다룰 수만 있다면, 압력밥솥의 마개를 열어 압력을 분출시키듯 좀 더 쉽게 위기를 극복해 갈 수 있을 것이다.

그런데 불행하게도 우리가 행하고 있는 부정의 범위에는 우리만 포함되어 있는 것이 아니다. 당신의 부모 역시 당신을 부정의 틀 안에서 다루고 있다. 당신이 과거의 진실을 재조명하기 위해 싸움을 벌일 때, 특히 그 과거가 부모의 아픈 부분을 건드리는 경우라면 당신의 부모는 이렇게 말할 것이다. "그렇게 나쁘게 하지는 않았어", "그렇지 않아", "말도 안 돼!" 이런 말을 들으면 당신은 뭔가 새로 시작해보려 하다가도 주저앉게 될 것이다. 그리고 과연 나의 기억이 맞는지 다시 생각할 것이다. 다시 말해 당신이 현실을 직시하고 자존감을 회복하려는 시도를 부모가 싹부터 자르는 것이다.

수지 씨 역시 너무 강하게 부정해서 현실을 바로 보지 못할 뿐더러, 봐야 할 또 다른 현실이 있다는 것을 잊어버리고 있었다. 나는 그녀의 고통을 충분히 이해할 수 있었다. 하지만 최소한 그녀가 부모에 대해 잘못된 이미지를 갖고 있다는 것만큼은 지적해야 했다. 나는 가능하면 그녀가 상처받지 않고 이해하도록 이야기를 이끌어나갔다.

부모님을 그렇게 사랑하고 좋은 분이라고 믿다니, 존경심이 드는군요. 수지 씨 말대로 부모님은 얼마 동안은 정말 좋은 분들이었을 거예요. 하지만 분명히 알아야 할 게 있어요. 진심으로 딸을 사랑하는 부모는 딸이 한번 잘못한 걸 가지고 그렇게 두고두고 이야기하지는 않아요. 자존감을 그렇게까지 짓밟지 않는다는 거죠. 당신을 부모와 종교로부터 떼어놓으려고 그러는 게 아니에요. 부모를 보지 않고 살거나 성당에 나가지 않을 필요까지는 없어요. 하지만 당신이 우울증을 겪는 건 당신 부모님이 완벽하다는 그릇된 환상 때문이에요.

부모님은 당신에게 잔인한 짓을 했어요. 당신에게 상처를 주었죠. 당신이 무엇을 했든 그건 다 지난 일이에요. 부모님은 입이 있어도 할 말이 없어야 해요. 당신 가슴속에 자리잡고 있는 예민한 어린 소녀가 얼마나 깊이 상처받고 있는지 모르겠어요? 지금껏 아무짝에도 쓸모없는 상처를 부여잡고 있다는 걸 말이에요.

수지 씨는 간신히 "맞아요." 하고 말했다. 나는 그렇게 생각하는 게 상처가 되느냐고 물었다. 그녀는 주저하지 않고 고개를 끄덕였다.

알고 보면 정말 좋은 분들이에요

두 달 간 상담을 진행해 나가는 동안 수지 씨는 약간 진전을 보였다. 하지만 여전히 완벽한 부모라는 신화에 집착하고 있었다. 나는 그녀에게 상담 시간에 부모를 초대하는 게 어떻겠느냐고 물었다. 그녀의 부모로 하여금 딸의 인생에 얼마나 막대한 영향을 주고 있는지 깨닫고 일말의 책임이라도 느끼도록, 그래서 수지 씨가 부정적인 자아를 좀 더 쉽게 회복할 수 있기를 바랐다.

우리는 간신히 자리를 만들었다. 그녀의 아버지가 입을 열었다.

쟤가 얼마나 나쁜 애였는지 모르실 겁니다. 남자아이들하고 어울려 다니다가 저 꼴이 되었지요. 쟤가 저렇게 된 건 그때 아이를 유산했기 때문입니다.

수지 씨 눈에 눈물이 고였다. 나는 그녀를 구하고 싶었다. 그래서 "그 일 때문에 이렇게 된 게 아니에요. 따님을 비난하라고 뵙자고 한 것도 아니고요. 계속 그러시면 아무것도 달라지지 않아요."라고 말했다. 수지 씨 아버지와 어머니는 상담 시간 내내 딸을 비난했다. 참으로 긴 시간이었다. 부모가 나가자 수지 씨가 대신 사과했다.

부모님이 오늘 제게 좋은 말은 한마디도 하지 않았다는 거 알아요. 하지만 선생님이 그분들을 나쁘게 보지 않으셨으면 해요. 알고 보면 좋은 분들이거든요. 긴장되고 낯설어서 그런 거예요. 괜히 오라고 했나 봐요. 이런데 오는 건 상상도 못하는 분들이거든요. 다음엔 안 그럴 거예요.

수지 씨 부모와 몇 번 더 상담한 결과 문제가 자명해졌다. 그녀의 부모는 문제를 이해하려고 들기는커녕 마음의 문을 닫아걸기에 급급했다. 그들의 책임에 대해 말해 봐야 소 귀에 경 읽기일 것 같았다. 게다가 수지 씨는 여전히 자신의 부모를 우상화하고 있었다.

독이 되는 부모 밑에서 자란 사람들은 부정을 함으로써 지난 일을 별일 아닌 것으로 만들거나, 무의식적인 과정을 거쳐 어떤 사건과 느낌을 자신으로부터 멀리 치워버린다. 게다가 아예 그런 일이 없었던 것처럼 만들기도 한다. 하지만 수지 씨의 경우와 같이 좀 더 정교한 방어 수단을 동원하기도 하는데, 바로 합리화다. 합리화란 고통스럽고 불편한 내용에 대해 '그럴 듯한 이유'를 내세워 회피하는 것이다.

몇 가지 합리화 예를 들어보겠다.

- 아버지가 나를 야단친 건 엄마가 아버지에게 잔소리를 해서야.
- 엄마는 외로워서 술을 마시는 거야. 좀 더 같이 있어줘야겠어.
- 아버지가 날 때린 건 결코 내가 미워서가 아니야. 다 나 잘 되라고 그런 걸 거야.
- 엄마가 나에게 관심이 없는 건 자신이 불행하기 때문이야.
- 아버지가 나를 괴롭히지만 비난할 수는 없어. 두 분이 각 방을 써서 쌓인 게 많아서 그럴 거야. 남자는 못 참는다잖아.

여기에 있는 합리화를 보면 한 가지 공통점이 있다. 받아들일 수 없는 것을 받아들이게 해준다는 것이다.

아버지는 제 인생의 전부였어요

귀여운 스타일의 영서 씨는 사십대 중반의 여성이었다. 그녀의 문제점을 발견한 사람은 세 번째 남편이었다. 장성한 딸이 그녀를 데리고 상담실로 들어왔다. 딸은 영서 씨가 분노를 조절하는 치료를 받지 않으면 의절하겠다고 위협했다.

지나치게 굳어 있는 자세와 굳게 다문 입술을 한 영서 씨는 폭발 직전의 화산처럼 보였다. 나는 영서 씨에게 왜 이혼했느냐고 부드럽게 물었다. 그러자 그녀는 남자들이 먼저 떠나버렸다고 대답했다.

늘 잘못된 남자만 만나요. 처음에는 괜찮은데 오래 못 가요.

나는 그녀가 남자들을 짐승에 비유하는 것에 주목했다. 아니나 다를까 모든 남자들을 자기 아버지와 비교하며 이야기를 이어갔다.

참, 무슨 운명인지 하나같이 우리 아버지를 닮았더군요. 아버지는 영화배우같이 생겼어요. 모두 아버지를 우러러봤죠. 아버지한테는 다른 사람을 굴복시키는 힘이 있었거든요. 하지만 어머니는 늘 아팠어요. 그래서 아버지가 늘 저를 데리고 다녔지요. 단둘이 말예요. 그때가 제 인생의 황금기였죠. 아버지가 떠나면서 좋은 시절도 끝났으니까요.

나는 아버지가 있었다면 어땠을 것 같으냐고 물었다.

잘 모르겠어요. 제가 열한 살 때쯤 아버지가 떠났어요. 어머니는 아버지에게 어울리지 않는 여자였거든요. 아버지는 전화조차 없었어요. 아무것도요. 그 후 한 1년 동안 밤마다 아버지가 문앞에 차를 세우고 시동을 끄는 소리가 들렸어요. 아버지는 제 인생의 전부였지요. 이유야 어떻든 아버지를 비난할 수 없었어요. 병든 아내와 아이를 누가 좋아하겠어요?

영서 씨는 우상화한 아버지를 기다리느라 인생을 허비하고 있었다. 아버지가 가족을 버리고 나간 것을 어떻게 생각해야 할지 모르다가 신처럼 보이던 아버지를 지나치게 합리화해 버린 것이다. 자신이 받은 상처를 숨기려고 말이다.

영서 씨의 합리화는 아버지가 가족을 버렸다는 데 대한 분노를 부정하게 만들었다. 그리고 불행하게도 그 분노가 남자들에게 전이되어 드러나고 있었다. 남자를 처음 만나는 얼마간은 그런대로 지나갈 수 있었다. 하지만, 그 남자를 알게 되면서부터 버림받을지도 모른다는 불안감이 심해지면서 관계를 악화시킨 것이다.

불안감은 여러 가지 형태로 나타났는데, 그 중 하나가 분노였다. 그녀는 남자들이 떠나버리는 이유를 일찌감치 깨달았어야 했다. 둘 사이가 가까워지면 질수록 스스로가 더 분노했기 때문이다. 그리고 남자들이 자신을 떠났기 때문에 화가 난다고 자신을 정당화하고 있지만, 사실은 순서가 뒤바뀌었다는 것도 알아차렸어야 했다.

죽고 없는 부모를 신격화하지 마라

학교를 졸업할 때쯤 심리학 책에서 사람들의 감정, 특히 분노가 발전되어 나가는 그림을 본 적이 있다. 시작은 한 남자가 직장 상사에게 야단을 맞는 그림이었다. 화는 나지만 소리를 지를 수도 없었던 남자는 집에 돌아가 괜히 아내에게 화를 냈고, 그러자 아내는 아이들에게 소리를 질렀으며, 화가 난 아이들은 개를 발로 찼고, 개는 고양이를 무는 그림이었다. 나는 그 그림을 보면서 인간은 자신의 화를 풀려고 약자를 찾아 나서고, 결국 약자는 이유 없이 당할 수밖에 없다는 것을 깨달았다. 영서 씨의 예가 단적인 증거다.

다 짐승들이에요. 다 똑같아요. 절대 남자를 믿으면 안 돼요. 남자라면 치가 떨려요.

'아버지가 나를 버렸다!' 그녀가 이 사실을 직시하기만 하면 그 가여운 환상과 신처럼 생각하던 아버지에 대한 이미지를 깨버리고 새출발을 할 수 있을 것이다.

그런데 부모가 죽는다고 해서 또 신격화가 끝나는 게 아니다. 부모의 죽음은 오히려 문제를 더욱 악화시킨다. 살아 있는 부모가 저지르는 해악을 제대로 이해하는 것도 어렵지만, 언젠가는 부모가 죽을 거라고 말하는 것도 어렵다. 부모의 죽음을 언급하는 것 자체가 부모를 저버리는 것으로 여겨 금기시하는 게 현실이기 때문이다. 그래서 죽고 없는 부모를 다시 신격화하는 것이다.

독이 되는 부모는 무덤에서 안식을 취하고 있는데, 살아 있는 자식들은 여전히 예전의 감정적 사슬에서 벗어나지 못하다니 이 얼마나 불행한 일인가.

넌 정말 골칫덩어리야!

30대 중반의 민영 씨가 그녀의 음악적 재능을 아까워하는 친구의 소개로 나를 찾아왔다. 민영 씨는 목소리가 뛰어나게 아름답고 노래를 잘하는데도 재능을 발휘할 직장이 없었다. 만난 지 10분도 안 되어 그녀는 자기 문제를 풀어놓기 시작했다.

노래하고 상관 있는 일을 해본 적이 없습니다. 집세를 벌기 위해 잠깐 동안 사무직으로 일한 적은 있지만, 정작 제 꿈인 노래에 관련된 일에 대해서는 두려운 마음이 들어요. 언젠가 친척들과 저녁을 먹으면서 그런 이야기를 하니까 아버지가 그러더라고요. "늘 골칫덩어리였는데 새삼스럽게 뭘 그러느냐!"라고요. 제게 상처를 주려고 그런 게 아니라는 건 알지만 지금도 그 말이 머릿속에서 떠나질 않아요. 자꾸 눈물만 나요.

나는 누구라도 그런 상황에서는 상처받을 거라고 말했다. 민영 씨 아버지가 너무한 건 사실이었기 때문이다. 그녀가 말을 이었다.

사실 맞는 말이에요. 제 인생은 그런 일의 연속이었는데요 뭘. 우리 식구들 중에서 제가 제일 못났어요. 부모님께 늘 야단만 맞으며 자랐죠. 무슨 일이 생기면 부모님은 언제나 제 탓을 했어요. 아버지는 걸핏하면 소리를 질렀고요. 어쩌다 제가 아버지를 기쁘게 하기라도 하면 동네방네 떠벌리고 다녔어요. 그럴 땐 저도 우쭐했지만 그때 잠시뿐이었죠.

민영 씨와 나는 몇 주 동안 어린 시절의 그런 문제들을 되짚어보았다. 그녀는 먼저 아버지에 대한 엄청난 분노와 슬픔에 대해 털어놓았다. 그러는 과정에서 민영 씨 아버지가 갑자기 뇌출혈로 돌아가시는 일이 발생했다. 예기치 못한 일에 민영 씨는 몹시 충격을 받았다. 그런 일을 당하면 누구나 그럴 것이다. 그러자 그녀는 아버지에 대한 분노 대신 자책감으로 일관하기 시작했다.

장례식장에 아버지를 추모하기 위해 온 사람들을 보니 아버지가 참 좋은 분이었다는 생각이 들더군요. 그러면서 제 문제 때문에 아버지를 비난한 게 부끄러워졌어요. 쥐구멍에라도 들어가고 싶었죠. 아버지의 마음을 아프게 한 데 대해 용서를 빌고 싶어요. 그리고 아버지가 좋은 분이었다는 것만 기억하고 싶어요. 나쁜 것에 대해서는 더 이상 이야기하고 싶지 않아요. 이젠 아무 소용도 없으니까요.

민영 씨는 아버지를 애도하느라 한동안 상담을 하러 오지 않았다. 하지만 얼마 후 다시 찾아왔다. 그리고 어린 시절 아버지로부터 받은 상처 때문에 생긴 현실적인 문제들이 아버지가 돌아가셨는데도 바뀌지 않는다고 털어놓았다.

지금까지 나는 6개월 가량 상담하면서 자존감을 서서히 회복해 가는 그녀를 행복한 마음으로 지켜보고 있다. 아직 꿈을 이룬 건 아니지만 이제 그녀는 남들 앞에서 노래하는 걸 두려워하지 않는다.

신과 같은 부모는 자신들 나름대로 규칙을 정하고 따르라고 강요함으로써 아이들에게 상처를 입힌다. 부모가 살아 있든 돌아가셨든 부모를 계속 우상화하는 한 부모가 만든 현실에 갇혀 살 수밖에 없다. 당신이 겪고 있는 고통을 생활의 일부로 받아들이게 될 것이고, 조금이라도 편해지려면 끊임없이 합리화할 것이다.

하지만 이젠 그만두어야 한다. 용기를 내어 부모를 현실적으로 바라보기 바란다. 이제는 어른이 되었으니 부모와 대등한 관계에서 잘못된 것들을 고쳐 나가려고 노력해도 된다.

내게는 어린 시절이 없어요

- 의무를 다하지 않는 무능한 부모

아이들에게는 타인에게 양도할 수 없는 기본적인 권리가 있다. 먹을 권리, 입을 권리, 잘 곳을 가질 권리, 보호받을 권리다.

하지만 이런 물리적인 권리 이외에 감정적으로 소중하게 양육받을 권리와, 정서적으로 존중받고 자신에 대한 가치를 고양하도록 양육받을 권리도 있다. 또한 부모 자신의 욕구를 제한할 줄 알고, 실수를 줄이려고 애쓰며, 아이를 육체적으로나 정신적으로 학대하지 않는 부모 밑에서 자랄 권리가 있다.

마지막으로 아이다울 권리가 있다. 유아기와 학교에 들어가기 전까지는 아이다운 놀이를 하면서 자연스럽게 자라야 하며, 그 어떤 의무도 가져서는 안 된다. 자라면서 자연스럽게 가족의 의무와 사랑하는 부모가 바라는 몇 가지 책임은 질 수 있지만, 적어도 유년기만큼은 그 어떤 이유로도 권리를 침해당해서는 안된다.

우리는 세상을 어떻게 배우는가

아이들은 말이나 말이 아닌 것으로 전달되는 메시지들을 스펀지같이 쏙쏙 빨아들이는 능력이 있다. 뭐든 아무것이나 다 말이다. 아이들은 부모가 말하는 것을 듣고, 부모를 바라보면서 그대로 따라한다. 가족 말고는 참고할 만한 것이 없기 때문에 집에서 배운 것을 전적으로 믿게 되며, 이것들이 마음속 깊이 자리잡아 아주 오랫동안 남게 된다. 동시에 부모의 역할은 하나의 모델이 되어 아이들의 자존감과 주체성 형성에 지대한 영향을 끼친다. 특히 아버지는 남자아이가 남자다운 모습으로, 그리고 어머니는 여자아이가 여자다운 모습으로 변모하는 성적 주체성에 지대한 영향을 미친다. 수십 년 동안 부모 역할이 극적일 만큼 변해 왔지만, 부모로서 해야 할 기본적인 역할은 지금도 변함없다.

- 부모는 자식이 원하는 신체적인 욕구를 충족시켜 주어야 한다.
- 부모는 자식을 물리적인 위험으로부터 지켜주어야 한다.
- 부모는 자식에게 사랑과 관심 그리고 애착을 주어야 한다.
- 부모는 자식을 감정적인 위협으로부터 지켜주어야 한다.
- 부모는 자식에게 도덕과 윤리의 길잡이가 되어주어야 한다.

이런 식으로 책임을 열거하자면 이보다 더 많을 것이다. 하지만 이 다섯 가지만으로도 적절한 부모가 되는 기초는 마련된다. 앞에서 말한 독이 되는 부모란 이 다섯 가지조차도 제대로 수행해 내지 못하는 부모들이다. 대개의 경우 부모(혹은 어느 한쪽) 자신이 정서적으로 안정되어 있지 않거나, 혹은 정신적으로 건강하지 못해 위에서 언급한 책임을 다하지 못한다. 그런 부모는 아이의 욕구를 모를 뿐만 아니라, 오히려 아이가 부모의 욕구를 미리 알고 행동해 주기를 바란다.

부모가 아이에 대한 책임을 억지로 지고 있다면 식구들 각자의 역할이 모호해지고 왜곡되기 쉬우며, 심지어는 구성원의 역할이 뒤죽

박죽될 수가 있다. 반면 아이가 부모 역할을 떠맡아야 한다면 그 아이는 닮아야 할 사람도 없고, 존경할 만한 사람이 없는 것은 물론 '동일시'할 기회마저 박탈당하게 된다. 중요한 시기에 동일시를 통해 부모로부터 배우는 것이 없으면 적절한 감정적 성숙을 기대하기 어렵고, 아이의 주체성에도 문제가 생긴다. 그런 아이는 혼돈과 적대감으로 가득 차서 삐뚤어진 어른으로 성장하기 쉽다.

헬스장을 운영하는 지훈 씨는 지나치게 일만 하는 게 문제가 되어 나를 찾아왔다.

너무 일만 하는 바람에 결혼 생활이 엉망이 되어버렸어요. 집에서든 밖에서든 일만 하거든요. 아내는 일만 하는 로봇인 제게 지쳐 있습니다. 그런데 얼마 전에 새로운 문제가 생겼어요. 아내 말고 좋아하는 여자가 생겼거든요. 그래서 일만 하는 제 자신이 싫어졌습니다. 정말이에요. 하지만 어떻게 풀어 나가야 할지 알 수가 없답니다.

지훈 씨는 주위 사람들에게 친밀한 감정을 표현하기가 어렵다고 했다. 특히 부드럽고 따뜻하며 사랑한다는 느낌을 표현하기 어렵다고 했다. '재미'라는 단어 자체도 혐오감이 느껴져서 그런 말은 죽어도 못하겠다고 했다.

여자친구를 즐겁게 해주려면 뭐라고 말해야 할지 알고 싶어요. 이야기를 시작하고 얼마 되지 않으면 본래 모습으로 돌아가거든요. 그러면 그녀가 화를 내지요. 아마도 할 줄 아는 게 일밖에 없어서 그런 것 같아요. 아무튼 그런 제 자신이 싫습니다.

지훈 씨는 다른 사람과의 관계에서 자신이 얼마나 형편없이 처신하는지에 대해 30분 넘게 이야기했다.

전에 사귀던 여자들은 하나같이 저더러 다정하지 못하고 시간을 조금도 못낸다고 불평했습니다. 맞는 말이에요. 저는 누가 봐도 형편없는 남자친구였지요. 형편없는 남편이기도 하고요.

나는 말을 막고 물었다. "그러니까 당신이 생각하는 자아상도 형편없겠군요. 비교적 괜찮다고 느낄 때는 일할 때뿐이라는 소리로 들리니까요. 맞나요?"

그게 제가 할 줄 아는 유일한 거니까요. 일도 잘하는 편이고요. 일주일에 75시간을 일합니다. 그래도 다 못한 것처럼 느껴져요. 어릴 때부터 그랬습니다. 생각해보세요. 저는 삼형제 중 맏이입니다. 제가 아홉 살 때 어머니가 병석에 누웠어요. 그때부터 우리 집은 암흑이었지요. 어머니를 생각하면 언제나 기운 없이 늘어져 있던 모습만 생각납니다. 우리가 학교 가는 것도 못 챙겨주었죠. 그러니 어쩌겠습니까? 제가 동생들을 챙겨 학교에 가고, 점심을 차려주고, 청소를 해야 했습니다. 어쩌다 동네 아이들과 축구를 하면서도 집에 가서 해야 할 일을 생각했습니다. 하기 싫었지만 안 할 수가 없었어요.

나는 아버지는 어디에서 뭘 하고 있었느냐고 물었다.

아버지는 일 때문에 출장을 자주 갔습니다. 그리고 어머니를 사랑하지 않았어요. 방도 같이 쓰지 않았죠. 두 분의 결혼 생활은 이상했어요. 아버지는 의사에게 어머니를 두 번 보이고는 그냥 포기해버렸어요.

나는 그 어린 소년이 얼마나 외로웠을까를 생각하니 가슴이 아프다고 말했다. 그러자 지훈 씨가 대답했다.

오랫동안 그렇게 살다 보니 제 자신이 안됐다는 느낌도 전혀 들지 않았습니다.

어린 시절을 도둑맞다

어린아이였는데도 지훈 씨는 부모가 져야 할 짐을 대신 져야 했다. 지나치게 빨리 성숙해지기를 강요당하는 바람에 어린 시절을 도둑맞은 셈이다. 친구들이 밖에서 뛰어놀 때, 지훈 씨는 부모가 해야할 일들을 해야 했다. 가족이 더 이상 흩어지지 않게 하기 위해 애어른이 되어야 했던 것이다. 돌봄을 받으며 어린아이답게 놀지 못한 것은 물론이고, 자신의 욕구를 해결할 수도 없었다. 그래서 자신의 욕구를 부정하는 것으로 외로움과 감정적인 어려움들을 극복하려고 애쓰게 된 것이다. 자신보다 다른 사람을 먼저 돌봐야 했기 때문에 어쩔 수가 없었을 것이다. 그리고 잃어버린 어린 시절을 문제 삼지 않으려고 애쓰다 보니 타성에 젖어 버린 것이다.

아버지는 아침 일찍 일을 나가 밤 늦게서야 돌아왔습니다. 일을 나갈 때는 꼭 이렇게 말했죠. "학교 다녀오면 숙제해라. 그리고 엄마 잘 돌봐드리고. 식사도 꼬박꼬박 챙겨 드려야 한다. 동생들 조용히 놀게 타이르고. 엄마 앞에서는 웃음을 잃으면 안 돼." 저는 늘 어떻게 하면 어머니를 즐겁게 해드릴까 하고 고민했습니다. 분명히 방법이 있을 거라고 믿었지요. 그러면 우리 식구들이 행복하게 살 수 있을 거라고 믿은 겁니다. 하지만 아무리 노력해도 소용 없었습니다. 언제나 그대로였지요. 그러자 모든 게 지겨워지기 시작했답니다.

아이가 집안일을 하면서 동생들까지 돌보는 건 너무나 힘든 일이다. 지훈 씨는 그것도 모자라 어머니 기분까지 맞춰야 했다. 어린아이는 어린아이일 뿐 어른이 아니기 때문에 제대로 해낼 리가 없다. 역할이 뒤바뀐 어린아이라면 누구나 다 그럴 것이다. 그런데 그런 상황에 놓인 아이는 자신이 원하는 대로 되지 않는 이유를 이해하지 못하고, 자기가 잘못해서 그렇다고 죄책감까지 갖는다.

일을 해야만 편하다는 지훈 씨의 말에는 이중적인 의미가 숨어 있다. 외로움을 견디려는 마음, 박탈당한 어린 시절의 삶과 어른이 된 지금의 삶을 보상받으려는 마음 등 아무리 노력해도 바라는 걸 충족할 수 없다는 오래된 믿음을 계속 강화하고 있는 것이다. 다시 말해 적어도 일하는 동안은 자신이 가치 있는 인간이며, 자신의 책임을 제대로 수행하고 있다는 환상을 갖고 있는 것이다. 한마디로 어른이 된 지금까지도 부모를 기쁘게 하려고 동분서주하고 있는 셈이다.

부모와 자식의 역할이 뒤바뀌다

지훈 씨는 부모의 위험한 영향력이 그가 어른이 된 지금까지도 발휘되고 있다는 사실을 믿으려 하지 않았다. 하지만 몇 주 후, 어른이 된 지금의 그와 어린 시절의 그가 감정적으로 대립하고 있는 문제에 대해 이야기 할 기회가 왔다.

부모님이 일주일에 두 번 정도 전화합니다. 아버지는 어머니 이야기부터 꺼냅니다. "네 엄마가 또 우울증 증세를 보인다. 시간 좀 내서 와줄 수는 없겠니? 엄마한테는 네가 전부라는 거 너도 알잖니." 그런 다음 어머니를 바꿔줍니다. 그러면 어머니는 제가 전부라는 둥, 얼마 못 살 것 같다는 둥 주절주절 늘어놓곤 하지요. 선생님이 저라면 어쩌시겠어요? 한 30분쯤 그런 전화를 받고 나면 머릿속이 복잡해집니다. 죄책감도 느껴지고요. 앞으로도 영원히 그럴 겁니다.

나는 지훈 씨에게 바로 이 경우가 감정적으로 부모 역할과 자식 역할이 바뀐 경우이며, 결과적으로 과도한 책임감이 부당한 죄책감을 느끼게 만든다고 설명했다.

지훈 씨처럼 자란 아이들이 어른이 되면 이상한 악순환의 사슬에 얽매이는 수가 있다. 전부 자기가 책임지려고 하기 때문이다. 게다가 책임을 다해도 뭔가 부족하다고 느껴서 더 열심히 할 것 같은 최면에 걸려 녹초가 되고, 그때마다 무력한 데서 오는 죄책감이나 허무감 등을 갖는다.

무능한 부모로부터 지나친 기대를 받으며 자란 어린 지훈 씨는 자신이 좋은 평가를 받으려면 우선 가족을 위해 가능한 많은 일을 해야 한다는 걸 일찍부터 배우게 되었을 것이다. 그리고 어른이 된 후에도 부모의 계속된 압박으로 인해 일에 매달릴 수밖에 없었을 것이다. 자신의 존재 가치를 느끼기 위해서는 전처럼 열심히 일하는 것만이 최선이었기 때문이다.

지훈 씨가 사랑을 주고받는 법을 배울 기회가 없었다는 것은 그에게 역할 모델이 되어줄 사람이 없었다는 것을 의미한다. 자라는 동안 인간적인 기본 감정을 누릴 수 있는 기초를 배우지 못한 것이다. 그래서 감정도 아주 단순하게 표현할 수밖에 없었다. 나아가 깊은 감정을 주고받고 싶어도 어떻게 해야 할지 몰라 고통스러웠고, 그 과정이 자꾸 되풀이되자 아예 자신은 감정이 없다고 생각하고 살아가게 된 것이다.

나는 지훈 씨를 안심시키기 위해 그가 다른 사람을 향한 감정을 적절히 처리하지 못해 겪어야 했던 좌절감과 어려움들에 대해 지극히 공감하며, 왜 그럴 수밖에 없었는지 이해한다고 이야기했다. 그가 자신을 좀 더 편안하게 받아들이게 하고 싶었기 때문이다. 아무도 어린 지훈 씨에게 그런 걸 가르쳐주지 않았으며, 그를 몰아붙이기만 했다는 걸 설명하고, 이제는 고칠 수 있다는 걸 이해시키기 위해 다음과 같이 말했다.

지훈 씨는 C 장조의 건반이 어디에 있는지도 모르는데 피아노를 연주하라고 강요당한 것과 같아요. 하지만 새로 배울 수 있습니다. 그러기 전에 먼저 당신 스스로가 해야 할 기본적인 것들이 있어요. 물론 처음에는 좀 어려울 겁니다. 실패도 몇 번 할 거예요.

저 아니면 누가 부모님 요구를 들어주겠어요

안녕하세요, 선생님

우리 식구는 모두 다 미쳤어요. 제발 저 좀 구해주세요.

-절망에 빠진 소녀로부터

이 편지는 내가 상담하던 혜리 씨가 열세 살 때 어느 유명한 심리 상담가에게 쓴 것이다. 현재 마흔두 살이 된 그녀는 이혼한 상태로 절망에 빠져 아무 일도 하지 않고 있다. 그녀가 나를 찾아온 건 심한 우울증 때문이었다. 몹시 야위었지만 여전히 아름다워 보였고, 불면증 때문에 피곤해 보였다. 그녀는 자신의 이야기를 술술 털어놓기 시작했다.

제 삶은 엉망진창이에요. 하루하루 절망감에 빠져 살아가고 있지요. 아주 극에 달했어요. 마치 제 살을 파먹는 느낌이에요.

그리고 늘 공허하고 허무해요. 살아오면서 제가 누군가와 연결되어 있다고 느껴본 적이 없어요. 저는 두 번이나 결혼했어요. 동거도 했었고요. 하지만 제대로 된 남자는 단 한 번도 못 만났어요. 거의 야비한 남자 아니면 게으른 남자였죠. 물론 다 제 탓이겠지요.

그런데 그런 남자들을 고칠 수 있다고 생각했어요. 돈도 빌려주고, 집에 들어와 살게도 했죠. 두 남자한테는 직업까지 구해주었어요. 그러면 안 된다는 걸 몰랐거든요. 괜히 잘해 줬어요. 다들 저를 사랑한 게 아닌데……. 한 사람은 아이가 보는 앞에서 저를 마구 때리기도 했어요. 또 제 차를 갖고 달아났고요. 첫 번째 남편은 빈둥거리며 늘 놀러만 다녔어요. 두 번째 남편은 술에 빠져 살았고요.

두말 할 필요도 없이 혜리 씨는 전형적으로 상호 의존적인 사람이었다. '상호 의존적'이라는 말은 주로 술이나 약물에 중독된 사람들의 배우자들에게 많이 사용되는 말이다. 이들은 술이나 약물에 빠져 사는 사람을 '구하겠다'는 책임감에 불타 정작 자기 인생은 엉망으로 살아간다. 강박적인 사람이나 무언가에 중독된 사람, 학대하는 사람 혹은 지나치게 의존적인 사람을 구하겠다고 애쓰느라 정작 자기 인생을 망치는 사람들도 마찬가지다.

혜리 씨는 늘상 문제가 있는 남자를 좋아했다. 자신이 성의를 베풀면(물질적으로나 정신적으로 넉넉히 베풀고, 걱정해주고, 발 벗고 도와주는 등) 그들이 자기 잘못을 깨닫고 문제를 바로잡은 다음 자신을 사랑하게 될 거라고 믿고 있었다. 하지만 그런 남자는 한 명도 없었다. 그녀가 선택한, 자기중심적이고 바라기만 하는 남자들은 처음부터 사랑이라는 걸 할 줄 모르는 사람들이었던 것이다.

나는 혜리 씨가 상호 의존적이라는 말을 처음 들은 게 아니라는 걸 알게 되었다. 두 번째 남편을 데리고 술을 끊는 모임에 갔을 때도 그런 이야기를 들었던 것이다. 그렇지만 그녀는 다만 운이 없어서 그런 남자를 만난 것이지, 절대로 상호 의존적이지 않다고 생각하고 있었다. 그녀는 남편이 술을 끊을 수 있도록 최선을 다했다. 그러나 남편이 술집에서 만난 여자와 외박을 하고 돌아오자 마침내 결별을 선언했다.

혜리 씨는 다시 한번 제대로 된 남자를 찾아 헤맸지만, 여전히 자신의 문제점을 들여다보려고 하기보다는 남자 탓부터 했다. 그러다가 별거 중인 한 남자를 만났다. 그녀는 여전히 자신이 남자 고르는 법이 잘못됐다는 걸 모르고 있었다. 늘 돌봐주고, 사랑해주고, 먼저 주기만 하는 여성의 진가를 알아주는 남자를 찾아야만 한다고 생각했다. 그녀는 자신에게 기대는 사람이라면 누구에게나 다 퍼주려고 했다. 그런 행동이 남자들을 더 잘못된 길로 빠져들게 하고, 자신의 인생도 망가뜨린다는 걸 깨닫지 못하고 있었던 것이다.

혜리 씨의 어린 시절에 대해 듣고 나서야, 그녀가 그렇게 하는 것이 아버지 때문이라는 것을 알게 되었다.

저는 좀 이상한 가정에서 자랐어요. 아버지는 성공한 건축가였지만 다른 사람들을 조종하려고 늘 집안 분위기를 묘하게 만들어내곤 했어요. 자주 유별나게 행동했던 것 같아요. 예를 들어 아버지가 차를 주차하는 자리에 남이 주차했다든가 오빠하고 제가 싸운다든가 하면, 얼른 자기 방으로 들어가 문을 걸어 잠그고는 침대에 엎드려 울었어요. 어린아이처럼 말예요. 어머니는 슬며시 부엌이나 욕실로 가버렸고요. 늘 제가 아버지를 달랬어요. 옆에 앉아 눈물을 닦아주고, 아버지 기분이 풀릴 때까지 재롱을 피웠죠. 그런데 그게 뭐 잘못된 건가요?

나는 전에 만들어 둔 체크리스트를 주면서 그녀의 행동과 느낌들

중에서 해당되는 것들을 체크해달라고 했다. 바로 상호 의존적인 성격의 주된 특징들이 나열된 리스트였다.

나는 이 리스트가 내담자의 성격적 특징을 찾아내는 데 아주 유용하다는 걸 알고 있다. 당신도 그런 성격적 특성(상호 의존적인 특성)을 찾아보고 싶다면 다음 리스트에 답해보기 바란다

'상호 의존적인 사람'의 특성들

여기에 표현된 '그'라는 말은 남성을 가리킨다. 문제가 많은 남자들 가운데 상당수가 아내나 연인과 '상호 의존적'인 관계를 맺고 있기 때문이다.

1 그의 문제를 해결해주거나 고통을 완화해주는 게 인생의 중요 과제이며, 그 대가로 치러야 하는 감정적인 어려움은 개의치 않는다.

2 나의 행복은 그가 나를 얼마나 인정해주느냐에 달려 있다.

3 나는 그가 어떤 행동을 해도 개의치 않으며, 오히려 그를 보호해주어야 한다고 생각한다. 그를 위해서라면 거짓말도 하고, 그의 잘못도 두둔하고, 사람들이 그를 나쁘게 평가하지 않게 해주어야 한다.

4 내 인생의 많은 것들을 그와 결부지어 생각하고, 그와 결부지어 해결하려고 든다.

5 내가 무엇을 느끼고, 무엇을 원하는지가 중요한 게 아니라, 그가 어떻게 느끼고 무엇을 원하는지가 중요하다.

6 그에게 버림받지 않도록 최선을 다할 것이다.

7 그가 나에게 분노하지 않도록 뭐든 다 할 작정이다.

<u>8</u> 드라마에 나오는 기구한 남녀 관계에 많은 흥미를 느낀 적이 있다.

<u>9</u> 나는 완벽주의자이며, 뭔가 잘못되면 나 때문이라고 자책한다.

<u>10</u> 분노와 부당함을 자주 느낀다.

<u>11</u> 눈앞에 드러나지 않는 한 무조건 잘 되어 가고 있는 척한다.

<u>12</u> 그가 나를 사랑하게 만드는 데 내 인생 전부를 걸고 있다.

혜리 씨는 대부분의 항목에 '그렇다'라고 대답했다. 그녀는 정말 상호 의존적 성격을 갖고 있었다. 나는 그녀에게 행동 양식을 수정하려면 아버지와의 관계와 상호 의존적 성격 사이에 연관성이 있다는 것부터 이해해야 한다고 말해주었다. 그러면서 아버지가 울 때 어떤 느낌이 들었더냐고 물었다.

처음엔 겁이 났어요. 아버지가 돌아가시면 누가 아버지가 될까 하고 말이에요. 하지만 언젠가부터 아버지가 그러는 게 창피했어요. 하지만 끔찍한 죄책감(내가 오빠하고 싸워서 그렇다는 식으로)을 느꼈어요. 사실은 아버지를 그냥 놔두고 싶었어요. 하지만 더 끔찍한 건 제가 아버지를 기쁘게 해주지 못한다는 거였어요. 4년 전에 아버지가 돌아가시고, 이제 아이가 둘에, 마흔두 살이나 먹었는데도 여전히 죄책감이 들어요.

혜리 씨는 아버지를 돌보는 역할을 강요당했다. 그녀의 부모는 서로가 책임져야 할 짐을 어린 그녀의 어깨에 올려놓았다. 그래서 혜리 씨는 자신을 보호해줄 강한 아버지상을 가진 남성을 찾는 대신 응석받이 남성만 찾은 것이다.

그녀가 최초로 남자에게 느낀 대부분의 감정은 아버지로부터 비롯되었다. 어린아이로서 아버지의 욕구에 압도당하고, 아버지의 욕구를 충족시켜주지 못했을 때 느낀 죄책감에 압도당했던 것이다. 그리고 그것이 아버지가 없는 지금까지도 아버지를 기쁘게 해주려고 끊임없이 노력하게 만들었다. 즉 문제가 있는 남자를 만나 그를 돌봐주는 것으로 대리만족을 하고 있었던 것이다. 죄책감을 해소하려는 시도로 그런 남자들을 선택하고 그래서 늘 실패를 반복할 수밖에 없었던 것이다.

나는 아버지로부터 얻을 수 없었던 사랑과 보살핌을 어머니한테 받을 수는 없었느냐고 물었다.

어머니가 저에게 잘해주려고 한 것 같긴 해요. 하지만 언제나 몸이 아파서 힘들어했어요. 늘 병원에서 치료를 받고, 누워 지냈거든요. 의사가 처방해준 안정제를 수시로 먹었죠. 약물 중독은 아니었는지 모르겠어요. 집안 일엔 손도 까딱하지 않았어요. 가끔씩 도우미 아주머니가 오셔서 했죠. 어머니가 있기는 있었지만 없었던 거나 마찬가지예요. 제가 열세 살 때 유명한 상담가에게 아까 그 편지를 보냈어요. 그런데 신문에 난 그 상담 편지를 어머니가 보고 말았어요. 어머니가 어떻게 했을지 상상이 가실 겁니다. 나중에 어머니가 제게 그렇게까지 괴로웠느냐고 물었어요. 하지만 제가 느끼고 있는 것을 어머니는 반도 못 느꼈을 거예요. 그때는 도무지 앞이 안 보이는 끔찍한 시절이었어요.

자식은 전혀 안중에도 없는 부모

육체적으로나 감정적으로나 자기 생각만 하는 부모는 아이에게 늘 보이지 않는 메시지를 전달하고 있는 셈이다. "네가 뭘 느끼든 그건 그리 중요한 게 아니야. 중요한 건 나 자신뿐이야!"

이렇게 자라는 아이들은 대부분 애정과 관심을 박탈당하고 있는 것이며, 따라서 부모들에게 그 아이는 전혀 안중에 없게 된다. 나아가서는 자신에게 아이가 있는지조차 신경 쓰지 않게 된다.

아이가 자존감 즉 자신이 가족의 일원이고, 가족으로서 책임이 있으며, 따라서 자신이 중요한 사람이라고 느끼는 감정을 가지려면 우선 아이의 욕구와 느낌이 부모에게 정상적으로 전달되어야 한다.

혜리 씨의 경우는 아버지의 감정적인 욕구가 최우선이 되어버림으로써 그녀의 욕구는 완전히 무시당했다. 혜리 씨는 우는 아버지 곁에 있어 주었지만, 아버지는 그녀에게 관심도 없었다. 또 어머니는 신문에 실린 혜리 씨의 편지를 읽고 나서도 아무런 대책을 마련해 주지 않았다.

이렇게 되면 혜리 씨가 부모로부터 받은 메시지가 무엇인지는 아주 분명해진다. 부모에게 혜리 씨라는 존재는 아무 의미가 없다는 것이다. 따라서 혜리 씨는 자신의 감정보다는 부모의 감정에 더 몰두할 수밖에 없었다. 혜리 씨가 부모를 기쁘게 하면 자신도 기뻤을 것이고, 부모의 감정이 나쁜 쪽이었다면 그녀의 감정 또한 그랬을 것이다.

그 결과 어른이 된 후에도 자기 인생을 주체적으로 꾸려 나가지 못했다. 그녀가 독립된 생각을 하고, 느끼고, 욕구를 갖도록 아무도 북돋아 준 적이 없었기 때문에 자기가 누구인지, 사랑하는 사람에게 어떤 걸 기대해야 하는지도 몰랐던 것이다.

내가 인성 씨를 만난 건 어느 약물 중독자 모임에서였다. 스물세 살의 인성 씨는 야윈 몸에 지적이었으며, 말도 조리 있게 잘했다. 그런데 자기 비하가 심하고 몹시 신경질적이었다. 그는 모임이 계속되는 90분 내내 문제를 일으켰다.

모임이 끝나고 나서 나는 인성 씨에게 자신에 대해 이야기 좀 해달라고 했다. 그는 내가 뭘 바라는지 의심스러워하며 불량스러운 태도로 거칠게 굴었다. 하지만 내가 자신의 고통에 진심으로 관심을 갖고 있다는 것을 알고 나자 고분고분히 이야기를 끄집어내기 시작했다.

학교 다니기가 죽기보다 싫었어요. 학교 생활에 적응하는 게 힘들었고 친하게 지내는 친구들도 없었어요. 그래서 약에 손을 대기 시작했지요. 빌어먹을! 제가 하는 일이다 그렇죠 뭐. 어머니는 저를 안 본다는 생각만으로도 기뻐하더군요.

나는 다시 아버지는 어디에서 무얼 하고 있었느냐고 물었다.

제가 여덟 살 때 부모님이 이혼했어요. 어머니는 결혼 생활을 지긋지긋해 했어요. 하지만 전 아버지가 좋았어요. 아버지로서 모든 걸 다 해주었죠. 하다못해 텔레비전도 저 보고 싶은 것을 보게 해주었어요. 참 좋았는데…….

아버지가 짐을 싸서 나간 날 얼마나 울었는지 몰라요. 아버지는 제게 변하는 건 아무것도 없다며 걱정하지 말라고 했어요. 일요일마다 와서 같이 텔레비전도 보고, 친구처럼 지낼 수 있을 거라고 말이에요. 전 아버지를 믿었어요. 바보같이⋯⋯.

처음 한 달은 아버지가 자주 왔어요. 그러다가 한 달에 두 번⋯⋯ 그다음엔 두 달에 한 번⋯⋯ 그러다 아예 안 왔죠. 몇 번 전화해봤지만 그때마다 바쁘다고 핑계를 대더군요. 한 1년쯤 지났을 때 어머니가 그러더군요. 아버지가 아이가 셋 딸린 여자하고 재혼해서 멀리 이사 갔다고요. 아버지에게 새 가족이 생겼다는 소식을 듣자 어린 나이에 너무너무 고통스러웠어요. 아버지가 새로 생긴 가족을 더 좋아한다고 생각했으니까요. 벌써 저를 잊어버리고 말이죠.

이혼을 해도 자식은 책임져야 한다

불량스러워 보였던 인성 씨의 표정이 빠르게 변해가고 있었다. 아버지에 대해 이야기하는 것이 불편했던 것이다. 나는 아버지를 마지막으로 본 게 언제냐고 물었다.

열여섯 살 때예요. 그러지 말았어야 하는 건데⋯⋯. 그 빌어먹을 크리스마스 카드를 받고는 아버지를 놀래주려고 찾아가기로 결심했습니다. 제장, 내가 미쳤지! 장장 여섯 시간이나 남의 차까지 구걸해서 얻어 타고 찾아갔는데⋯⋯거기 도착할 때까지는 아버지가 무척 반가워할 줄 알았거든요. 전처럼 따뜻하게 맞아줄 거라고 말이에요.

하지만 얼마 못 가 진저리를 쳤죠. 정말 끔찍했어요. 처음 보는 사람한테도 그렇게 하진 않았을 거예요. 아버지는 새 아이들하고만 지냈고, 전 완전히 이방인이었어요. 젠장, 괜히 간 거죠. 그 집을 나온 뒤에도 아버지를 완전히 잊을 수가 없었어요. 그래도 아버지는 제가 이렇게 되길 바라진 않았을 거예요. 이 생활을 청산할 수만 있다면 다시 한번 만나고 싶어요. 달라질 때도 됐잖아요. 이젠 남자 대 남자로서 아버지를 볼 수 있을 것 같아요.

아버지가 아들을 버리는 순간, 아들 가슴에 대못이 박힌 것이다. 대못은 인성 씨를 산산조각 냈다. 그는 집과 학교에 분노를 표출해 위기를 극복하려고 노력했다. 그런 방식으로 아버지가 돌아오기를 바랐던 것이다.

인성 씨는 아버지가 더 이상 자신과 살지 않는다는 현실에 직면하고서도 아버지로부터 다시 사랑을 받으려는 꿈을 버리지 않았다. 그렇게 몇 번 좌절하면서 약물 남용이라는 잘못된 길로 들어섰다. 그리고 어른이 되어 독립해야 할 때가 오자 아버지에게 향했던 분노를 자신에게 돌린 것이다. 총명한데도 불구하고 학교에서 안정을 찾지 못하고 군대에 가서 해결책을 찾으려고 한 것도 바로 이 때문이다.

어린 아들이 그렇게 원했던 최소한의 접촉마저도 끊어버림으로써 아들에게 씻을 수 없는 상처를 안겨준 점에서 보면 인성 씨 아버지는 좋은 부모라고 볼 수가 없다. 만약 자신의 행동이 아들의 앞날에 영향을 준다는 걸 알았다면 그렇게 하지는 않았을지도 모른다.

모든 게 행복하게 마무리되는 이혼은 없다. 이혼은 식구들 모두에게 상처를 준다. 아무리 어쩔 수 없는 상황이었다고 해도, 또 가족끼리 충분히 상의했다고 하더라도 말이다.

이혼을 하더라도 자식은 책임져야 한다. 아이로 인해 인생에 어려움이 생기더라도 아이를 버려서는 안 된다. 이혼이 아이를 돌보지 않아도 된다거나 나쁜 부모가 되어도 좋다는 면죄부는 아니기 때문이다.

부모의 이혼은 아이들에게 엄청난 공허감과 상실감을 안겨줄 뿐더러 아이의 인생에 좋지 않은 영향을 끼친다. 만약 아이에게 어떤 부정적인 면이 나타난다면 가족 내에 좋지 못한 일이 있기 때문에 그렇다는 것을 꼭 기억해 두기 바란다. 그리고 아이들은 가족에게 나쁜 일이 생기면 자연스럽게 자신에게서 원인을 찾는다는 것도 기억하기 바란다.

특히 이혼한 부모의 아이들은 자기 잘못을 부모의 잘못과 연결해 생각하기 쉽다. 다시 한번 강조하건대 독이 되는 부모는 아이로 하여금 살다 보면 누구나 겪을 수 있는 어려움이나 상실감조차도 지나치게 강화시켜 병적으로 받아들이게 만든다. 그 결과 엉뚱하고 잘못된 믿음을 갖도록 만들 수 있다.

어른이 되어서도 고통받는 이유

부모 자질이 부족하거나 바람직하지 못한 부모는 매사에 모호하게 행동함으로써 아이로 하여금 부모의 생각을 잘 파악할 수 없게 한다.

이런 부모를 보면 대개 복잡한 문제를 갖고 있다. 그리고 자기들 문제 때문에 오히려 아이를 과보호하기도 한다. 아이가 어른이 되었는데도 계속 과보호하는 부모도 있다. 그렇게 자란 아이는 부모의 보호를 이용해 자신이 저지른 나쁜 행동을 용서받는 데 익숙하다. 나아가 "부모님은 아무 잘못이 없습니다." 라든가 "부모님은 저에게 최선을 다하셨어요." 하는 식으로 사실을 모호하게 만들기도 한다.

독이 되는 부모는 이런 식으로 부모로서 마땅히 해야 할 긍정적인 역할은 하지 않고, 아이가 감정적으로 건강하게 자라는 걸 방해함으로써 아이로 하여금 어른이 되어서도 고통받게 만든다.

만약 당신이 자질이 부족하거나 바람직하지 못한 부모 밑에서 자란 어른이라면, 부모에 대해 책임을 느끼는 감정의 전환기를 못 느꼈을 것이다. 늘 부모와 연결된 끈에 매달려 춤추었으므로, 어른이 돼도 부모를 제대로 파악하지 못하고 늘 어린아이 수준에서만 맴돌았기 때문이다.

하지만 당신은 어른이 되었으므로 이제 선택을 해야 한다. 그릇된 양육을 통해 잘못을 강요당하느라 정상적인 어린 시절을 도둑맞은 과정을 깨달아야 한다. 그릇된 양육 때문에 잃어버린 에너지가 얼마나 많은지 이해해야 한다. 그런 다음 이제까지 독이 되는 부모에게 얽매어 있던 틀에서 벗어나 새로운 에너지를 충전해야 한다. 나 자신이 인생의 주인이 되도록 해야 하는 것이다.

모든 게 부모님 마음대로예요

– 자식을 조종하는 부모

어른이 된 아이와 그 어른을 조종하려는 부모가 나눌 법한 대화를 적어보자. 모두 자기 감정에 충실하고 솔직하다면 아마 이런 대화를 할 것이다.

어른이 된 아이 : 도대체 왜들 그러세요? 어째서 늘 반대하는 거죠? 저를 어른으로 대해줄 순 없나요? 제가 의사가 되지 않으면 아버지한테 무슨 일이 생기는데요? 결혼할 사람이 어디가 어때서요? 언제쯤 저를 자유롭게 놔주실 거예요?

조종하려는 부모 : 네가 떠나는 게 얼마나 고통스러운지 도무지 말로 표현할 수가 없구나. 언제나 내가 필요하기를 바란다. 너를 잃는다는 게 참을 수가 없어. 네가 잘못될까 봐 늘 걱정이란다. 어미로서 잘못한 게 있다면 차라리 죽는 게 나아.

다 너 잘되라고 그러는 거란다

간섭에 대해서는 복잡하게 말할 필요가 없다. 이제 막 걸음마를 시작한 아이가 큰길로 가고 있다고 치자. 엄마는 아이를 붙잡을 것이고, 그런 엄마를 나무라는 사람은 아무도 없을 것이다. 그건 아이에게 간섭을 하는 게 아니라 아이를 보호하는 것이기 때문이다. 하지만 아이가 열 살이 되었을 때도 그렇게 한다면 분명히 과보호다.

아이로 하여금 혼자서 행동하고, 탐구하고, 실패를 감수하고, 체득하지 못하게 하면, 아이는 끊임없이 도움을 구하고 혼자서는 아무것도 할 수 없는 어른으로 성장한다. 이처럼 자신의 불안과 공포 때문에 아이에게 끊임없이 간섭을 하는 부모는 아이가 불안과 공포에 사로잡혀 살게끔 한다. 아이가 정상적으로 성장하는 것을 방해하는 것이다.

청소년기와 청년기를 거치는 동안 계속 간섭을 받으며 자란 아이들은 어른이 되어서도 무의식적으로 간섭받고 싶어 한다. 그리고 부모는 당연하다는 듯 아이의 삶을 좌지우지하고 자기들 마음대로 아이를 조종하게 된다.

이런 부모는 아이에게 더 이상 간섭할 수 없게 되면 어쩌나 하는 공포감이 드는 순간 무기력해진다. 아이가 자라 집을 떠날 때가 되면 모든 부모가 공허감을 느끼지만, 아이를 좌지우지하던 부모는 병적이다 싶을 만큼 심하게 '빈 둥지 증후군'을 앓는다. 아이로부터 버림받았다고 느끼고, 부모 역할을 못 하게 되었다고 생각하는 것이다.

그런 부모는 관심을 가장해서 아주 천천히 아이에게 간섭하기 시작한다. 이럴 때 흔히 하는 말이 있다.

• 다 너 잘되라고 그러는 거야.
• 오직 널 위해서 그런 건데…….
• 그만큼 널 사랑하기 때문이야.

하지만 모두 "너를 잃을까 봐 두려워서 그래." 하고 같은 말이다.

직접적으로 대놓고 간섭하기

직접적인 간섭은 누가 봐도 알 수 있게, 분명하게 드러내놓고 간섭하는 것이다. "내 말대로 해. 안 그러면 다신 보지 않을 거다", "내 말대로 하거나 용돈을 포기하거나 둘 중 어느 걸 택할래?", "내 말대로 안 하면 가족에서 제외하겠어", "내 말대로 안 하겠다니, 내가 죽는 꼴을 보고 싶다는 거냐?" 등과 같이 달리 생각할 여지를 주지 않는다.

직접적인 간섭은 협박이 들어 있으며, 때로는 굴욕감을 느끼게 만든다. 아이의 의견을 무시하고, 아이의 욕구와 희망사항을 말도 안 되는 것으로 여긴다. 부모와 아이의 힘의 불균형이 엄청난 것이다.

서른여섯 살의 광고 회사 직원인 승기 씨는 결혼 생활 몇 년 동안 부인과 자신의 부모 사이가 너무 나빠서 나를 찾아왔다. 그는 부인을 깊이 사랑하고 있었다.

지방 근무로 이사를 하게 되면서 문제가 생겼어요. 어머니는 제가 잠시 이사한 거라고 생각했던 것 같습니다. 그런데 제가 한 여자를 사랑하고 있으며 그녀와의 결혼 생활을 위해 지방 근무를 하는 거라고 말씀드리자 충격을 받으셨어요. 그때부터 돌아오라고 압박을 했지요.

결혼한 지 1년째 되던 어느 날이었습니다. 가족 모임에 참석하기 위해 부모님 댁에 가려고 하는데, 아내가 지독한 감기에 걸리고 말았어요. 진짜 아팠습니다. 아내를 두고 가기가 싫어서 어머니에게 전화를 해 모임을 미루거나 저 없이 할 수 없느냐고 물었지요. 그러자 어머니가 한참을 울고 나더니 "죽어버리겠다."라고 했습니다. 저는 기가 죽어 부모님 댁으로 향했고, 모임이 시작되기 전 가까스로 도착했지요.

부모님은 저더러 아픈 아내는 아랑곳하지 않고 주말까지 있다가 가라고 했습니다. 저는 가타부타 하지 않고 조용히 있다가 다음 날 아침 비행기로 집에 와버렸어요. 그러자 곧 아버지가 전화를 해서 이러더군요. "엄마를 죽일 셈이냐? 네가 가버리고 나서 밤새 울더라. 저러다 잘못될까 봐 걱정이다." 빌어먹을! 대체 우리 부모님은 제게 무얼 원하는 거죠? 저더러 이혼이라도 하고 돌아오라는 건가요?

나는 그에게 부모가 아내의 안부를 물어보더냐고 물었다. 그러자 그는 얼굴이 벌게져서는 화를 냈다.

전혀요! 아내가 어떻게 지내는지는 한 번도 물어보지 않았습니다. 아내 이야기는 꺼내지도 않았어요. 마치 그런 사람은 없다는 듯 말이에요.

나는 그 문제에 대해 부모와 이야기해본 적이 있느냐고 물었다. 그러자 그는 당황해하며 대답했다.

그러고는 싶었지요. 아내가 무시당할 때마다 그러고 싶었지만, 한편으로는 아내가 알아서 하기를 바랐습니다. 어쩌다 아내가 불평을 해도 이해하라고만 했지요. 제가 정말 어리석었습니다. 아내가 상처받도록 내버려두고만 있었던 거니까요.

승기 씨의 외침은 부모로부터의 독립을 의미했다. 그의 반응으로 미루어 부모가 그의 아내를 어떻게 대했을지 짐작이 가고도 남았다.

승기 씨 부모는 믿을 수 없을 정도로 자기 중심적이었다. 그리고 자식의 행복을 위협으로 받아들이고 있었다. 자식이 행복하다는 것은 자신들이 부모 역할을 훌륭히 해냈다는 증거인데도 말이다.

간섭하는 부모는 자식의 결혼을 중대한 위협으로 받아들이고, 자식의 배우자를 경쟁자로 여긴다. 그래서 부모와 새 식구 사이에 갈등이 일어나고, 자식은 부모와 배우자 사이에서 방황하게 된다.

어떤 부모는 새 식구를 비난하거나 조롱하고, 잘못할 거라고 예상하고 공격한다. 승기 씨 부모처럼 새 식구를 철저하게 무시하는 식으로 공격하는 부모도 있다. 어떤 식이든 한 사람을 희생시킨다는 점에서는 다를 것이 없다. 그런 결혼 생활이 어떻게 순탄하겠는가?

아직도 어린아이 취급하기

경제적인 문제는 자식에게 계속 간섭하는 그럴 듯한 수단이 된다. 실제로 경제 문제를 이용해 자식을 붙잡아두는 부모가 아주 많다.

지원 씨는 여러 가지 걱정 때문에 나를 찾아왔다. 비만인 그녀는 일에도 만족하지 못했으며, 이혼 후 십대 자식 둘을 데리고 살고 있었다. 그녀는 판에 박힌 일상에 지겨워하고 있었다. 살도 빼고, 새로운 방향과 목표를 찾고 싶었다. 하지만 제대로 된 남자만 잡으면 모든 문제가 풀릴 거라고 생각하고 있었다.

상담이 진행되는 동안 문제가 자명해졌다. 그녀는 자신을 돌봐줄 남자가 없으면 아무것도 못할 거라고 믿고 있었다. 나는 언제부터 그런 생각을 하게 되었느냐고 물었다.

음, 전 남편하고 살 때부터는 아니에요. 오히려 제가 그 사람을 돌봐주어야 했으니까요. 대학을 막 졸업했을 때 그 사람을 만났어요. 스물일곱살에 경제적으로 부모에게 의존하며 살고 있었죠. 뭘 해서 먹고 살지 고민하고 있더군요. 하지만 저는 그에게 푹 빠져버렸어요. 로맨티시스트처럼 보였거든요. 그런데 아버지가 결혼을 반대하는 거예요.

저는 아버지가 속으로는 좋으면서 겉으로만 그런다고 생각했어요. 아버지하고 상의하지 않아서 그러는 거라고요. 하지만 결혼하겠다고 고집을 부렸더니 아버지는 도와주지 않겠다고 했어요. 그러면서 최악의 경우가 되면 아버지 회사에 취직시켜 줄 용의는 있다고 했어요. 마치 우리가 잘못되기만 기다리겠다는 소리로 들렸죠.

그 말이 오히려 우리를 단단하게 결속시켰어요. 그런데 결혼을 했지만 여전히 아버지의 어린 딸이라는 걸 실감하게 되었어요. 아버지가 경제적인 문제에 대해서는 냉담했지만, 친정에 가면 제 걱정을 많이 하며 안타까워했거든요. 저는 예전의 어린아이로 돌아가곤 했고요.

내가 물었다. "예전의 뭐라고요?" 그러자 그녀는 마루바닥을 내려다보며 한동안 말이 없었다.

여전히…… 저는 아빠의 보살핌이 필요한 어린아이였어요.

나는 지원 씨에게 남자에게 의존하는 것과, 아버지와의 관계가 상관 있는 것 같지 않느냐고 물었다.

아빠는 제 인생에서 굉장히 중요한 사람이에요. 어린 저를 끔찍이도 사랑했죠. 하지만 제가 크고 나서는 안 그랬어요. 아버지 의견에 반대라도 하면 아주 큰 소리로 야단을 쳤지요. 얼마나 크게 소리를 지르던지, 정말 무서웠어요. 십대가 되면서부터 아버지는 돈으로 저를 간섭하기 시작했어요. 믿을 수 없을 정도로 부드럽게 대할 때도 있었어요. 전 아버지가 저를 정말 사랑한다고 생각했죠. 하지만 책을 사거나 영화를 보기 위해 울면서 애걸한 적도 있어요. 뭘 어떻게 해야 할지 모르겠더군요. 아버지를 기쁘게 해주려고 무척 애썼어요. 하지만 갈수록 더 어려워졌어요. 아버지는 점점 더 고집이 세졌거든요.

지원 씨는 마치 결승점도 없는 마라톤 경주를 하는 것 같았을 것이다. 아버지가 결승점을 자꾸만 뒤로 옮겼기 때문이다. 결코 이길 수 없도록 말이다. 그리고 원칙도 없고 규칙도 없이 돈으로 보상을 하기도 하고 벌을 주기도 했다. 자상함과 가혹함을 돈으로 표현했으며, 사랑과 분노도 돈으로 표현했다. 그녀는 오락가락하는 아버지의 메시지 때문에 몹시 혼란스러웠을 것이다. 그리고 아버지에게 인정받는 것과 아버지에게 의존하는 것이 뒤섞였을 것이다. 그녀가 어른이 된 후에도 그런 혼란은 계속되고 있었다.

남편에게 아버지 회사에라도 나가보라고 부추겼어요. 결정적인 실수를 한 거죠. 아버지가 우리를 손아귀에 넣고 마음대로 하게 되었으니까요. 모든 게 아버지 뜻대로 움직였어요. 아파트를 고르는 것에서부터 아이의 대소변 가리기까지 전부 다 말이에요. 아버지는 남편의 생활까지 지옥으로 만들었어요. 결국 남편이 회사를 그만두어버렸죠. 아버지는 그럴 줄 알았다면서 그렇게 무능력해서 어디다 쓰겠느냐고 했어요. 그러면서 절대 경제적인 도움을 주지 않겠다고 했지요. 그래 놓고 그 해 크리스마스에 제게 새 차를 사줬어요. 차 열쇠를 넘겨주면서 "네 남편도 나처럼 돈이 많으면 얼마나 좋겠냐!" 하고 말했답니다.

지원 씨 아버지는 경제적인 힘을 빌려 딸에게 매우 잔혹하게 행동했다. 돈으로 자신의 가치를 높이려고 한 것이다. 그리고 지원 씨가 이혼을 한 후에도 끈질기게 간섭했다.

모자라는 사람 취급하기

독이 되는 부모들은 자기 자식을 어쩔 수 없는 아이거나 모자라는 아이로 여기는 것으로 아이에게 간섭하려 든다. 사실은 전혀 그렇지 않은데도 말이다.

마흔세 살의 재석 씨가 공황발작 증세(극도의 공포감으로 마치 죽을 것처럼 느껴지는 상태) 때문에 나를 찾아왔다.

정말로 두렵습니다. 무슨 일이 일어날 것만 같아요. 그럴 때는 발작을 하게 됩니다. 억제할 수가 없어요. 원래 조용한 편인데, 지난 두 달 동안 아내와 아이들에게 괜히 화를 내고, 문을 쾅쾅 닫고 그랬습니다. 3주 전에는 너무나 화가 나서 주먹으로 벽을 치기도 했어요. 이러다 사람을 다치게 할까 봐 두려워요.

나는 벽을 칠 때 특정 인물을 때리고 싶었던 건 아니냐고 물었다. 그는 신경질적으로 웃으며 말했다.

당연히 아버지죠. 제가 아무리 노력해도 늘 잘못한다고 나무라거든요. 아직도 제 부하 직원들 앞에서 저를 야단친다면 믿으시겠습니까? 18년 전에 저더러 아버지 회사로 들어오라고 했습니다. 그리고 2년 후에 아버지는 은퇴를 했지요. 제가 회사를 맡은 지 15년이나 되었는데도 주말 마다 회사에 나와서 매사를 간섭합니다. 그러면서 회사를 엉터리로 경영한다며 저를 야단치시죠. 그것도 제 부하 직원들이 있는 데서요. 지난 3년 동안 회사를 두 배로 키워놓았는데도 말이에요.

재석 씨는 아버지에게 인정받기 위해 끊임없이 고생하고 있었다. 실제로 성과도 많았지만 아버지는 만족하지 못했다.

나는 혹시 그가 잘 해나가는 게 아버지에게 위협이 되고 있는 건 아니냐고 물었다. 어렵게 회사를 설립해 키워왔으니 자부심이 대단할 텐데, 아들이 자신보다 훨씬 더 잘 경영하는 걸 보면 기분이 어떻겠느냐는 이야기였다. 나는 재석 씨에게 요 근래 다른 감정을 느껴본 적은 없느냐고 물었다.

있습니다. 이야기하기 창피하지만, 어찌나 사사건건 참견하는지 제가 꼭 세 살짜리 아이가 된 느낌입니다. 옳은 말인데도 못하는 때가 허다합니다. 아버지가 워낙 강하게 보여서 완력으로도 완전히 밀릴 것 같을 때도 있어요. 싸늘한 눈으로 쏘아보면서 비난을 퍼붓기 시작하면 오금이 저립니다. 아버지는 왜 저를 그냥 내버려두지 않는 걸까요?

재석 씨 아버지는 일을 수단으로 사용해 아들이 모자라다는 걸 증명하려 들고 있었다. 다시 말해 자기가 자식보다 낫다는 이야기를 하고 싶었던 것이다. 재석 씨에게 그런 일은 많았을 것이다. 이제는 아버지가 알아서 바뀔 거라는 희망을 버릴 때가 왔다. 요즘 재석 씨는 아버지를 바꿀 방법을 열심히 찾고 있는 중이다.

은근히, 미묘하게 조종하기

드러내놓고 간섭하지 않고 은근히, 미묘하게 간섭하는 부모가 있다. 상처를 주기는 둘 다 마찬가지다. 그런 부모는 자식에게 간섭해도 되겠느냐고 물어보지도 않고, 뭘 바라는지 드러내지도 않는다. 그렇기 때문에 거부당할까 봐 불안해하지도 않는다.

누구나 어느 정도는 다른 사람을 조종하고 싶어 한다. 그런데 간섭하고 싶다고 해서 간섭할 수는 없기 때문에 간접적으로나마 자기 의사를 밝히게 된다. 예를 들면 밤이 늦었는데도 안 가는 손님에게 가 달라고 하는 대신 크게 하품을 하는 식이다. 이를 두고 잘못한 거라고 말할 사람은 아무도 없다. 의사소통을 하기 위한 정상적인 방법이기 때문이다.

이와는 달리 끊임없이 다른 사람을 조종한다면 파괴적인 결과를 낳을 것이다. 특히 부모와 자식 사이에는 더욱 그렇다. 자식을 조종하는 부모는 자신이 그러는 이유를 감추기 때문에 그런 부모 밑에서 자란 아이는 혼돈스러운 세계에서 자라게 된다. 반면 자신이 원하는 걸 어떻게 표현해야 할지 몰라서 그러는 부모도 많다.

남을 조종하는 사람 가운데 가장 위험한 부류는 '도움을 주는 사람(조력자)'이다. 조력자인 부모는 일이 자연스럽게 흘러가게 두지 않는다. 자신이 아이 인생에 꼭 필요하도록 상황을 묘하게 만들어 나간다. 살면서 부모가 꼭 필요할 때도 있지만 보통은 그렇지 않다.

서른두 살의 윤아 씨는 실력을 꽤 인정받는 테니스 코치다. 그런데도 우울증 때문에 고생하고 있었다. 첫 상담 시간부터 그녀와 어머니의 관계를 알 수 있었다.

제가 처해 있는 상황에서 최선을 다하고 있어요. 그런데도 엄마는 저를 운동화 끈도 못 매는 아이로 생각해요. 제 인생은 온통 엄마로 둘러싸여 있어요. 아버지가 돌아가시고부터 더 심해졌어요. 지치지도 않는지 아침마다 음식을 만들어 제 아파트로 와요. 제가 알아서 먹는다는 걸 모르나 봐요. 집에 돌아오면 집안이 깨끗해요. 엄마가 치워놓은 거죠. 옷하고 가구 위치까지 바꿔놓고 갈 때도 있다니까요.

나는 그런 일은 그만두라고 말해보지 그랬느냐고 했다.

제발 그러지 좀 말라고 했죠. 매번이요. 그러면 엄마는 금방 울먹울먹하며 이야기해요. "사랑하는 딸을 위해서 그런 건데 뭐가 어때 그래?" 지난달에는 시합 때문에 지방에 출장 갈 일이 있었어요. 그러자 엄마는 그 먼 곳까지 어떻게 운전해서 가느냐며 한 이야기를 하고 또 하면서 절 힘들게 하더군요. 그러더니 기어이 따라오겠다는 거예요. 제가 괜찮다고 해도 막무가내였죠. 하는 수없이 그러라고 했어요. 정말 혼자 가고 싶었는데 말이에요.

상담을 계속해 나가면서 어머니 때문에 얼마나 많은 윤아 씨의 능력이 사장되었는지 알게 되었다. 윤아 씨는 그런 어려움을 이야기하려고 할 때마다 어머니가 주장하는 사랑과 보살핌이라는 이유 때문에 망설여야 했다. 그래서 어머니에게 분노를 느끼게 되었고, 참을 수 없을 지경이 되어도 가슴에 묻어둘 수밖에 없었다. 그 결과 우울증에 걸린 것이다.

그러자 어머니는 우울증까지 이용했다. 윤아 씨가 우울해 보이면 "이런, 너무 많이 말랐구나. 잠깐만 기다려. 내가 점심 해줄게. 다 너를 위해서 하는 거야."라는 식으로 우울증을 부채질했다. 그리고 딸이 부담스럽다고 이야기하려고 들면 먼저 눈물부터 뚝뚝 흘렸다. 윤아 씨는 결국 죄책감이 들었고, 나중에는 어머니에게 용서를 구하기까지 했다.

나는 차라리 어머니가 원하는 것을 윤아 씨에게 직접 이야기하면 그녀가 그렇게까지 화가 나지는 않을 것 같다고 말해주었다.

맞아요. 만약 엄마가 "혼자 있기 싫다. 네가 보고 싶다. 너랑 보내는 시간이 많았으면 좋겠다."라고 똑 부러지게 이야기하면 그 중에서 선택할 수 있을 텐데 말이에요.

자식을 조종하는 부모의 자녀들은 윤아 씨처럼 선택의 여지가 없다고 호소한다. 조종당하지 않으려고 저항하는 게 마치 '잘하려고 하는 사람'에게 상처를 주는 것으로 보이게 만들기 때문이다.

다른 사람을 통해 조종하기

자식을 조종하려 드는 부모는 주로 특별한 날 문제를 일으킨다. 그래서 자식으로 하여금 죄책감이 더 들게끔 만드는 것이다.

즐거워야 할 날 기분을 망치다 보면 다시 그날이 오는 게 싫어진다. 대형 마트에서 일하는 스물일곱 살 우빈 씨는 사형제 중 막내였다. 그는 어머니가 했던 오래된 '조종 기술'에 대해 이야기했다.

어머니는 명절이나 크리스마스처럼 무슨 날만 되면 일을 벌이곤 합니다. 작년에 여자친구랑 라디오 프로그램에 나가 우승을 했어요. 부상으로 스키 강습을 가게 되었지요. 한 번도 스키를 타 본 적이 없어서 무척 흥분해 있었습니다. 더구나 여자친구와 함께 스키를 탈 수 있다는 게 무척 기뻤어요. 그 동안 둘 다 쉬지 않고 일만 했거든요.

하지만 모든 게 물거품으로 변했습니다. 어머니가 쓰러지셨다는 거예요. 핏기 없는 얼굴에 초점 없는 눈을 하고 "난 괜찮다. 크리스마스인데 너라도 즐겁게 보내야지. 올해는 우리 식구끼리 식사하지 못할 것 같구나."라고 말씀하시는 거예요. 정말 미치겠더라고요.

나는 우빈 씨에게 어떻게든 스키 강습을 가지 그랬느냐고 했다.

네, 가기는 갔어요. 하지만 최악이었습니다. 여자친구하고 대판 싸우

기만 하고, 스키 강습은커녕 어머니, 누나, 형과 통화하는 데만 보냈거든
요. 내내 용서만 구했지 뭐예요. 그 생각은 하기도 싫어요. 물론 남은 식구
들끼리 크리스마스 식사를 하기는 했어요. 하지만 어머니 상태가 워낙 안
좋아서 그냥 외식을 했다나요.

누나는 세 번이나 전화해서는 어떻게 가족 모임에 빠질 수 있느냐며 소
리쳤어요. 큰형은 제가 없어서 모두 침울하다고 했고요. 다른 형은 노골
적으로 저를 비난했어요. "우리 모두 어머니 자식이야. 크리스마스를 어
머니와 함께 보낼 날이 얼마나 많을 것 같으냐?"라고요. 마치 임종을 앞두
고 있는 것처럼 말이에요. 어머닌 예순 살밖에 안됐어요. 아주 건강해요.
이젠 크리스마스라면 지긋지긋해요.

우빈 씨 어머니는 감정을 직접 표현하지 않고, 아들딸이 대신 표
현하게 만들었다. 우빈 씨에게 직접 어떤 요구를 하는 대신 크리스
마스 모임을 엉망으로 만들어 자신이 원하는 것을 다른 식구들로 하
여금 대신하게 했다. 즉 직면하는 것을 피한 셈이다. 남을 통해 조종
하는 방식은, 자식을 휘두르는 부모들이 자주 선택하는 방법으로 효
과 만점이다.

나는 우빈 씨 어머니와 형제들 스스로가 끔찍한 크리스마스를 만
든 거라고 이야기했다. 그리고 우빈 씨가 그 자리에 있었다고 해도
마찬가지였을 거라고 덧붙였다.

우빈 씨가 스스로를 어머니가 원하는 것을 해주지 않는 나쁜 자식
이라고 생각하는 한, 그의 어머니는 우빈 씨를 계속 조종하려 들 것
이다. 이런 사실을 알게 된 우빈 씨는 훨씬 융통성 있게 행동했다.

그의 어머니가 다시 간섭을 하려고 들자 우빈 씨는 자신이 양보하는 것이지 항복하는 게 아니라는 걸 분명히 했다.

독이 되는 부모 가운데 많은 사람들이 자식들을 비교하는 방법을 써서, 특정한 자식으로 하여금 부모의 사랑을 받지 못하고 있다는 것을 실감하게 만든다. 어떻게 해서든 부모의 사랑을 받고 싶어 하도록 만드는 것이다. 이런 식으로 하면 지나치게 튀는 아이도 가족의 일원으로 만들 수 있고, 가족과 화합하게 만들 수 있다고 생각하는 것이다.

하지만 잔인하고 바람직하지 않은 경쟁의 조장은 아이로 하여금 다른 사람들과 정상적이고 건강한 유대 관계를 맺을 수 없게 한다. 아이의 건강한 자아상에 상처를 입힐 뿐만 아니라, 부정적인 경쟁심으로 인해 질투와 적대감을 키워주기 때문이다.

부모에 대한 자기 파괴적인 반항

독이 되는 부모가 아이를 조종하기 위해 죄책감을 유발하거나 정서적으로 의욕을 잃어버리게 만든다면, 그 아이는 대개 다음 두 가지 방법을 통해 해결책을 찾으려 한다. 부모에게 항복해버리거나 반항을 꿈꾸는 것이다. 반항을 계획하는 게 부모를 거역하는 것처럼 보이기는 해도, 두 가지 반응은 모두 부모에게 소외당하지 않으려는 심리에서 비롯된다.

다부진 체격을 가진 오십 대의 세진 씨는 독신 남성으로, 컴퓨터 소프트웨어 회사 사장이다. 그는 첫 상담에서 외로움과 극도의 공포감을 호소하면서 말끝마다 미안하다고 했다.

좋은 집도 있고, 좋은 차도 있고, 있어야 할 건 다 있습니다. 남들이 보기에는 성공한 사람이라고 할 수 있지요. 하지만 많은 시간을 괴로워하며 지내고 있습니다. 너무 외로워서요. 가끔씩 여자들과 사랑이라든가 친밀한 관계라든가 뭐 그런 걸로 외로움을 잊어보려고 하지만, 이게 아닌데 싶어서 괴롭습니다. 이러다 외로워서 죽을 것 같아요.

나는 그에게 외로움에 대해 다른 각도에서 생각해본 적이 있느냐고 물었다.

어떤 여자든지 가까워지거나 결혼을 생각하게 되면 괴로워집니다. 지레 공포에 질려 도망치거든요. 왜 그런지 모르겠습니다. 결혼하고 싶은데 말이에요.

나는 어머니 생각은 어떠냐고 물었다.

제가 어서 결혼하길 바랍니다. 어머니는 여든한 살인데, 아주 건강하십니다. 친구도 많고요. 하지만 하루 온종일 제 생각만 하는 것 같습니다. 저는 어머니를 정말 사랑합니다. 그런데 결혼 문제로 어머니 속을 썩이고 있어요. 어머니는 저의 행복을 위해 산다고 해도 과언이 아닙니다. 제가 여자 문제로 고민하는 정도와 비슷할 겁니다. 어머니는 늘 제가 어떻게 해야 하는지 말해줍니다. 마치 제 분신처럼 말이에요.

세진 씨의 마지막 발언은 어머니와 너무 가깝다는 것을 보여주고 있다. 그러다 보니 어머니가 어떤 걸 간섭해야 하고, 어떤 걸 간섭해서는 안 되는지 모르고 있었다. 아마 그녀의 인생은 아들의 인생과 다름이 없었을 것이다. 세진 씨 역시 어느 게 자기 인생이고 어느 게 어머니 인생인지 모르는 것 같았다. 그래서 무의식적으로 어머니로부터 벗어나려고 반항을 꿈꾸었는지도 모른다. 결혼을 포함해, 그도 원하지만 어머니가 원한다고 생각되는 일은 무엇이든 거부함으로써 자신의 무의식에 충실한 것 말이다.

나는 세진 씨에게 어머니를 거역하려고 자신이 원하는 것마저 거부하고 있는 거라고 설명하면서 그런 것을 '자기 파괴적인 반항'이라고 했다. 그리고 그것은 어머니에 대한 또 다른 항복이라는 말도 잊지 않았다.

건강한 반항이란 자신이 스스로 선택할 수 있는 행동을 말한다. 건강한 반항은 개인을 성장시키고, 주체성을 신장시킨다. 반면 자기 파괴적인 반항은 자식을 조종하는 부모가 바라는 대로 행동하게 한다.

무덤 속에서까지 자식을 조종한다

나의 치유 모임 회원 중 한 사람이 말했다. "두 분 다 돌아가셨기 때문에 더 이상 이래라 저래라 할 사람이 없습니다." 그러자 다른 사람이 말했다. "당신 마음속에 아직도 살아 있잖아요!"

부모가 죽은 뒤에도 부모에 대한 자기 파괴적인 반항이나 항복을 계속할 수 있다. 많은 사람들이 부모가 죽으면 자유로워질 거라고 생각한다. 하지만 심리적 탯줄은 끊어지지 않는다. 나는 부모가 죽은 뒤에도 부모의 영향력 안에서 사는 사람들을 수도 없이 봐왔다.

성공한 사업가로서, 지적이고 유머 감각도 남다른 선재 씨가 그런 경우다. 그는 '내 인생을 갖고 장난하는 사람이 있다'는 비현실적인 생각에 빠져 살았다. 그는 다른 부자들과는 달리 방 한 칸짜리 아파트에서 혼자 살고 있었다. 장성한 두 딸은 풍족하게 살게 해주고, 자기 자신을 위해서는 한 푼도 안 쓰는 그런 사람이다.

어느 날 일과가 끝날 때쯤 선재 씨가 찾아왔다. 어떻게 지내느냐고 물었더니 그는 껄껄 웃으며 상담 시간에 늦어버렸으니 많은 돈을 날린 셈이라고 했다. 알고 보니 약속 시간에 맞춰 와놓고, 주차료를 아끼기 위해 주차할 곳을 찾아 헤매다 약속 시간을 놓친 것이었다.

우리는 그의 지독한 수전노적 강박감의 근원을 찾아보기로 했다.

부모님은 아주 가난했습니다. 저는 쭉 장학금으로 공부했고요. 친척들, 특히 아버지가 세상 물정을 가르쳐 주었습니다. "세상은 전쟁터와 같다. 조금만 한눈을 팔아도 살아남기가 어려워."라고 늘 위험을 강조했어요. 그러다 보니 전 늘 긴장하고 살았습니다.

제가 결혼하고 돈을 많이 벌게 되었는데도 아버지는 계속 그랬습니다. 그게 뭐든 늘 여지를 남겨놓으라고 하셨죠. 제가 실수한 이야기를 하면 "이런, 바보 같은 놈! 돈을 날렸잖아. 한 푼이라도 아껴야 한다고 몇 번이나 말했어? 언제 갑자기 어려움이 닥칠지 아무도 모르는 거야. 그때가 되면 지금 날려버린 돈이 얼마나 소중했는지 알게 될 거다."라며 제가 돈을 헛되게 쓴다고 했지요. 인생을 즐기는 거라고 생각한 적이 한 번도 없는 분이에요. 인생은 인내해야 하는 거라고만 생각하신 거죠.

선재 씨 아버지는 자신이 겪은 어려움을 아들에게도 강요했다. 선재 씨 머릿속에는 세상의 험난함을 경고하는 아버지의 목소리가 담긴 테이프가 돌아가고 있었다. 그래서 자신을 위해서는 아무리 작은 물건이라도 못 샀던 것이다. 세상에 대한 선재 씨 아버지의 불신은 아들의 여성관까지 지배했다. 성공과 마찬가지로 여자 역시 언제 어떻게 돌변할지 전혀 모르는 대상이었다.

여자 운이 없습니다. 믿을 수 있는 여자를 한 번도 못 만났지요. 아내의 낭비벽 때문에 이혼했습니다. 아내가 핸드백이나 뭘 사 오면 저는 곧 파산할 거라고 생각했거든요. 제가 정말 어리석었죠.

이야기를 하는 동안 나는 선재 씨와 아내 사이의 문제는 돈이 아니라는 걸 알게 되었다. 그가 사랑이라든가 어떤 따뜻한 감정이 담긴 말을 할 줄 몰랐기 때문에 아내가 심한 좌절감을 느꼈던 것이다.

여자를 만나면 어김없이 아버지 목소리가 들립니다. "여자란 자고로 남자를 홀리는 동물이다. 여자들 하는 대로 내버려두지 마라. 안 그러면 네 모든 걸 날려버릴 거다." 그래서 여자를 제대로 못 만나는 것 같습니다. 제가 또 그렇게 매력적이지는 않지만요. 일이나 공식적인 관계로는 잘 만나는데 그 이상 진행되지 않습니다. 그래서 여자들이 저를 속이기 전에 제가 먼저 그 여자들을 속이면 되지 않을까 하는 생각도 해봤습니다. 언젠가는 믿을 만한 여자를 만날 수 있을까요?

선재 씨의 이야기를 통해 독이 되는 부모는 무덤 속에서까지 자식을 그르친다는 걸 알 수 있다. 그는 아버지의 불신과 공포라는 감옥에 갇힌 사람이었다.

선재 씨는 상담에 적극적으로 참여했다. 위험을 감수하고 새로운 환경에 적응하려고 노력했다. 그리고 잠재되어 있던 많은 위험 요소와 직면했다. 장족의 발전이랄까, 꽤 좋은 집도 샀다. 하지만 여전히 그런 행동을 한데 대해 죄책감을 느끼고 있다.

아마 오랫동안 선재 씨 귀에는 아버지의 목소리가 들릴 것이다. 하지만 이제 볼륨을 줄이는 방법을 알게 되었다. 그는 아직도 여자를 못 믿는 문제로 고민하고 있다. 그래도 조만간 그것 역시 아버지로부터 물려받은 잘못된 유산이라는 걸 알게 될 것이다. 그 유산을 청산하려는 시도로 한 여자를 지속적으로 만나고 있으니까 말이다.

삶이 만족스러운 부모는 자식을 조종하지 않는다

텔레비전 프로그램의 음악을 담당하고 있는 서른아홉 살의 미나 씨가 지독한 우울증 때문에 나를 찾아왔다.

한밤중에 잠이 깨요. 그러면 죽을 것같이 공허해요. 저는 일곱 살 때 모차르트의 피아노 콘체르트를 연주했고, 열네 살 때 명문대 음대의 후원금까지 받았어요. 이력이 화려하죠. 하지만 속으론 죽어가고 있어요. 여섯 달 전에는 우울증으로 입원까지 했어요. 나를 잃어가고 있는 것 같아요.

나는 근래에 심각한 일은 없었느냐고 물었다. 그러자 입원하기 몇 달 전에 부모님이 돌아가셨다고 했다. 나는 그녀에게 몹시 안 됐다고 말했다. 그녀는 금방 정색을 하더니 괜찮다고 했다.

괜찮아요. 부모님과 말도 안 하는 사이였는걸요 뭐. 오래 전부터 돌아가셨다고 생각하고 있었어요.

나는 무슨 일로 부모와 결정적으로 사이가 벌어졌느냐고 물었다.

3년 전 남자친구하고 결혼하기로 약속한 다음부터였어요. 그러자 부모님은 우리와 함께 지내면서 결혼 준비를 돕겠다는 거예요. 싫었어요. 숨막힐 것 같던 어린 시절이 생각났거든요. 간섭받기가 싫었던 거죠. 어릴 때부터 부모님께 줄곧 시달려 왔거든요. 마치 종교 재판을 받는 것 같았어요. 결혼도 하기 전부터 또 시달리고 싶지는 않았지요.

하지만 부모님은 막무가내였어요. 저도 하고 싶은 대로 하겠다고 우겼지요. 안 그러면 앞으로는 만나지도 않을 거라고 하면서요. 살면서 처음으로 부모님께 맞섰어요. 그게 실수였나 봐요. 결국 결혼식에 안 오셨어요. 그리고 제 험담을 하고 다녔다더군요. 친척들한테요.

그러다 몇 달 후에 어머니가 암에 걸렸다는 이야기를 들었어요. 돌아가시면서는 저하고 이야기도 하지 말라고 하셨대요. 식구들한테요. 돌아가신 것도 다섯 달이 지나서야 우연히 알게 됐어요. 길에서 부모님 친구분을 만났는데 조의를 표하지 뭐예요. 당장 집으로 달려갔죠. 아버지를 만났는데 그렇게 서먹서먹할 수가 없더군요.

그런데 아버지가 대뜸 제게 이렇게 말씀하시지 뭐예요. "행복해 보이는

구나. 엄마를 죽여놓고도 말이야!" 기절할 것만 같았어요.

그리고 몇 달 후에 아버지도 돌아가셨어요. 부모님 생각만 하면 아버지 목소리가 생생해요. 원망이 가득한 그때 그 목소리가요. 그리고 제가 진짜로 그분들을 돌아가시게 만들었다는 생각도 들고요. 무덤 속에 계시면서도 여전히 저를 비난하시겠죠. 어떻게 해야 벗어날 수 있을까요?

선재 씨 부모와 마찬가지로 미나 씨 부모 역시 무덤 속에서까지 자식을 조종하고 있었다. 미나 씨는 자기가 부모님을 돌아가시게 만들었다는 죄책감으로 정신 건강을 해치고 있었을 뿐 아니라, 결혼 생활까지 엉망으로 만들고 있었다. 죄책감에서 벗어나기 위해서 우울증에 빠질 만도 했다.

두 분 다 돌아가셨으니 죽어 버릴까도 생각했어요. 그것만이 끊임없이 들려오는 "어머니를 죽이고 아버지까지 돌아가시게 했다!"라는 소리를 막는 방법 같았거든요. 그래서 죽으려고 했지요. 그런데 왜 못 죽었는지 아세요?

부모님을 만날까봐 못 죽었어요. 저세상에 가면 만날까봐! 이 세상에서 저를 괴롭힌 것만으로도 충분하다는 생각이 들었거든요. 우습게도 그런 상황에서 말이에요. 어찌 되었든 새로 얻은 기회를 놓칠 수는 없었어요. 제가 너무 이기적인가요?

독이 되는 부모 밑에서 자란 여느 아이들처럼 미나 씨도 부모가 먼저 그녀에게 아픔을 주었다는 사실을 알게 될 것이다. 그리고 죄책감이 든다고 해서 그게 부모를 책임지라는 뜻은 아니라는 것도 알게 될 것이다. 부모가 먼저 부모로서 책임을 다했어야 했다는 것과, 부모가 자식보다 먼저 세상을 떠나는 건 당연한 일이므로 결국 혼자 남을 수밖에 없다는 것도 받아들여야 할 것이다.

스스로에게 만족하는 부모는 자식을 조종하려 들지 않는다. 독이 되는 부모는 자신의 삶에 만족하지 못하는 사람들이고, 심지어 자식들에게 무시당할까 봐 두려워하는 사람들이다. 그래서 아이들이 주체성을 갖고 독립하려고 하면 마치 자신의 팔다리가 잘려나가는 것처럼 고통스러워한다. 아이들이 자라면서 점점 더 독립적이 될수록 독이 되는 부모의 압력도 점점 더 거세진다. 독이 되는 부모는 아들딸이 오래도록 어린아이로 남아 있게 하려고 고삐를 죌 것이다.

그 결과 아이들은 어른이 된 후에도 자아와 정체성에 혼란을 일으킨다. 부모와 자신을 분리하지 못해 자신을 올바르게 보지 못하고, 자신의 욕구와 부모의 욕구를 구분하지 못해 무기력해진다.

스스로 자신의 인생을 조절하지 못하는 한 독이 되는 부모의 간섭은 계속될 것이다. 정상적인 가정에서 자라는 아이라면 청소년기를 거치는 동안에만 그런 혼란을 느낀다. 반면 독이 되는 부모 밑에서 자라는 아이는 건강한 독립을 위한 진통을 아예 겪지도 못하거나 반대로 언제까지나 그런 진통을 겪게 될 것이다.

술꾼 부모는
너무도 싫어요
- 술에 중독된 부모

윤호 씨는 매사 불분명하고 우유부단한 성격 때문에 나를 찾아왔다. 작은 회사를 운영하는 사장으로서 그런 성격 때문에 몹시 곤란을 겪고 있는 데다 예민하고 안절부절못하는 증세 때문에 오랜 세월 고통받고 있다고 했다. 혹시 우울증이 아니냐는 말도 자주 들었다면서 사람들이 자신을 불편하게 생각하는 것 같다고 했다. 그래서 친구를 사귀기도 어렵다고 호소했다.

윤호 씨는 첫 상담 중간쯤 스트레스를 받는 또 다른 이유를 이야기하기 시작했다.

한 6년쯤 전에 아버지와 함께 일을 한 적이 있습니다. 아버지 생활이 좀 나아지길 바랐거든요. 아버지는 제가 아주 어릴 때부터 늘 술에 취해 살았어요. 그런데 일에 대한 압박이 아버지를 더 나빠지게 한 것 같습니다. 술에 취한 상태로 업무를 보았으니 제대로 될 리가 없었지요. 그래서 일을 그만두게 했습니다. 갈등이 커졌지요. 아버지를 해고했으니 당연하죠. 그때부터 아버지는 제가 이야기를 하려고 할 때마다 이렇게 말했습니다. "나에게 존경심을 갖고 말할 거 아니면 아무 말도 하지 마라." 어떻게 해야 좋을지 모르겠어요.

윤호 씨는 아버지를 구해야 한다는 지나친 책임감 때문에 마음의 안정을 찾지 못하고 있었다. 동시에 아버지에 대한 분노를 억누르려고 애쓰는, 술에 중독된 사람들의 자녀들이 보이는 전형적인 증세를 보이고 있었다.

아무렇지도 않은 것처럼 가장하기

술에 중독된 사람은 가족에게 끊임없이 거짓말을 한다. 그리고 미안하다는 말을 되풀이해 식구들로 하여금 비밀을 간직하게 만든다. 이런 행동은 아이들에게 극도의 감정적 혼란을 안겨준다.

부모가 술에 중독된 가정의 분위기는 부모가 약물에 중독된 가정의 분위기와 비슷하다. 그러므로 여기서는 부모가 술에 중독된 가정에 초점을 맞추어 이야기하겠다.

다음은 윤호 씨의 어린 시절 이야기다.

아버지는 일을 마치고 돌아오자마자 술을 찾았습니다. 일과였지요. 그렇게 몇 잔 마신 다음 술잔을 들고 거실로 왔습니다. 그런데 더 중요한 건 술잔이 비어 있는 적이 한 번도 없었다는 겁니다. 식사를 마치면 본격적으로 마시기 시작했거든요. 그러면 우리는 조용히 있어야 했어요. 아버지를 방해하지 않으려고요. 저와 어머니와 누나들은 밤마다 아버지를 질질 끌어다 방에 눕혔답니다.

그런데 문제는 누구 하나 그 일을 심각하게 생각하지 않았다는 거예요. 그냥 그러려니 한 거죠. 그러니 매일 밤 고주망태로 마셔댔겠지요. 솔직히 다른 집 아버지도 다 그런 줄 알았습니다. 술 문제가 아니라고 해도 비슷한 뭔가를 날마다 할 거라고 생각한 거죠.

윤호 씨에게 아버지의 음주는 일찍부터 굉장히 큰 비밀이 되어버렸다. 어머니가 '아버지의 문제'를 아무에게도 말하지 말라고 한 것도 있었지만, 스스로가 부끄러운 일이라고 여겼기 때문이다.

식구들도 아무 문제도 없는 것처럼 행동했을 것이다. 하지만 그 비밀은 식구들 모두에게 큰 고통으로 남아 있었다.

그 커다란 비밀은 다음 세 가지 요소를 안고 있다.

첫째, 술에 중독된 사람이 자신은 절대 술에 중독되지 않았다고 부정하는 것이다. 이는 식구들 모두에게 상처를 준다.

둘째, 술에 중독된 사람의 배우자와 나머지 식구들도 술 중독을 부정하는 것이다. 예를 들면 술에 중독된 사람 스스로 "지금 긴장을 풀기 위해 한잔 하는 거야", "지금 나쁜 직장 상사 때문에 실직을 해서 그래."라는 식으로 스스로를 합리화하고, 나머지 식구들도 이에 동조하는 것이다.

셋째, 겉으로는 '정상적인 가정'처럼 보이지만, 식구들은 진실을 알고 있다는 것이다.

'겉으로 보기에는 정상적인 가정'처럼 생활하는 것은 특히 아이들에게 큰 상처를 남긴다. 아이로 하여금 정상적인 감정과 진실을 토대로 인격적으로 발전할 수 있는 기회를 박탈하고 부정하도록 유도하기 때문이다. 자신이 생각하고 느끼는 것에 대해 끊임없이 거짓말을 하도록 강요당하는 상황에서 아이가 자신에 대한 신뢰감을 형성하고 자존감을 키운다는 것은 도저히 불가능한 일이다. 아이는 죄책감을 갖게 되고, 다른 사람이 자기를 믿어주지 않을 거라고 단정하게 된다. 그런 생각은 어른이 되어가는 과정에서도 지속되기 때문에 부끄러워 다른 사람 앞에 나서지 못하고, 당당히 자기 의견을 표현하지 못하게 된다. 윤호 씨처럼 술에 중독된 부모들의 아이들은 고통스러운 수치심 때문에 마음고생을 해야만 하는 것이다.

마치 아무렇지도 않은 것처럼 가장하려면 굉장히 큰 에너지가 필요하다. 아이는 늘 긴장해 있어야 한다. 그리고 자칫 가족의 비밀을 말하게 될까 봐 공포에 떤다. 그래서 아예 친구를 사귀지 않으려 들고, 결국 스스로 고립되어 외톨이가 되는 쪽을 선택한다. 그러다 비슷한 비밀이 있는 사람들하고만 어울림으로써 왜곡된 의식까지 형성하기도 한다.

그런 부모에 대한 무비판적인 행동 양식은 아이에게 제2의 천성을 만들어준다. 그리고 조종당해야 편안해지는 이 파괴적인 제2의 천성으로 인해 아이는 살아가는 내내 고통받게 된다. 윤호 씨가 바로 그런 예다.

남의 감정에 더 책임감을 느껴요

배우자가 술을 못 마시게 하는 것도, 술을 마신다는 사실을 남에게 비밀로 하는 것도 다 굉장히 힘든 일이다. 이런 경우 어린 자식에게 신경 쓸 여유가 전혀 없다. 부족하고 결점이 많은 부모 밑에서 자란 아이들과 마찬가지로 술에 중독된 부모들의 아이들은 존재조차 인식되지 않는다. 가정에 문제가 많으면 많을수록 아이에게 더 많은 관심을 기울여야 하는데도 고통만 강요당하고 있는 것이다.

윤호 씨와 나는 그가 현재 겪고 있는 어려움과 어린 시절의 감정적인 경험 사이에 연관성이 있는지 알아보기로 했다.

　우리 아버지는 다른 아버지들이 자식에게 해주는 것들을 하나도 해주지 않았습니다. 같이 놀거나 공을 찬 적도 없고, 운동 경기를 보러 간 적도 없어요. 하지만 늘 이렇게 말했지요. "시간이 없어서 그래. 나중에 가자." 그러면서 빈둥대거나 술만 마셨습니다. 어머니도 "네가 알아서 해. 친구들하고 가면 되잖아."라고 하셨어요. 하지만 친구가 있어야 같이 가죠. 다들 저를 무시했거든요. 아무도 저한텐 관심이 없었어요.

　나는 "부모님이 당신을 없는 사람 취급했는데, 그때 심정이 어땠습니까?" 하고 물었다. 윤호 씨는 힘들게 이야기를 시작했다.

　참 고통스러웠습니다. 저는 고아나 마찬가지였지요. 그래서 부모님의 관심을 끌 수 있는 거라면 뭐든지 했습니다. 열한 살 때쯤이에요. 친구 집에서 늦게까지 놀고 있는데 친구 아버지가 지갑을 탁자 위에 놓고 나갔어요. 돈을 슬쩍했죠. 솔직히 들키기를 바랐습니다. 우리 부모님에게 내가 있다는 걸 알리고 싶었던 거지요.

　윤호 씨는 일찍부터 자신의 인생이 어그러지고 있다는 것을 알았다. 그의 감정적인 성장을 더욱 방해한 것은 그의 아버지가 난폭했다는 것이다. 그는 이렇게 회상했다.

　무슨 말을 못 하게 했어요. 어쩌다 제 생각을 이야기하면 마구 야단을 쳤지요. 그래서 아버지 근처에는 가지도 않았습니다. 또 가끔씩 어머니에게 반항하면 어머니는 어린아이처럼 울부짖으며 저를 나무랐어요. 그러면 아버지가 화를 내며 저를 마구 때렸지요. 그래서 아예 문제를 일으키지 않으려고 눈에 안 띄는 곳에 숨어 있곤 했답니다.

열여섯 살 때 학교 끝나고 아르바이트할 곳이 생긴 다음부터는 될 수 있는 대로 그곳에 오래 있다가 늦게 들어갔어요. 아침에도 한 시간 정도 일찍 나갔지요. 아버지가 일어나기 전에 말입니다. 하지만 여전히 외톨이였어요. 학교 가는 동안 혹시 누군가 나타나지 않나 기다리곤 했답니다. 그러는 게 재미있어서 부모님이 저에게 신경도 안 쓴다는 것 따위는 상관도 안 했어요.

나는 어른이 된 요즘도 그런 공포감을 느끼냐고 물었다. 윤호 씨는 슬픈 어조로 대답했다.

그런 편입니다. 지금도 남 앞에서는 제대로 이야기하지 못하거든요. 이야기하려다가 그만둔 게 한두 번이 아닙니다. 한마디씩 툭툭 던지는 게 다죠. 대인 관계가 엉망일 수밖에요. 제가 바라는 걸 이야기하면 상대방이 상처를 입을까 봐 겁이 나서 아예 말을 안 하는 겁니다.

술에 중독된 부모들의 자녀가 그렇듯, 윤호 씨는 자기보다 남의 감정에 대해 더 책임감을 느끼고 있있다. 부모가 어떻게 나올지 신경 써야 했던 옛날처럼 말이다.

독이 되는 부모가 있는 가정에서는 늘 역할이 바뀐다. 특히 술꾼 부모가 있는 가정에서는 술을 마시는 부모가 끊임없이 비합리적이고 연민을 자아내는 행동을 함으로써, 아이로 하여금 부모 역할을 하게 만든다. 그렇지 않으면 아이를 귀찮은 존재로밖에 취급하지 않는다. 윤호 씨는 늘 남을 돌봐주어야만 하고, 자신을 위해서는 아무것도 기대하지 않는 게 자기 역할이라고 믿으며 자랐다.

아버지가 술에 취해 감당하기 힘들면 어머니는 저한테 와서 자기 팔자가 왜 이렇게 기구한지, 자기가 얼마나 불행한지 울면서 하소연을 늘어놓았습니다. 그리고 "이제 어떻게 해야 하지? 아버지가 있긴 있어야 하는데, 나는 일하러 나갈 수도 없는데."라고 했지요. 그런 소리를 들을 때마다 마음이 아팠습니다. 아버지가 찾을 수 없는 곳으로 도망가서 우리끼리 사는 상상도 자주 했어요. 어쨌든 조만간 다 잘 될 테니 염려 말라고 언제나 어머니를 다독였지요.

요즘 그 약속을 지키고 있는 셈입니다. 저는 못 쓰더라도 어머니한테는 꼬박꼬박 돈을 드리거든요. 그리고 일에 지장은 받지만, 아버지도 돌보고 있고요. 그런데 왜 저는 아무도 돌봐주지 않는 거죠?

윤호 씨는 지금도 여전히 어린아이로서 그리고 어른으로서 부모를 돌보지 못하고 있다는 죄책감 때문에 고통스러워하고 있다. 자신을 이해하고 돌봐줄 여성을 찾고 있지만, 전에 만난 여성 역시 그가 보살펴주어야 하는 사람이었다. 결혼할 당시에도 어울리지 않는 여자라는 걸 느꼈지만 어린 시절의 환상이 판단력을 흐려놓았다.

왜 과거의 습관에서 벗어나지 못하는 걸까

윤호 씨는 결혼 후 얼마 안 가 아내가 술 없이는 못 산다는 사실을 알게 되었다. 결혼 전에 알았다고 해도 아내와 결혼했을 것이다. 그리고 아내의 음주 습관을 바꾸어줄 수 있을 거라고 자신을 타일렀을 것이다.

술에 중독된 부모를 둔 많은 아이들이 자라서 다시 술에 중독된 사람과 결혼한다. 그런 부모가 있는 가정에서 자라는 동안 혼란스러워진 아이들은 어떻게 상처를 치유받아야 할지 갈피를 잡지 못한다. 그래서 과거의 습관 때문에 똑같은 실수를 반복한다. 현 상태가 아무리 나빠도, 오랫동안의 습관 때문에 변화에서 오는 불안이 두려운 것이다. 하지만 우리는 분명히 알고 있다. 결과가 어떻게 될지를 말이다.

가장 중요한 것은 잘못된 것을 교정하기 전까지는 과거의 고통을 반복하게 될 뿐만 아니라 엄청난 노력과 고통을 감수해야 한다는 사실이다. 그런 반복을 '반복적인 강박 행동'이라고 한다.

어떤 행동이든 자신을 망가뜨리는 행동은 방금 설명한 반복적인 강박 행동이라는 측면에서 이해하려고 할 때 분명하게 드러난다. 술 없이는 못 사는 여자와 결혼한 윤호 씨의 경우가 그 예다.

처음에는 아내가 술을 마시는지 전혀 몰랐습니다. 제가 그 사실을 알게 되자 숨기려 들더군요. 일주일에 서너 번씩 술을 마시고 있었어요. 아내에게 단주 모임에 가보자고 사정을 했습니다. 술을 다 치워버렸는데도, 어떻게 손에 넣었는지 또 마시더군요. 이혼하자고 협박하면 좀 자제하다 얼마 못 가 또 마셨어요.

아마도 윤호 씨는 술에 중독된 사람들의 거짓말과 사실을 숨기는 데 익숙해져 있었기 때문에 아내의 거짓말도 받아들인 듯했다. 그리고 어린 시절에는 부모를 술에서 구해내지 못했지만, 아내만큼은 구해보겠다고 애쓰는 것 같았다. 다시는 술에 중독된 사람과 상대도 않겠다고 맹세했지만, 내면 깊숙이 자리잡고 있던 반복적인 강박 행동의 힘이 너무 커서 과거의 생활 환경을 반복해 만들어내고 있었던 것이다.

과거가 가진 힘 때문에 지켜질 수 없는 또 다른 약속이 있다. 술 중독 부모를 둔 자녀가 자신이 받은 난폭함과 학대를 남에게는 결코 행사하지 않겠다고 맹세하는 것이다. 하지만 이 약속은 거의 지켜질 수가 없다.

스물여섯 살의 신혜 씨는 약물 남용 치료시설에서 상담을 받다가 나를 소개받고서 찾아왔다. 약물 중독 상담시설을 거쳐 간 몇몇 사람들처럼 그녀 역시 약물 중독에서 벗어난 적이 몇 번 있었다. 그러고 보니 2년 전 단주에 성공한 사람들을 축하하는 파티에서 신혜 씨를 만난 적이 있었다.

신혜 씨는 학대를 일삼는 남자와 얼마 전에 동거 생활을 끝낸 상태였다. 신혜 씨에게 자문을 해주는 담당자가, 그녀가 다시 약물에 손댈까 봐 나를 만나도록 주선한 것이다.

개별상담 시간에 신혜 씨는 다소 공격적이고 거친 태도를 보이며 도움 따윈 필요 없다고 강조했다. 나는 그녀가 애써 감추려는, 이면에 숨겨진 고통을 보았다. 그녀의 첫마디는 이랬다. "빌어먹을 놈의 치료를 받지 않으면 해고하겠대요. 왜 절 가만히 내버려두지 않는 거죠? 뭔가 좀 나은 일을 하다 보면 다시는 시설로 돌아가지 않게 될 텐데요.”

나는 “글쎄요. 제가 보기엔 여기서 더 스릴을 느끼시는 것 같은데요.”라고 말했다. 우리는 함께 웃었다. 나는 그녀가 알아서 찾아온 게 아니라는 걸 안다고 말하면서, 어찌 되었든 온 김에 뭔가 얻을 수 있도록 노력하는 것도 좋지 않겠느냐고 했다. 그녀는 내가 담당하고 있는 치유 모임에 동참했다.

나는 우선 같이 살던 남자에게 돌아가는 문제에 대해 동료들은 어떻게 생각하더냐고 물었다.

사실은 그 남자가 보고 싶어요. 좀 거칠기는 해요. 어떤 때는 제 몸에 소변을 보기도 했지요. 하지만 전 그가 저를 정말 사랑한다고 믿어요. 우리가 잘 됐으면 좋겠어요.

그녀는 사랑과 학대를 혼동하고 있었다. 그래서 무의식적으로 남자로 하여금 극도로 분노하게끔 유도하는 것 같았다. 다른 사람과도 그랬느냐고 묻자 그녀는 잠시 생각하다가 이렇게 대답했다.

아버지하고도 그랬던 것 같아요. 아버지는 술에 취하면 식구들을 때렸어요. 일주일에 5일 이상은 취해 있었죠. 별별 꼬투리를 잡아 식구들을 때렸어요. 피가 날 때까지 동생을 때린 적도 있지요.

어머니는 아버지를 말릴 엄두도 못 냈어요. 놀라서 꼼짝도 못했죠. 저는 아버지에게 제발 그만두라고 애원했어요. 하지만 아버지는 미친 사람처럼 날뛰었죠.

그렇다고 아버지가 끔찍한 괴물이었다고 말하고 싶지는 않아요. 술을 마시지 않으면 안 그랬거든요. 그럴 때는 아주 좋은 친구처럼 대해주었어요. 사이가 좋을 땐 아버지하고 둘이서만 놀러 가는 게 그렇게 좋을 수가 없었어요. 그때가 그리워요.

술꾼 부모를 둔 자녀들 대부분은 받아들일 수 없는 일을 받아들이는 데 익숙해져 있다. 신혜 씨도 아버지와 딸의 사랑이 어떤 것이어야 하는지는 생각해보지도 않고, 아버지와 사이가 좋았던 때만을 골라 엮어 사랑이라고 믿으면서 모든 어려움과 고통을 참아내고 있었다. 사랑과 학대 사이에 일종의 심리적인 연결 고리를 만들어놓고, 단둘이 있는 게 사랑이라고 생각한 것이다.

누구에게도 마음의 문을 열 수가 없어요

신혜 씨 아버지는 딸에게 여자는 남자를 행복하게 해주어야 맞고 살지 않는다고 가르쳤다. 그녀는 아버지를 기쁘게 하기 위해 열한 살 때부터 아버지의 술친구가 되었다.

일주일에 한 번 정도 저에게 술을 따라주었어요. 전 술맛이 싫었지만, 아버지는 제가 술 마시는 모습을 좋아했어요. 아버지는 저에게 술을 사 오라고도 시켰어요. 사춘기에 접어든 저와 아빠는 차에 앉아 술을 마시곤 했어요. 그러다 한번씩 차를 몰고 달리기도 했지요. 처음엔 재미있었지만 나중엔 겁도 났어요. 저는 어렸고 아버지는 술에 취해 운전하기가 어려웠거든요. 아버지하고 그런 일을 같이할 사람은 저밖에 없었어요. 저도 아버지하고 술을 마시며 함께하는 게 좋았어요. 그러면 아버지가 저를 더욱 예뻐했거든요. 하지만 상황이 점점 더 나빠졌어요.

그렇게 신혜 씨 부모의 자식 네 명 가운데 적어도 한 명이 일찍부터 술에 중독되었다. 술 중독 부모를 둔 자녀들 중 많은 수가 어릴 때부터 술을 마시다가 결국 자신도 술에 중독된다. 함께 술을 마신다는 사실이 끈끈한 정을 느끼게 해주기 때문이다. 그러는 사이 공범이 되고, 더 심하게 술에 중독되어 서로를 부추기기도 한다. 그런 상황에서 아이들은 자신이 사랑받고 있다고 착각하고, 부모와 더 가까워지는 거라고 믿는다. 그렇기 때문에 어른이 된 후에도 정상적이고 건강한 사랑이 어떤 것인지 모르게 된다.

설사 어릴 때 술을 마시지 않는다고 해도 언제든 술에 중독될 소지가 있다. 확실하게 밝혀진 건 아니지만 유전적으로 어떤 문제가 있어서 그런 것 같기도 하다. 하지만 유전적인 문제 이전에 자라는 동안 수없이 보아온 부모의 행동과 분위기 때문에 좀 더 쉽게 술에 손을 대고, 부모의 문제 행동을 모방하게 된다는 점도 생각해야 한다.

술 중독 부모를 둔 자녀들은 어른이 되면 화를 잘 내고, 우울증에 걸리며, 즐거움을 모르고, 남을 의심하기 쉬우며, 대인 관계가 원만하지 못하거나 과도한 책임감을 느끼곤 한다. 게다가 모든 잘못의 근원이 되는 술을 아주 쉽게 접함으로써 더 나쁜 결과를 낳는다.

술 중독 부모가 있는 가정은 자녀들로 하여금 인간 관계를 맺는 걸 이상한 쪽으로 받아들이게 만든다. 가장 사랑하고 믿을 만한 존재인 부모가 사랑해서 그러는 거라며 때리고, 예측하기 힘든 행동을 하며, 이상한 행동을 하기 때문이다.

이런 부모 밑에서 자란 아이들은 어른이 된 후에도 다른 사람과 가까워지는 걸 몹시 두려워한다. 그러므로 어쩌다 사랑하는 사람이나 친구가 생겨도 상대방을 신뢰하거나 마음의 문을 열고 솔직해지기가 어려워 좋은 결과를 맺지 못한다. 그리고 그런 일이 반복되다 보면 내적 갈등이 지속되어 친밀함이라고 하는 감정을 왜곡해 받아들이게 된다. 오히려 병적인 관계를 사랑이라고 여기거나 건강한 관계라고 착각하게 되는 것이다.

신혜 씨가 동거했던 남자는 지킬 박사와 하이드 씨 같은 성격의 소유자였다. 하지만 그 남자가 아버지의 모습과 유사했기 때문에(때로는 난폭하고, 때로는 부드럽고) 친숙하게 받아들인 것이다. 자신을 이해하는 남자는 아버지밖에 없다는 잘못된 신화를 가슴에 품고 살았던 탓이다.

나는 신혜 씨가 치유 모임을 떠나겠다고 말하던 날 밤을 아직도 기억하고 있다. 나는 그녀에게 원래 이런 작업에는 얼마간의 고통이 따른다고 하면서 고통을 딛고 일어서야만 얻는 게 있다고 말했다. 그러자 그녀는 아주 잠깐 동안 내 말에 수긍하는 듯하다가 이렇게 말했다.

그렇기는 한데요, 아버지를 포기할 수가 없어요. 아버지를 비난하면서 화를 내고 싶지 않아요. 그렇다고 아버지를 감싸주고 싶지도 않아요. 하지만 아버지와 나는 서로에게 정말로 필요한 사람들이에요. 제가 왜 아버지보다 아무 상관도 없는 선생님을 믿어야 하죠? 여기선 얻을 게 없어요. 제가 정말 어려울 땐 아무도 나를 도와주지 않을 것 같아요.

신혜 씨는 어린 시절 부모로부터 학대당한 사람들로 구성된 치유 모임에 속해 있었다. 그들은 자신들의 문제가 뭔지 아는 사람들이었다. 그리고 그녀를 적극적으로 지지해주고, 사랑해주었다. 하지만 그녀는 그들의 관심을 뿌리쳤다. 신혜 씨에게 세상은 믿을 수 있는 사람이라곤 한 명도 없는 곳이었다. 그래서 누군가 그녀와 가까워지려고 하면 자신을 해치려고 다가오는 거라고 생각했다. 하지만 아이러니컬하게도 아버지만은 예외였다.

신혜 씨가 남을 믿지 못하게 된 근본 원인은 아버지의 술 중독 때문이었다. 그런데 아버지를 믿지 못하면 도대체 누구를 믿겠느냐는 말을 하다니! 독이 되는 부모 밑에서 자란 아이들에게 늘 문제가 되는 것이 바로 신뢰다. 앞서 소개한 윤호 씨의 이야기를 들어보자.

아내 혼자 무엇을 하겠다고 하면 더럭 겁부터 나요. 여자친구들끼리 저녁을 먹으러 나가는 것도 그렇습니다. 혹시 저를 버릴까봐서 말이에요. 저보다 나은 남자를 만나서 저를 버리면 어떡하나 늘 걱정입니다. 그래서 걱정 안 하려고 늘 제 곁에 있으라고 해요.

질투와 피암시성, 의심은 술 중독 부모를 둔 자녀들이 다른 사람과 관계를 맺는 데 늘 문제가 되는 주제다. 일찍부터 인간 관계란 배신과 고통만을 가져다주는 것으로 경험했기 때문이다.

자신을 파괴하면서까지 속죄양이 되는 이유

치과에서 일하는 현주 씨는 의사의 권유를 받고 나를 찾아왔다. 다분히 심리적인 이유 때문에 두통이 생기는 것 같으니 심리치료를 받아보라고 한 것이다. 분노를 억압하는 사람이 흔히 두통을 앓기 때문에 나는 대뜸 이렇게 물었다. "무엇 때문에 화가 나나요?" 그러자 그녀는 깜짝 놀라더니 조금 있다 다음과 같이 말했다.

맞아요. 화가 나요. 엄마한테요. 저는 올해 마흔일곱 살이에요. 그런데도 엄마는 제 인생에 일일이 간섭해요. 지난달만 해도 그래요. 여행을 가려고 굉장히 들떠 있었는데 떠나기 3일 전에 호출이 왔어요. 당장 오라는 거예요. 이젠 그런 일에는 놀라지도 않아요. 술에 취해 있더군요. 혀 꼬부라진 목소리로 횡설수설하고 있었으니까요. 울먹거리며 그러더군요. 아버지가 2주일 일정으로 낚시를 간다고요. 그러면서 우울해서 견딜 수가 없으니 같이 있어 달라는 거예요. 저는 여행 갈 거라서 안 된다고 했죠. 그랬더니 펑펑 우는 거예요. 이모한테 부탁하라고 했어요. 그러자 딸이 엄마를 사랑하지 않는다며 화를 내더군요. 옛날부터 그런 식이었어요. 전 어쩔 수 없이 여행을 취소하겠다고 약속하고 말았어요. 그러니 저만의 생활이 있을 수 있겠어요? 이런 일은 어렸을 때부터 계속되어 왔답니다. 언제나 엄마를 돌봐드렸는데 고맙게 생각지도 않아요.

현주 씨 어머니는 자신의 기분에 따라 딸에게 마음 내키는 대로 행동하였고, 늘 술에 취해 있었다.

아무튼 현주 씨는 어머니와 정상적으로 지내본 기억이 없으며, 따라서 어머니의 인정을 받기 위해 노력해야 했다고 말했다. 같은 행동을 했는데 어느 날은 어머니를 기쁘게 하고 어느 날은 야단을 맞는다면, 현주 씨는 어떻게 행동해야 할지 몰라 늘 불안하지 않았겠는가?

술에 중독된 부모는 흔히 똑같은 것을 놓고서도 하루는 옳고 하루는 잘못되었다고 야단을 친다. 규칙과 원칙이 너무 자주 바뀌어서 아이들은 늘 긴장하며 산다. 도무지 예측을 할 수 없기 때문이다.

또 술에 중독된 부모는 아이를 조종하기 위해 비난을 퍼붓는다. 아이가 아무리 노력해도 어김없이 비난거리를 찾아내는 이유가 바로 그래서다. 자신의 잘못을 그런 식으로 은폐하면서 아이를 속죄양으로 만드는 것이다. 그런 부모 밑에서 자란 아이들은 부모의 행동을 다음과 같은 메시지로 받아들인다. "네가 잘못하지 않으면 엄마가(아빠가) 술을 마시지 않을 텐데." 현주 씨의 경우가 그렇다.

아홉 살 때였어요. 엄마는 아침부터 술에 취해 있었죠. 그래서 학교 끝나고 친구를 데리고 왔어요. 엄마가 언제 술 주정을 할지 몰라서 잘 안 데리고 오는데, 그날은 아침에 술을 마셨으니까 오후엔 자고 있을 줄 알았지요.

아무튼 친구하고 엄마 옷도 입어보고 화장품도 발라보며 놀고 있는데 갑자기 엄마가 비틀거리며 들어왔어요. 너무 놀라서 오줌을 지릴 정도였지요. 술 냄새가 진동을 했어요. 숨이 막힐 것 같았고요. 어머니는 우리에게, 특히 저에게 화를 냈어요. "왜 친구를 데리고 왔는지 알아! 나를 감시하는 거지? 늘 말이야. 그래서 내가 술을 마시는 거야! 너 같은 애하고 살면 술을 안 마시고는 못 견디거든! 누구든 말이야!"

현주 씨 어머니는 이성을 잃었다. 그녀는 딸을 창피하게 만들었을 뿐만 아니라 책임을 전가했다. 현주 씨는 너무 어려서 비난을 고스란히 받아들일 수밖에 없었다. 그래서 지금까지도 무의식 속에 어머니의 음주에 대한 책임의식이 남아 있었던 것이다. 오랫동안 어머니에게 끌려다닌 이유도 바로 그것 때문이다.

술에 중독된 부모 밑에서 자란 아이는 속죄양이 되기 때문에 부정적인 자아상을 부수려고 비행을 저지르거나 자신을 파괴하는 행동을 한다. 그렇지 않으면 여러 가지 정서적인 증상이나 신체적인 증상을 만들어 자신에게 벌을 주려고 한다. 현주 씨가 두통을 앓는 것도 그래서다.

능력 이상의 것을 해내는 보상 심리

술에 중독된 부모 밑에서 자란 아이는 속죄양이 되기도 하지만, 반대로 집안의 주인공이 되기도 한다. 그런 아이는 부모로부터 온갖 찬사를 다 받는다. 겉보기에는 속죄양이 된 아이보다 나아 보이지만, 정상적인 애정과 건강한 심성을 발달시킬 기회를 박탈당하는 건 둘 다 마찬가지다. 그런 아이들은 무엇이든 안되는 게 없다고 생각하고, 높은 목표를 세우고 무작정 덤벼들기 때문에 어른이 되면 여러 가지 곤란을 겪는다.

다음은 술 중독 부모 밑에서 자라 삶이 힘겨운 성준 씨 이야기다.

꼼짝도 못하겠습니다. 마치 돌처럼 굳어가고 있는 것 같아요. 저는 올해 마흔한 살이고, 그런대로 성공한 편입니다. 하지만 날이 갈수록 결정을 할 수가 없어요. 지금 제 인생 최대의 과제를 받아들고 있는데 도무지 집중을 할 수가 없습니다. 많은 사람들이 저만 바라보고 있는데 말이죠. 지금까지 무엇이든 놓쳐본 적이 없고, 늘 알아서 하고, 다 잘했는데…….

나는 그런 변화가 일어나게 된 직접적인 계기가 있느냐고 물었다. 그러자 그는 아버지가 얼마 전 간이 몹시 나빠져 중환자실에 입원했다고 했다. 나는 아버지가 혹시 술을 많이 마시지 않았느냐고 물었다. 잠시 후 그는 부모 모두 술 없이는 못 사는 사람들이라고 대답했다. 그래서 죽어라 공부만 했다고 했다.

다들 저더러 대단한 아이라고 했습니다. 할아버지, 할머니, 학교 선생님, 심지어 부모님까지요. 부모님 모두 언제나 술에 취해 있었지만, 저는 완벽한 아들, 완벽한 학생, 완벽한 과학자, 완벽한 남편 그리고 아버지였습니다(이 부분에서 성준 씨는 울먹였다). 매사에 완벽하려고 하다 보니 너무 피곤했답니다.

성준 씨는 어린 나이에 자신이 감당할 수 있는 능력 이상을 해내는 것으로 남에게 인정받는 법을 터득했다. 따라서 그의 자신감은 내면에서 우러난 게 아니라 남으로부터 온 것이며, 노력해야만 얻을 수 있는 것이었다. 보상 심리가 그로 하여금 무언가를 이루게 만든 것이다. 부족한 부모로부터는 얻을 수 없는 그 무언가를 말이다.

나는 성준 씨에게 아버지가 병이 난 게 그로 하여금 무언가를 더 분발하게 만드는 것 같다고 말했다. 과거에도 그랬을 거라고 덧붙이면서 주목받지 못하던 어린 시절에 위기를 극복하는 한 가지 방법은 아니었는지 살펴봐야 한다고 했다. 그리고 불행하게도 그것으로는 안심하지 못했고, 따라서 세월이 흐른 지금은 오히려 더 완벽해져야 한다는 강박관념으로 자신을 옭아매어 꼼짝도 못하게 만든 거라고 이야기해주었다.

상호 의존적인 부모들이 저지르는 실수

술 없이는 살 수 없는 부모를 둔 아이들은 예측이 불가능하고 변덕스러운 분위기에서 시련을 겪으며 자란다. 그런 분위기에 일일이 대처하기 어렵다 보니 그저 시키는 대로 하게 된다. 앞서 이야기한 윤호 씨는 어린 시절에 했던 방식에서 못 벗어나 우유부단한 성격이 되었지만, 현실적인 문제에서는 오히려 주위 사람들을 간섭하고 있었다.

여자친구를 사귈 때는 여자친구에게 다 맡겼습니다. 여자친구하고 잘해보려고 그런 거죠. 사실은 그녀가 제게 모든 것을 맡길까 봐 두려워서 제가 먼저 그런 것이기도 했습니다. 그러니까 일종의 조절 방법인 셈이었지요. 그런데 아내와 아이들에게는 일일이 간섭을 합니다. 어쩔 수가 없어요. 회사 일을 할 때도 마찬가지예요. 직원들은 제가 카리스마도 없으면서 일일이 간섭한다고 싫어합니다.

윤호 씨는 어린 시절 모든 것에 간섭을 받던 입장에서 벗어나 자신이 간섭을 해야 하는 입장의 어려움에 대해 잘 알고 있었다. 그래서 뾰로통해 있거나 혼자서 중얼거리며 잔소리를 해대는 방식으로 남을 조종하게 된 것이다.

하지만 그런 방식은 사람들과 가까워지는 것을 방해하기만 하고, 좋은 소리도 못 듣게 만든다. 다른 술 중독 부모의 자녀처럼, 주위 사람을 간섭하려고 드는 윤호 씨의 욕구도 그가 가장 두려워하는 결과를 낳고 있었다. 바로 거절당하는 것이다. 어린 시절의 외로움을 해결하는 방식이 고작 부모가 자신에게 했던 방법이라는 사실은 정말 커다란 모순이 아닐 수 없다.

그러나 당신이 술에 중독된 부모 밑에서 자라 현실적인 문제들이 생긴다고 해도 기회는 있다. 부모 모두가 술 중독이 아닌 이상 말이다. 우리는 최근 몇 년 사이에 재미있는 사실 한 가지를 발견했다. 부모 가운데 술을 마시지 않는 사람이 자녀에게 더욱 많은 영향을 끼친다는 것을 말이다. 이 책의 2장에서는 그런 한쪽의 부모를 '상호 의존적(P. 55)'이라는 용어로 언급했다.

여기서 상호 의존적이라는 것은, 술을 마시지 않는 배우자는 상대방으로 인해 고통을 겪으면서도 무의식적으로는 상대방으로 하여금 술을 마시게 조장하는 상황을 말한다. 그러므로 상호 의존적인 배우자는 늘 상대방의 요구를 수용하는 태도를 보여준다. 잔소리를 하기도 하고, 넋두리를 하기도 하며, 애원도 하고, 불평이나 협박도 하지만, 진정한 변화를 위해 인내하는 것은 아니라는 뜻이다.

현주 씨와의 상담을 더해 가면서 우리는 많은 우여곡절을 겪었다.

나는 그녀의 부모를 불렀다. 그녀의 어머니는 도착하자마자 불편한 심기를 드러냈다. 더욱 중요한 사실은 현주 씨가 어머니에게 죄책감을 털어버리려면 꼭 가야 한다고 이야기했다는 것이다. 그래서 내가 현주 씨의 고통스러웠던 어린 시절에 대해 논의할 것이 있다고 말하자마자 그녀의 어머니는 눈물부터 흘리기 시작했다.

정말 부끄럽습니다. 제가 좋은 엄마가 아니었다는 거 잘 알아요. 현주야, 정말로 미안하다. 술을 끊으려고 나름대로 노력했어요. 선생님이 그러라고 하시면 치료 받으러 다니겠습니다.

나는 술을 끊으려면 단주 모임과 같이 열두 단계의 치료 프로그램을 거쳐야지 상담을 받는 건 별로 효과가 없을 거라고 말했다. 그러자 현주 씨 어머니는 애원하다시피 말했다.

선생님, 제발 단주 모임에 참석하라는 말은 하지 말아 주세요. 그것만 빼고 우리 애를 위해 뭐든지 다 할게요.

이때 현주 씨 아버지가 화난 목소리로 끼어들었다.

제길! 아내는 술 중독이 아닙니다. 긴장을 푸는 정도만 마시는 사람이라고요. 아내만큼 마시고도 아무 탈 없이 사는 사람들이 얼마나 많은 줄 아십니까?

나는 현주 씨 아버지에게 어머니가 술을 마시고 저지르는 파괴적인 행동과 아버지로서 책임을 등한시했던 점에 직면하도록 했다.

저는 성공한 사람입니다. 가정에도 아무 문제 없고요. 어째서 조용한 가정에 평지풍파를 일으키는 겁니까? 설사 딸아이는 문제가 있을지도 모르지요. 자기 돈 내고 자기 문제를 해결하려는 건데, 왜 우리 부부까지 집어넣습니까? 저와 아내는 이런 식으로 문제가 복잡해지는 걸 바라지 않습니다. 그래요. 아내가 남보다 좀 더 마신다고 칩시다. 그래도 자기가 알아서 잘 조절합니다. 사실 아내가 술을 조금 마시는 편이 같이 지내는 데 더 좋습니다.

현주 씨 아버지는 더 이상 상담에 참여하지 않았지만, 어머니는 단주 모임에 참석하기로 합의했다. 나는 아는 상담자를 소개해주었다. 그런 다음부터는 치료가 예상대로 잘 진행되어 갔다.

그런데 현주 씨 어머니가 술을 끊자 아버지가 심한 위장병 증세를 보였다. 원인을 알 수 없다고 했다. 내가 한 가정의 균형 상태를 깨뜨린 게 분명했다. 현주 씨 아버지는 모든 것을 부정하는 상태에서만 별 탈 없이 살아갈 수 있었던 것이다.

술 중독 부모를 둔 가정의 구성원들은 자기에게 맡겨진 역할에 불만스러워하면서도 알 수 없는 그 어떤 힘으로 인해 믿을 수 없을 만큼 균형을 이루며 살아간다. 현주 씨 어머니와 현주 씨가 자신들의 문제에 대해 적극적으로 해결하려고 일련의 선택을 하면서 그들의 가정은 잠시 균형에서 벗어났다.

현주 씨 아버지는 사람들로부터 존경받는 사람이다. 매우 너그럽고, 인내심이 강하다는 점에서는 성스럽다고 해도 과언이 아니다. 하지만 전형적인 상호의존적인 사람으로서, 아내가 술에 중독되었다는 사실을 부정함으로써 아내로 하여금 더욱더 술에 의지하도록 조장하고 있었다. 다시 말하면 아내의 술 문제를 빌미로 가장의 권위를 지키려고 해왔던 것이다. 그러다 아내가 더 이상 술 취한 모습을 보이지 않게 되자 안정을 잃은 것이다.

나는 가족 치유 개념으로 현주 씨와 그녀의 어머니를 함께 만났다. 현주 씨 어머니는 남편이 권위와 자존심을 지키기 위해서 가정을 조종하려고 했다는 사실을 알게 되었다. 아내의 술 문제와 딸의 심리적 문제는 가장으로서 자신만이 가정을 이끌어갈 수 있다는 것을 증명해주는 수단이 되고 있었던 것이다.

많은 상호 의존적인 사람들처럼 현주 씨 아버지도 겉으로 보기에는 매우 강한 모습을 보이고 있지만 내적으로는 불안정한 상태였다. 다시 말해 무력한 배우자를 선택해 우월감을 느끼고 있었던 것이다.

결국 현주 씨 어머니는 술 중독에서 벗어났다. 그리고 남편과 딸과의 관계도 전과는 달리 긍정적으로 만들어 나갔다. 아마도 현주 씨 아버지는 위장병 증세를 계속 보일 것이다.

윤호 씨 어머니의 경우는 현주 씨 아버지와는 좀 다르다. 그녀는 남편의 술 중독 문제를 충분히 인식하고 있었지만, 남편에 대한 분풀이로 아이들을 학대하고 있었다. 윤호 씨는 다음과 같이 이야기했다.

어머니가 60대 후반이 될 때까지 전 어머니가 왜 아버지는 안 때리고,

우리만 때리는지 정말 궁금했습니다. 왜 걸핏하면 우리 뺨을 때린 걸까요? 어머니도 치료를 받아야 했어요. 하지만 어머니는 누구도 어쩔 수 없는 분이었죠. 어머니는 늘 이렇게 말했습니다. "여자가 이렇게까지 된 데에는 다 그럴 만한 이유가 있어. 너는 몰라. 어쨌든 네가 아버지를 도와줘야 해. 누구한테 터놓고 이야기할 수도 없고, 도대체 어쩌면 좋지? 뭘 어째야 하는 거냐고!"

윤호 씨 어머니는 소란을 피워 식구들을 휘어잡고 있었다. 우월감과 절망감이 뒤엉켜 남편의 술 버릇을 그대로 놔둔 것이다. 상호 의존적인 사람들이 그렇듯이 윤호 씨 어머니도 어떤 면에서는 덜 자란 아이로 남아 있었다. 요즘 윤호 씨는 어머니에 대한 분노와 동정심 사이에서 갈피를 잡아가고 있다.

인생을 조종하는 열쇠는 부모가 쥐고 있다

술 없이는 견뎌내지 못하는 부모가 있는 가정에서는 끊임없이 무언가 문제가 생긴다. 해결하기 가장 좋은 방법은 지금이라도 부모가 모든 책임을 지고 치료 프로그램에 참여해 술을 끊는 것이다. 그리고 자녀가 어렸을 때 자신이 잘못을 저질렀다는 점을 인정하고, 그에 대한 책임을 지겠다는 태도를 보여주는 식으로 올바른 부모상을 재정립해야 한다.

하지만 불행하게도 현실은 그렇지 못하다. 술에 중독된 부모들은 현실을 부정하고 왜곡하면서 여전히 술을 끊지 못한다. 대부분 나이가 들어 죽음을 맞을 때까지 그런 행동과 무책임, 책임 전가를 계속

한다. 그런 과정 속에서 아이들이 자라고, 어른이 된 후에는 어느 날 갑자기 마술처럼 자신의 가정이 건강한 모습으로 바뀔 거라고 기대하며 산다. 그러나 기대가 크면 실망도 큰 법이다. 따라서 더 떨어질 곳이 없는 나락으로 추락하는 듯한 고통을 느끼는 과정을 반복한다. 윤호 씨 역시 반복되는 고통에서 벗어나기 위해 가슴에 사무치는 방식을 선택하고 있었다.

1년 전쯤에 생전 처음으로 아버지가 저에게 사랑한다고 말했어요. 저는 아버지를 포옹하고 고맙다고 말했죠. 하지만 하나도 달라진 게 없어요. 참 이상하지요? 그 말을 얼마나 기다려왔는지 모르는데 말예요.

윤호 씨가 그토록 기다려 온 "너를 사랑한다."라는 말은 아무것도 해결해주지 못했다. 윤호 씨는 무엇인가 텅 빈 느낌이 들었을 것이다. 왜냐하면 말만 있고 행동은 없어서였다. 다시 말해 그의 아버지는 여전히 술을 마셨고, 아버지가 바뀌기를 기다린다는 것은 어리석기 짝이 없는 짓이라는 게 증명되었기 때문이다.

만약 이 책을 읽고 있는 당신이 술 없이는 못 사는 부모 밑에서 자란 어른이라면, 당신의 인생을 조종하는 열쇠는 당신의 부모가 쥐고 있다는 사실을 깨달아야 한다. 다시 말해 당신의 부모가 바뀌지 않고는 당신도 바뀔 수 없다는 뜻이다. 당신의 평안은 당신의 부모에게 달려 있다. 물론 당신의 부모가 바뀌지 않아도 어린 시절에 받은 상처를 극복할 수 있다. 하지만 그러기 위해서는 우선 앞서 언급한 내용을 이해해야 한다.

마음에 깊은 상처가 남았어요

– 잔인한 말로 상처를 주는부모

좋지 않은 뜻을 의미하는 별명을 부르거나 인격을 깎아내리는 말을 하거나 얕잡아보는 투의 비난은 아이로 하여금 극도로 부정적인 자아상을 만들어 자존감을 낮게 한다. 그리고 이런 좋지 않은 메시지는 아이의 미래에 크나큰 영향을 미친다. 다음은 부모의 잔인한 말로 상처를 받으며 자란 승민 씨 이야기다.

만약 신체적인 학대와 언어적인 학대 중에서 한 가지를 선택해야 한다면 저는 신체적인 학대 쪽을 고르겠습니다. 그러면 흉터가 남을 것이고 언젠가는 부모님이 흉터를 보고 미안해할 수도 있을 테니까요.

하지만 말로 하는 학대는 사람을 미치게 만듭니다. 이 상처는 눈에 보이는 흉터를 안 남기니까요. 가슴에 든 멍보다 몸에 난 멍이 훨씬 빨리 낫는다는 겁니다.

전통적으로 자녀에게 무엇을 어떻게 할 것인지 결정하는 일은 전적으로 가족 문제로 취급해 왔다. 그리고 대개 아버지의 결정에 의해 이루어져 왔다. 오늘날 어린아이를 신체적으로 학대하고 성적으로 학대한 문제에 대해 수없이 많은 문제점이 제기되고 또 인식되고 있지만, 여전히 수많은 부모들이 어린아이를 학대하고 있다. 즉 수많은 아이들이 세상 그 누구에게도 도움을 받지 못하고 있는 것이다.

잔인한 말 한마디가 아이 인생을 망친다

대부분의 부모들이 이따금씩 아이에게 자존감에 상처를 입히는 말을 한다. 그러나 대부분은 말로 하는 학대의 범주에는 들어가지 않는다. 반면 아이의 외모나 지적 능력, 경쟁심 혹은 인간적인 가치의 차원에서 심한 말을 자주, 그리고 심하게 하는 것은 분명 학대다.

아이를 조종하려고 하는 부모와 마찬가지로 아이를 학대하는 부모의 유형에도 두 가지가 있다. 첫 번째는 아이에게 직접적으로 공격적인 말을 하는 부모다. 그들은 아이에게 서슴없이 어리석다고 하고, 쓸모없다고 말하며, 아이를 거칠게 다룬다. 그리고 차라리 태어나지 않았으면 좋았을 거라고까지 말한다. 아이의 감정과 느낌에 끊임없이 개입해서 아이로 하여금 좋지 못한 자아상을 만들어가게 하는 것이다.

간접적인 학대로는 언어적 학대가 있다. 아이를 시험하듯 늘 비웃고 좋지 않은 별명을 부르는 식으로 아이에게 해를 끼치는 것이다. 이런 부모는 웃음이나 유머 속에 날카로운 비수를 숨기고 아이에게 말한다. "어이구, 저렇게 입이 큰 사람을 마지막으로 본 게 언제였더라?"라거나 "야, 그 옷 좋은데! 하지만 어릿광대한테나 어울리겠는걸." 하는 식으로 얼핏 듣기에는 농담처럼 들리는 말로 학대를 하는 것이다.

그리고 아이나 다른 식구들이 불평을 하기라도 하면 농담도 이해하지 못한다면서 오히려 비난하거나 "농담인 거 알면서!" 하는 식으로 마치 그 말의 희생자가 자신의 말에 동조하고 있는 것처럼 얼버무린다.

겉으로는 아무 문제도 없어 보이는 마흔여덟 살 종석 씨는 키가 크고 옷도 잘 입는 치과의사다. 하지만 몇 번이나 다시 물어봐야 할 정도로 목소리가 너무나 작았다. 그는 병적일 정도로 수줍음을 많이 타서 괴롭다고 털어놓았다.

더 이상 이렇게는 못 살겠어요. 쉰 살이 코앞인데도 남의 말에 너무 예민하게 반응합니다. 다른 사람들이 하는 이야기를 있는 그대로 받아들이지 못합니다. 꼭 저를 놀리는 것 같아요. 환자들도 저를 놀리려고 오는 것 같고요. 밤마다 그날 있었던 일과 그날 들은 이야기들을 생각하느라 잠도 못 잡니다. 그리고 늘 안되는 쪽, 나쁜 쪽으로만 생각합니다. 이러다가는 곧 미쳐버릴 것 같아요.

종석 씨는 일상에 대해서는 숨김없이 이야기했지만, 어린 시절에 대해서는 입도 뻥긋하지 않았다. 그러다 몇 번 시도한 끝에 비교적 분명하게 기억나는 부분을 이야기했다. 아버지가 끊임없이 장난을 친 이야기였다. 아버지는 늘 그를 놀렸는데, 때로는 굴욕감이 들 정도였다. 식구들마저 웃음을 터뜨리면 그는 외톨이가 된 것 같았다.

놀리는 것도 싫지만, 가끔씩 진심인 듯이 빈정거릴 때는 정말 견디기 힘들었어요. "쟤가 우리 아이일 리가 없어. 저 얼굴 좀 봐. 병원에서 뒤바뀐 게 틀림없어. 진작 제 부모를 찾아줄 걸 그랬어." 그때가 여덟 살이었는데, 정말로 제가 병원에서 뒤바뀌었다고 생각했어요. 어느 날 마음을 굳게 먹고 말했지요. "아빠, 왜 그렇게 놀려요?" 그러자 아버지가 말했습니다. "내가 언제? 그냥 농담한 거야. 그것도 몰라?"

다른 아이들처럼 종석 씨도 아버지의 농담과 놀림이 자신을 위협하려는 것인지 아닌지를 구분할 수 없었다.

긍정적인 유머는 가족의 결속력을 높여주지만 부정적인 농담은 식구들 모두에게 상처를 남긴다. 아이들은 부모가 하는 농담조의 비난과 우스갯소리를 곧이곧대로 받아들인다. 그 말의 진정한 의미를 파악할 능력이 없기 때문이다. 그래서 "우리는 너를 외국에 있는 유치원에 보내려고 한단다."라는 농담을 하면, '아! 나를 버리려고 하는구나.' 하고 악몽을 꾸기도 한다.

독이 되는 부모들은 좋지 않은 농담을 자주, 그것도 잔인할 정도로 하면서 아이를 학대한다. 종석 씨도 끊임없이 놀림감이 되었다. 아버지에게 항의하면 아버지는 농담도 이해하지 못한다면서 오히려 핀잔을 주었다. 종석 씨는 자신이 느낀 감정들을 정상적으로 이해할 방법이 없었다.

종석 씨는 어린 시절 이야기를 하는 지금도 여전히 당혹스러워하고 있었다. 그런 이야기를 한다는 것 자체가 놀림거리라고 믿고 있는 것 같았다. 나는 그를 안심시켜 주어야겠다고 생각했다.

아버지가 얼마나 놀렸는지 알 것 같아요. 식구들도 당신에게 큰 상처를 주었고요. 하지만 여기서는 무슨 이야기를 해도 괜찮아요. 아무도 당신을 우습게 여기지 않아요.

그러자 종석 씨는 잠시 머뭇거리더니 눈물을 흘렸다. 하지만 이야기를 다 털어놓기까지 많은 노력이 필요했다.

아버지가 미워요. 비겁해요. 아버지는 그런 식으로 저를 놀리지 말았어야 해요. 아직도 놀려요. 기회를 놓치는 법이 없죠. 방심하다간 된통 당해요. 좋아지려 하다가도 정이 뚝 떨어진답니다. 정말 미워요. 그런 농담을 들으면 얼마나 가슴이 아픈지 모릅니다. 어려서 약하니까 감당하기가 더 힘들었거든요.

어린 종석씨는 아버지가 하는 농담을 감당하기가 힘들었고, 그때마다 느끼는 감정을 처리하기도 힘들었다. 이중으로 고생을 해온 것이다. 어른이 되어서도 달라진 게 없었다. 오히려 더 많은 사람들과 상대해야 했기 때문에 사람에 대한 부정적인 느낌과 공포심만 커졌다. 다른 사람이 하는 이야기를 그냥 가볍게 넘기지 못하는 것도 당연했다.

자식을 경쟁자로 생각하는 부모

많은 부모들이 '아이를 위해서'라는 미명하에 서슴지 않고 아이에게 언어적인 학대를 가한다. 그러면서 잔인함과 모욕감을 주려는 의도를 감추려고 "좀 더 나은 사람으로 키우려고 그런 겁니다." 라거나 "험한 세상을 헤쳐 나가려면 미리 겪어봐야 한다고 생각합니다." 라는 말로 자신을 합리화한다. 교육이라는 명분 하에 이런 식으로 언어적 학대를 하고 있기 때문에 아이들은 자신이 상처받았다는 사실도 금방 알아차리지 못한다.

　서른네 살 된 수연 씨가 치료를 받으러 찾아왔다. 마케팅 책임자로 일하는 매우 매력적인 여성이었다. 하지만 자존감이 형편 없이 낮아서 전문가로서의 능력을 제대로 발휘하지 못하고 있었다.

　이 회사에서 6년째 일하고 있어요. 한 단계씩 승진했는데, 능력도 어느 정도 인정받고 있지요. 그런데 지난주에 큰 사건이 생겼어요. 사장님이 저더러 최고경영자 과정에 등록하라는 거예요. 과정을 마칠 때까지 급여도 주겠다면서 말이에요. 정말 믿을 수가 없었어요. 아찔했죠. 학교를 졸업한 지 벌써 10년이 넘었으니까요. 잘할 수 있을까 걱정이 앞섰어요. 이런 기회가 오리라고는 꿈에도 생각하지 않았거든요. 사람들이 축하한다고 말할 때까지도 믿기지 않았죠.

　나는 좋은 친구들이 많은 모양이라고 말했다. 좋은 친구가 아니고서는 진심으로 축하해줄 수 없기 때문이다. 이어서 그런데 왜 그렇게 불편해 보이느냐고 물었다. 그러자 수연 씨는 "사람들이 너무 친한 척해서요."라고 대답하고 나서 어머니 이야기를 했다.

　엄마에게 그 이야기를 한 다음 공부를 해도 되겠느냐고 물었어요. 그랬더니 몇 가지 충고를 해주더군요. 아시다시피 만약 거기 가서 제대로 해내지 못하면 직장에서도 문제가 생기잖아요. 최고 경영자 과정은 우수한 사람들이 모이는 곳인데, 그곳에서 공부한다는 게 그리 쉬운 일은 아니니까요.

엄마는 늘 제가 완벽하길 원해요. 매력적이고 똑똑하며 말도 잘하길 바라죠. 안 그랬다간 막 야단치고 제대로 하게끔 만들어요. 발음만 좀 틀려도 그대로 제 흉내를 내죠. 제가 얼마나 잘못했는지 직접 보여주는 거예요. 뭐니뭐니 해도 발레가 최악이었어요. 엄마는 무용가가 되고 싶었는데 결혼을 하는 바람에 포기했대요. 그래서 엄마의 꿈을 대신 이루라고 저에게 발레를 시켰죠. 하지만 전 엄마의 반도 못 따라갔어요. 엄마는 그게 늘 불만이었죠.

열두 살 때 했던 발표회는 죽어도 못 잊을 거예요. 잘한 줄 알았는데 엄마가 무대까지 쫓아오더니 이러는 거예요. "하마도 너보다는 잘 추겠다!" 다른 아이들이 다 보고 있는데 말이에요. 쥐구멍에라도 숨고 싶었어요. 엄마는 집에 오는 내내 잔소리를 해댔어요. 그러면서 남이 하는 말을 새겨들어야 한다고 했죠. 그래야 배울 수 있다고요. 제 팔을 붙들고 하도 진지하게 말을 하기에 정말로 저를 위해서 그러는 거라고 생각했어요. 그렇지만 곰곰이 생각해보세요. "너는 제대로 하는 게 아무것도 없는 아이란다!"라는 말하고 뭐가 다르죠?

수연 씨 어머니는 딸로 하여금 부당한 좌절감을 느끼게 만들었다. 이중적인 의미가 내포된 말을 해서 수연 씨를 혼란스럽게 한 것이다. 한쪽으로는 노력하라고 격려하면서 다른 한쪽으로는 딸이 얼마나 형편없는지 이야기했기 때문이다. 따라서 수연 씨는 늘 어느 쪽에 균형을 맞추어야 할지 고심해야 했고, 도무지 어느 쪽이 옳은지 알 수가 없었다.

수연 씨가 잘했다고 생각하면 어머니는 어김없이 잘못을 꼬집었다. 그리고 잘못했다고 생각할 때는 한술 더 떠 그럴 줄 알았다는 듯이 모자라는 점을 들이댔다. 그러면서 다 잘 되라고 그러는 거라고 둘러댔다.

도대체 왜 그러는 걸까? 이런 부모들은 자신의 무력한 감정을 조절하지 못해서 그러는 것이다. 수연 씨 어머니의 경우 결혼으로 인해 무용가의 꿈을 이루지 못했다고 생각하지만, 결혼을 미루고 무용을 계속했더라도 성공했을 거라는 보장은 없다. 결국 그녀는 자신이 딸보다 우수하다는 자존심을 세우기 위해 그렇게 한 것이다. 다시 말해 자신의 무력한 감정을 부정하기 위해 딸의 결점을 꼬집는 것이고, 자신의 무력한 자존심이 먼저라서 딸의 친구들 앞에서까지 딸을 비난한 것이다.

점점 예뻐지고 성숙해져 가는 딸을 보면서 수연 씨 어머니는 경쟁심에 불타는 것 같았다. 자신이 딸보다 우월하다는 것을 증명하기 위해 점점 더 여러 면에서 많이 경쟁해야 했을 것이다. 그리고 그런 욕구를 숨기기 위해 수연 씨에게 더 많은 걸 요구하고 압박했을 것이다.

건강한 부모는 자녀가 자라는 것을 들뜬 마음으로 지켜보며 기뻐한다. 반면 경쟁적인 부모는 자녀가 자라는 걸 지켜보며 상실감과 불안감을 느끼고, 심지어 위협을 느끼기도 한다. 그런 부모들은 자신이 왜 그런 느낌이 드는지 모르는 채, 자식이 자기를 괴롭힌다고만 생각한다.

자녀의 청소년기는 특히 불안정한 부모들에게 위협이 되는 시기다. 옳지 못한 어머니는 딸을 보면서 자신의 아름다움은 다 지나가버렸다고 생각하고, 어떻게 해서든 딸을 억누르고 왜소하게 만들려고 애쓴다. 특히 남편 앞에서 더 그렇다.

마찬가지로 옳지 못한 아버지는 아들이 자라는 것을 자신의 젊음과 힘이 쇠퇴해 가는 것으로 생각하고, 말도 안 되는 농담을 하고 놀리는 것으로 아들을 작고 초라하게 만든다.

경쟁적인 부모들은 대부분 어린 시절을 제대로 보내지 못한 사람들이다. 혹은 먹을 것이 없어서 고생을 했거나, 사랑을 많이 받지 못하고 자랐을 경우에 경쟁적인 부모가 된다. 현재의 상황과는 관계없이 궁핍했던 지난 시절에서 벗어나지 못해 공포심을 느끼는 것이다. 과거 자신의 형제 혹은 부모와 벌일 수밖에 없었던 경쟁을 이제는 자녀와 벌이고 있다는 뜻이다. 이런 바람직하지 못한 경쟁은 아이에게 엄청난 압박감을 주며, 아이를 약하게 만든다.

수연 씨는 조금만 어려울 것 같으면 쉽게 포기해 버리는 버릇이 있었다.

아주 오랫동안 아무것도 못했어요. 정말 좋아하는 일인데도 잘못 되면 놀림을 당할까 봐 할 수가 없었죠. 엄마는 제가 어른이 된 후에도 별별 간섭을 다해요. 그래서 늘 좌절감이 들어요. 욕을 하거나 나쁜 별명을 부르지는 않지만, 제가 아주 모자라는 아이라는 걸 느끼게 하죠. 당신하고 저를 비교하면서 말이에요. 참 어처구니없어요.

경쟁적인 부모가 어떤 방식으로 아이에게 제재를 가하는가 하는 것은 중요하지 않다. 어떤 식이든 자식이 자신에게 덤비는 꼴은 용납 못한다는 뜻이 숨어 있기 때문이다. 드러나지 않는 이런 식의 메시지가 더 힘이 세다. 그 메시지의 뜻은 이렇다.

- 너는 나보다 더 성공할 수 없어.
- 너는 나보다 더 매력적이지 않아.
- 너는 나보다 더 행복질 수 없어.

이런 메시지가 너무나 오랫동안 깊이 있게 전달되어 왔기 때문에 경쟁적인 부모 밑에서 자란 아이들은 어른이 되어서도 특징적인 양상을 나타낸다. 무언가를 열심히 잘하다가도 무기력해지고, 죄책감을 느끼기까지 하는 것이다. 그리고 성공할수록 더 심한 불안감을 느낀다. 그래서 성공할 만한 일은 아예 시작하지도 않는다. 그렇게 해서라도 마음 편히 있고 싶어 하는 것이다. 무의식적으로 한계를 만들어 그 안에 갇혀 지내면서 부모가 경쟁하려고 드는 걸 막는 셈이다. 어떻게 보면 부모가 바라던 사람이 된 것인지도 모른다.

모욕적인 말로 낙인을 찍는 부모

말로 아이를 학대하는 부모는 여러 가지 핑계를 대가며 자신을 합리화하는 일조차 하지 않는다. 대놓고 잔인한 모욕을 주거나, 끊임없이 잔소리를 늘어놓거나, 협박을 하거나, 좋지 않은 뜻이 담긴 별명을 계속 불러서 아이에게 치명적인 해를 입힌다. 아이가 받을 충격과 고통, 상처 따위는 생각하지도 않고 말이다. 이런 식의 언어적 학대는 아이로 하여금 자신감을 잃게 하고, 자존감을 무너뜨리며,

엄청난 마음의 상처를 입힌다.

인테리어 사업가인 진희 씨는 쉰 살이라는 게 무색할 정도로 아름다운 여성이었다. 그녀는 첫 상담 시간에 세 번째이자 마지막 이혼에 대해 이야기했다. 1년 전 일인데 매우 큰 상처로 남아 있는 듯했다. 하필 폐경까지 겹쳐서 정신을 차릴 수 없을 정도였다고 했다. 그녀는 미래에 대한 희망을 잃어버렸고, 얼마 전 부모를 만나고 오면서 심리적인 불안감이 더욱 커졌다고 했다.

부모님을 만나면 늘 상처를 받아요. 그러면 매사가 귀찮아져요. 가장 어려운 때에 부모님에게 달려가 위로받을 수 있다는 기대는 하지도 않았어요. 제게 상처 주는 말을 할까 봐 걱정하는 게 더 힘들었지요. 이러저러해서 힘들다고 말하면 틀림없이 "저런, 안됐구나. 어떡하니?"라고 말하지 않고, "그럴 줄 알았다. 다 네 탓이다." 라고 말할 테니까요. 늘 그러거든요. 무슨 일이든 다 제 잘못이라는 거예요.

그녀의 어린 시절은 비교적 부유했다. 아버지는 유명한 내과 의사였고, 어머니는 올림픽에 나가도 될 만큼 뛰어난 수영선수였는데, 자녀들을 키우기 위해 수영선수의 꿈을 포기했다. 진희 씨는 그런 가정의 장녀였다.

어렸을 때 자주 외롭다는 생각을 했어요. 아버지는 늘 저를 짓궂게 놀렸어요. 제가 열두 살이 되고부터는 저를 정말로 미워하기 시작했죠.

"어떻게 미워하셨나요?" 하고 물어보자 그녀는 그건 그렇게 큰 문제가 아니라면서 신경질적으로 손톱을 물어뜯기 시작했다. 나는 그런 행동이 자신을 보호하려는 행동이라는 것을 알고 있었다.

아버지는 이상한 생각을 했어요. 정말 말하기도 쑥스러운데…… 제 몸에서 이상한 냄새가 난다는 거예요. 사람들은 저더러 다들 예쁘다고 하는데…….

툭하면 "몸에서 이상한 냄새가 나는구나. 가슴에서도 나고. 사람들이 알면 아마 뒤로 넘어갈 거야."라고 말했죠. 그래서 어떨 때는 하루에 세 번도 넘게 씻었어요. 늘 깨끗이 옷을 갈아입고 향수 같은 것도 뿌렸죠. 하지만 마찬가지였어요. 그래도 "사람들이 네 곁에 가까이 가면 몸에서 나쁜 냄새가 나는 걸 금방 눈치챌걸." 하고 말했죠. 존경받는 내과 의사가 하는 말이라서 믿지 않을 수가 없었어요. 어머니도 그 문제에 대해 일언반구 안 해서 더 그랬지요. 어머니가 그렇지 않다는 말만 해줬어도…….
저는 어떻게 해야 좋을지 몰라 당혹스러웠어요.

나는 그녀의 아버지가 딸이 성장하면서 나타나는 문제에 비정상적으로 반응한 것 같다고 하면서, 아버지가 편견을 갖고 있었나 보다고 말해주었다. 많은 아버지들이 딸이 자라면서 몸이 변하는 것을 편안하게 생각하지 못할 뿐만 아니라 적대감을 드러내기 때문이다. 어릴 때는 친절하고 사랑스럽게 대해주다가 청소년기가 되어 여성적인 특징들이 나타나기 시작하면 어떻게 받아들여야 할지 몰라 당황한 나머지 딸과 거리를 두려고 이상한 태도를 보이는 것이다.

진희 씨 아버지처럼 독이 되는 부모는 딸의 성적 발달에 대해 불안해하다가 딸에 대한 피해 의식으로까지 발전하기도 한다. 불안과 죄책감의 원인을 딸에게 떠넘겨 자신의 느낌과 책임을 회피하려 드는 것이다. 이는 마치 "나에게 나쁜 감정과 한심한 사람이라는 느낌을 갖도록 했으므로 너는 정말 나쁜 사람이다." 라고 말하는 것과 같다.

나는 진희 씨에게 그 점에 대해 어떻게 생각하느냐고 물었다.

지금 생각해보니 정말 성적인 문제와 관계가 있는 것 같군요. 아버지의 눈길이 늘 저에게 머물러 있다고 느꼈거든요. 그러면서 남자친구와 어디서 무엇을 했는지 자세히 이야기하라고 다그쳤어요. 제가 아무하고나 자고 다닌다고 생각한 것 같아요. "솔직히 이야기해봐. 혼내지 않을 테니까."라고 말했죠. 저한테서 성적인 이야기를 듣고 싶었나 봐요.

청소년기를 겪고 있었던 진희 씨에게는 무엇보다 아버지의 사랑과 지지가 필요했지만 아버지는 그렇게 하지 않았다. 대신 잔혹하다 싶을 만큼 엄청난 모욕을 주었다. 아버지의 언어적인 학대와 어머니의 수동적인 태도가 진희 씨의 자존감과 사람에 대한 신뢰감에 해를 입혔고, 다른 사람을 사랑하는 능력마저 망가뜨렸다. 그러므로 사람들이 예쁘다고 말하면, 자기 몸에서 이상한 냄새가 나니까 일부러 그러는 거라고 생각할 수밖에 없었을 것이다.

스무 살 되던 해 우연히 모델 일을 하게 됐어요. 제가 성공할수록 아버지의 비난도 커졌죠. 집에 안 들어갈 수밖에 없었어요. 그래서 저를 따라

다니던 남자와 결혼했지요. 스물두 살 때였어요. 그 남자는 제가 임신을 하고 얼마 후부터 저를 때리기 시작했어요. 그러다 아이가 태어나자 저를 버리고 떠났죠. 당연히 제 잘못이라고 생각했어요. 제 몸에서 이상한 냄새가 나서 그런 거라고요.

그러다 한 2년쯤 뒤에 저를 때릴 것 같지 않은 남자와 재혼을 했어요. 하지만 그 사람은 표현을 전혀 안 하는 사람이었지요. 부모님 볼 면목이 없어서 한 10년쯤 그 남자에게 매달리다시피 하며 살았어요. 하지만 결국 헤어졌어요. 하늘이 도우셨는지 인테리어 일을 하게 되었거든요. 우리 모자가 먹고사는 데 지장이 없게 되자 미련 없이 헤어진 거죠.

그 후 몇 년은 남자 생각은 하지도 않고 살았어요. 그러다가 동일 씨를 만났죠. 정말 멋진 남자였어요. 아주 완벽했지요. 결국 그와 결혼을 했고, 처음 몇 년 동안은 정말로 행복했어요. 제 인생에서 가장 행복한 시절이었죠. 그러던 어느 날 그가 여자 문제로 저를 속이고 있다는 걸 알게 되었어요. 결혼 초부터 저를 속였더군요. 하지만 또 이혼한다는 게 내키지 않아서 몇 년을 모른 척하며 살았어요. 그런데 작년에 제 나이의 반도 안 되는 젊은 여자와 사귀더니 집을 나가버렸어요. 어쩌면 이렇게 되는 일이 없죠?

나는 진희 씨가 잘한 일이 많다는 것을 상기시켜 주었다. 아내로서 충실했고, 아이도 제대로 키워서 이제 독립된 인생을 살아가고 있고, 인테리어 사업도 잘하고 있다고 이야기했다.

하지만 그런 위로가 오히려 부담이 되는 것 같았다. 아버지가 부정적인 이미지를 너무나 깊이 심어주었기 때문에 진희 씨는 자신이 얼마나 가치 있는 사람인지 모르고 있었다. 결과적으로 어린 시절에 아버지로부터 받은 대접 때문에 어른이 된 후에도 여전히 자기를 파괴하는 선택을 계속해 온 것이다. 자기 아버지처럼 잔인하고 냉정하며 가학적인 남자와만 사랑에 빠져 그 남자로부터 과거를 보상받으려고 한 것이다.

나는 아버지의 잘못으로 인해 진희씨가 아버지를 대신할 남자들로부터 인정을 받으려고 했다는 점을 설명하면서 그 남자들에게 자존감을 맡기고 있었기 때문에 관계가 잘 될 수 없었다고 지적했다.

몇 달 후 그녀는 자존감을 회복하는 방법이 가까이 있다는 것을 알게 되었다. 자존감을 잃어버린 게 아니라 단지 잘못된 방법으로 자신을 찾으려고 했었다는 점을 깨달은 것이다.

자식을 완벽주의자로 몰아붙이는 부모

부모로 하여금 아이에게 심한 말을 하도록 만드는 또 다른 요인이 있다. 자기 아이가 완벽할 거라는 말도 안 되는 기대를 하는 경우다.

심한 말을 하는 부모들을 보면 대개 성취욕구가 큰 사람들이다. 그러면서 정작 가정은 제대로 꾸려 나가지 못한다(특히 술 없이는 못 사는 부모들이 아이들에게 지나치게 기대를 많이 한다. 그리고 자식이 따라주지 못한다는 걸 핑계로 술을 마신다).

완벽을 꿈꾸는 부모들은 자식들이 완벽해지기만 하면 가정에 아무 문제가 없을 거라고 착각하며 산다. 정작 부모 도리는 하지 않으면서 아이들에게만 완벽해지기를 요구하는 것이다. 다시 말해 아이들에게 가정 모든 문제를 덮어씌워 속죄양을 만드는 것이다.

아이들은 실수할 권리가 있다. 고작 그깟 실수 때문에 세상이 끝나지 않는다는 걸 알려주어야 아이들이 새로 시작하는 법을 배우고, 좌절을 딛고 일어설 힘이 생긴다. 하지만 독이 되는 부모들은 도달할 수 없는 목표와 불가능한 기대, 수시로 바뀌는 일관성 없는 원칙으로 아이들을 몰아붙인다. 그리고 어느 정도 살아보지 않고는 도저히 알 수 없는 어른스러움을 요구하기도 한다. 아이들이 어른의 축소판이 아니라는 사실을 인정하려 들지 않는 것이다.

서른세 살의 주형 씨는 직장에서의 문제 때문에 나를 찾아왔다. 주형 씨는 수줍음을 많이 타고, 주위 사람들을 많이 의식하는 듯했으며 자신감도 없어 보였다. 그런데도 직장에서 바로 위에 있는 상사와 계속 마찰을 빚자 급기야 나를 찾아온 것이다.

주형 씨와 이야기를 계속 나누는 동안 나는 그가 권위적인 사람과는 원만하게 지내지 못한다는 것을 알게 되었다. 나는 주형 씨의 부모에 대해 물었다. 그리고 주형 씨 역시 진희 씨와 같이 부모로부터 적절한 대접을 받지 못하며 자랐다는 것을 알게 되었다

어머니가 재혼했을 때 저는 아홉 살이었습니다. 새아버지는 군대에서나 딱 맞는 사람이었지요. 그는 우리 집으로 이사하자마자 몇 가지 규칙을 선포했어요. 민주주의는 그가 서 있던 문 앞에서 박살이 나 버렸지요. 그가 우리 모자에게 절벽에서 뛰어내리라고 하면 우리는 뛰어내리는 시늉이라도 해야 했습니다. 다른 여지가 없었어요.

그는 사사건건 저를 못살게 굴었습니다. 군대에서 하는 것처럼 제 방을 정리하라고 명령했고, 매사에 군인처럼 행동하도록 요구했습니다. 선생

님도 아시다시피 아홉 살짜리가 어떻게 완벽할 수가 있겠습니까?

하지만 그는 아랑곳하지 않았어요. 모든 게 완벽해야 했고, 모든 게 제자리에 있어야 했습니다. 어쩌다 책상에 책이 흐트러져 있기라도 하면 별의별 욕을 다 퍼부었어요. 그리고 저를 부를 때는 차마 입에 담지도 못할 욕을 꼭 붙여서 불렀습니다. 그러는 게 취미였나 봅니다. 때리지는 않았지만 그 빌어먹을 놈의 욕이 늘 따라다니며 저를 괴롭혔어요.

나는 주형 씨 새아버지가 어떤 사람인지 금방 알 수 있었다. 그는 아직도 수줍고 주눅 들어 있는 어린아이일 뿐이었다.

새아버지는 어릴 때 키가 아주 작았다고 합니다. 다들 놀렸대요. 그런데 우리 어머니를 만났을 때는 목소리도 걸걸하고 몸도 근육질이었어요. 그러니 제가 어떻게 주눅이 들지 않았겠어요?

주형 씨 새아버지 마음속에는 작고 볼품없던 어린 시절이 남아 있었을 것이다. 그리고 주형 씨가 어릴 적 자신과 많이 닮았기 때문에 아픈 과거가 되살아나 주형 씨를 괴롭힌 것인지도 모른다. 주형 씨를 어린아이로 받아들이지 않았기 때문에 자신의 약점, 즉 상처 난 곳을 건드리는 주형 씨에게 화를 냈을 것이다. 그리고 주형 씨를 받아들일 수 없는 과거에 대한 속죄양으로 만든 것이다.

새아버지는 아마 주형 씨를 억압하고, 주형 씨에게 불가능한 요구를 하면서 자기는 힘세고 강한 어른이라는 걸 확인하려고 했을 것이다. 따라서 일부러 상처를 주려고 한 것은 아닐지도 모른다. 오히려 어린 소년을 완벽하게 만들기 위해 도와준다고 생각했을 것이다. 하지만 주형 씨는 큰 상처를 받았다.

주형 씨 어머니가 새아버지와 헤어진 것은 주형 씨가 열아홉 살 때였다. 하지만 그의 영혼은 이미 상처를 받을 대로 받은 뒤였다. 그는 새아버지가 원한 것처럼 완벽해질 수 없자 다 포기하기로 마음먹었다.

열일곱 살 때 술 담배를 시작했습니다. 그때 제게 세상은 아무 의미가 없는 곳이었으니까요. 고등학교를 졸업하기 직전에 집을 나와 독립했어요. 처음으로 저를 위해서 해본 행동이었지요.

1년 후 주형 씨는 직업을 구하기 위해, 그리고 과학자가 되고 싶었던 꿈을 이루기 위해 대학교에 들어갔다. 하지만 집중을 할 수가 없었다. 머리는 좋았지만 늘 상기되어 있었고, 결정적일 때마다 포기해 버렸다.

그는 학교를 마치고 직장에 들어갔다. 하지만 직장 상사들로부터 어린 시절의 상처를 다시 경험하게 되면서 늘 반항적으로 행동하게 되었다. 결국 여러 직장을 전전하게 되었지만, 이번 직장만큼은 오래 다니고 싶었기 때문에 나를 찾아온 것이다.

주형 씨 새아버지는 그의 인생에서 사라지고 없으나, 그가 심어 준 메시지는 여전히 남아 그 힘을 발휘하고 있다. 그 결과 주형 씨는 완벽주의와 고의적인 게으름, 마비 현상이라는 '완벽주의의 삼박자'라고 부르는 덫에서 헤어나지 못하고 있었다.

지금 일하고 있는 곳이 정말 마음에 듭니다. 그런데 일을 완벽하게 하지 못하고 있는 것 같아서 늘 괴로워요. 또한 마감 시간까지 미루었다가 부랴부랴 일처리를 하곤 하지요. 막판에 몰릴수록 능력이 발휘되는 것 같거든요. 게다가 상사가 뭐라고 하면 참을 수가 없어요.

새아버지는 주형 씨에게 뭐든지 완벽하게 일을 하도록 만들어놓았다. 완벽주의를 심어놓은 것이다. 하지만 그는 완벽하게 일하지 못하면 어떻게 하나 하는 공포감 때문에 일을 지연시키게 되었다. 고의적으로 게으름을 피우게 된 것이다. 그러다 보니 쌓인 일을 감당하지 못해 결국 아무것도 못하게 되었다. 일종의 마비 현상이 일어난 것이다.

나는 주형 씨로 하여금 직장 상사와 터놓고 이야기할 수 있는 방법을 생각해 내도록 도와주었다. 결국 주형 씨는 과거의 고통 때문에 상사들의 충고를 공격적으로 받아들이고 일하는 데 어려움을 겪고 있다고 직장 상사에게 솔직하게 이야기했다. 그리고 시간을 좀 달라고 부탁했다. 그러자 상사는 주형 씨의 정직함과 일에 대한 열정을 이해하고 두 달이라는 시간을 주었다.

직장으로 복귀할 무렵, 주형 씨는 새아버지가 자신에게 무슨 일을 한 건지 이해하기 시작했다. 그리고 직장 상사와 갈등을 일으키는 이유가 상사와의 문제 때문이 아니라 자신의 내적 갈등 때문이라는 것을 확실히 알게 되었다. 그 후 8개월 동안 상담을 받으면서 그는 주변 사람들로부터 완전히 다른 사람이 된 것 같다는 이야기를 듣게 되었다.

완벽주의자인 부모 밑에서 자란 아이는 어른이 된 후에도 다음 두 가지 중 한 가지 길을 택한다. 부모로부터 사랑과 인정을 받으려고 순종하는 태도를 유지하거나, 부모와 다투고 새로운 인생을 살면서도 성공을 두려워하는 것이다.

늘 누군가로부터 평가를 받고 있는 것처럼 생활하는 사람이 있다. 집은 더 이상 깨끗할 수 없을 정도로 깔끔히 정돈되어 있다. 이런 사람들은 남이 아무리 인정을 해주어도 결코 기뻐하지 않는다. 스스로가 만족하지 못하기 때문이다. 그래서 어쩌다 실수라도 하면 엄청난 공포감을 느낀다.

그러다 보니 삶이 언제나 실패의 연속이다. 성공이라는 단어의 테두리에 갇혀 헤어나지 못하는 것이다. 주형 씨도 마음속에 자리 잡고 있는 새아버지의 목소리에 침묵했다면 직장을 계속 옮겨야 했을 것이다.

넌 세상에 태어나지 말았어야 해

지태 씨는 어린 시절 어머니로부터 잔인한 말 중에서도 가장 잔인한 말을 들으면서 자랐다. 마흔두 살인 그는 경찰관으로 근무했던 사람이다. 그런데 경찰 당국에서 지태 씨가 치료받아야 할 것 같다며 나에게 보냈다. 경찰관들을 담당하는 정신과 의사가 지태 씨가 극단적인 선택을 할 위험이 있다는 소견서를 보낸 것이다.

자료들을 살펴보는 동안 나는 지태 씨가 끊임없이 위험한 상황 속으로 스스로를 몰아넣고 있다는 느낌을 받았다. 흉악범들을 체포하는 과정에서 지원군도 요청하지 않고 혼자 위험한 장소에 뛰어든 것도 그 가운데 하나였다.

그는 죽기 일보 직전에 구출되었다. 언뜻 보기에는 영웅 심리에서 그런 것처럼 보였지만 명백히 무책임하고 대책 없는 행동이었다. 사실은 임무를 빙자해 죽으려고 한 것이다. 나는 지태 씨와 상담하는 동안 그와 어머니의 비정상적인 관계에 의문을 갖게 되었다.

어머니는 제가 네 살 때 아버지와 헤어졌습니다. 아버지가 어머니와는 더 이상 살 수 없다고 했대요. 아버지와 헤어진 후 어머니는 더 나빠졌습니다. 한번 화를 내기 시작하면 아무도 말릴 수가 없었어요. 그리고 화풀이는 고스란히 제 몫이 되었지요. 제가 아버지를 많이 닮았기 때문이었어요. 저는 아버지가 어떻게 생겼는지 기억도 못하는데 말이에요. 그럴 때마다 어머니는 저더러 태어나지 말았어야 한다고 했습니다.

나는 지태 씨에게 어머니가 정신적으로 건강하지 못했던 것 같다고 말해주었다.

저도 그렇게 생각했습니다. 하지만 누가 어린아이 말을 믿겠습니까? 이웃사람들 중에 그런 사실을 알고 있는 사람이 있기는 했지만, 아무도 제 말을 믿어주지 않았어요. 가끔은 이웃집 아주머니가 저를 자기 집에 몰래 숨겨 주곤 했습니다. 어쩌면 어머니가 저를 죽일 수도 있다고 생각한 겁니다.

그는 잠깐 숨을 멈추었다가 고개를 저었다.

하느님 맙소사! 그때 받은 상처가 지금까지 이어지리라고는 한 번도 생각해보지 않았는데, 제 마음이 그때 일들로 꽁꽁 얼어붙어 있었군요. 어머니가 저를 얼마나 미워했는지 생생히 기억납니다.

지태 씨 어머니는 그에게 분명한 메시지를 보냈다. 지태 씨를 원하지 않았다고. 그 메시지는 아버지가 떠난 다음 더 분명하게 전달되었을 것이다. 지태 씨의 존재 이유는 아무 곳에도 없었다. 그래서 경찰이 된 후에도 자신의 소중함을 몰랐고, 오히려 무의식적으로 자신을 없애버리려고 한 것이다. 경찰이 된 것도 어머니에게 대항할 수 없는 데서 비롯된 것 같았다.

지태 씨의 경우처럼 잔인한 말로 학대를 받으며 자란 사람들은 자살 충동을 갖고 있다. 과거에 대한 위험한 끈이 인생을 망가뜨리고, 생명의 존엄성마저 잃어버리게 하는 것이다.

자식은 부모가 말하는 대로 자란다

아이들은 친구와 선생님, 이웃 사람, 그리고 다른 집의 식구들을 만나면서 그동안 모르던 것을 많이 배우게 된다. 하지만 부모로부터 가장 많은 것을 배운다. 결국 부모가 아이들의 중심인 셈이다.

"넌 혼자서는 아무것도 못하는구나", "멍청한 너에게 기대한 내가 잘못이야.", "또 그런 짓을 하다니 한심해", "넌 아무짝에도 쓸모가 없어……."

부모가 자식에게 나쁜 감정이나 평가를 내리면 아이는 그렇게 되는 수밖에 없다. 엄마가 늘 아이에게 "너는 바보야."라고 말하면 아이는 어쩔 수 없이 바보가 되는 것이다. 아버지가 언제나 "너는 가치 없는 인간이야."라고 말하면 아이는 가치 없는 사람이 될 수밖에 없는 것이다. 아이들은 부모가 내린 평가를 의심하거나 진실을 규명할 능력이 없기 때문이다.

아이들은 그런 말을 들으면 그것을 내면화해 무의식 속에 꼭꼭 담아둔다. 그리고 무의식 속에서, 예를 들어 "너는 바보야."라는 말이 "나는 바보야"라는 말로 바뀐다. 그것이 자신을 바라보는 가치 척도가 되는 것이다.

자신은 사랑받을 수 없는 사람이고, 가치도 없는 사람이며, 아무 능력도 없는 사람이라고 생각하는 자존감 없는 사람이 어떻게 인생을 살아갈 것인가? 말의 힘은 그렇게 큰 것이다.

때리는 것은 정말 아파요

- 신체적 · 성적으로 학대하는 부모

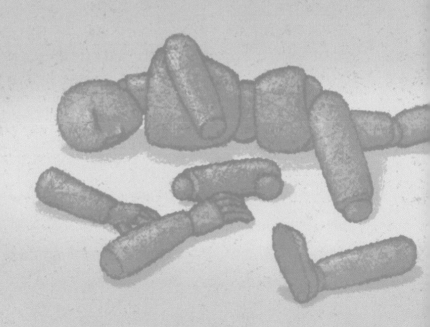

늘 제 자신에게 화가 나요. 자꾸 이유 없이 눈물이 나는 것도 그래서인 것 같아요. 제 자신이 싫어요. 부모님으로부터 받은 상처와 모욕이 언제나 떠올라요. 친구도 오래 사귀지 못해요. 어느 날 갑자기 한꺼번에 다 만나지 않는 거예요. 내가 얼마나 나쁜 사람인지 알게 될까 봐 그러는 거라고요.

중소기업에 다니는 마흔 살 여진 씨는 표정이 굳어 있었다. 그녀는 의사의 권유를 받고 나를 만나러 왔다. 차에서, 그리고 그녀가 일하고 있는 건물 엘리베이터에서 공황 발작을 일으킨다고 했다.

의사는 여진 씨에게 불안하지 않게 해주는 약을 처방해주면서 심리치료를 받아보라고 강력히 권했다. 일하러 갈 때만 빼놓고는 두려워서 아파트 밖으로 한 발짝도 나가지 못하는 점이 걱정되었던 것이다. 나는 얼마 안 가 그녀가 왜 그런지 알았다.

저는 교외에 있는 고급 주택가에서 자랐어요. 돈으로 살 수 있는 것은 전부 다 있는 집이었죠. 완벽한 가족처럼 보였을 거예요. 아버지는 발작적으로 화를 냈어요. 주로 어머니와 다투고 나서 그랬죠. 그때마다 아버지는 가장 가까이 있는 사람에게 달려들었어요. 나와 여동생을 마구 때렸지요. 다리도 때리고, 머리도 때리고, 닥치는 대로 때렸어요. 영원히 멈추지 않을 것 같았어요. 너무 무서웠어요.

여진 씨의 우울증과 공포심은 학대받으며 자란 아이가 부모로부터 물려받은 유산이었다.

부모가 자식을 때리는 진짜 이유

대부분의 부모는 아이가 울음을 그치지 않거나, 성가시게 굴거나 반항할 때 강하게 때리고 싶은 충동을 느낀다. 그런데 그런 충동은 아이의 행동과는 상관 없고, 부모가 느끼는 피곤과 스트레스 정도, 불안이나 불행과 밀접하게 관련이 있다. 그럼에도 대부분의 부모들이 자녀를 때리고 싶은 충동을 참아낸다. 반면 불행하게도 참지 못하는 부모들도 많다.

왜 그런지는 잘 모르겠지만, 아이의 신체를 학대하는 부모들에게는 어떤 공통점이 있다. 첫째 심각할 정도로 충동을 조절하지 못한다. 신체적인 학대를 가하는 부모는 부정적 감정이 강하게 들 때마다 그런 감정을 방출하려고 자식을 공격한다. 스트레스를 받으면 자동적으로 아이를 때리고 싶은 충동이 일면서 행동으로 옮기는 것이다. 그렇게 해놓고도 그런 행동이 아이에게 어떤 영향을 주는지도 모른다.

아이의 신체를 학대하는 부모를 보면 학대를 일삼은 집에서 자란 경우가 대부분이다. 어릴 때 경험하고 학습한 것들을 어른이 되어서 자식들에게 직접 되풀이하는 것이다. 결국 학대하는 사람이 역할 모델이 된 것이다. 이런 사람들에게는 여러 문제, 특히 분노와 같은 부정적인 감정을 해소하기 위해 배워둔 유일한 방법이 학대다.

신체적으로 학대당한 아이들은 엄청난 무력감과 감정 결핍을 해결하지 못한 채 성인기로 접어든다. 감정적인 면에서는 아직도 어린아이인 것이다. 그래서 자식을 대리 부모로 착각하고, 실제 부모가 결코 채워주지 못했던 감정적 욕구를 충족하려 든다. 그러다 자식이 자신들의 욕구에 미치지 못하면 욕을 퍼붓고, 화를 낸다. 그 순간, 어린 자식은 더 이상 자녀가 아니다. 왜냐하면 가해자가 진정으로 화를 내고 있는 대상은 가해자의 부모이기 때문이다.

이러한 부모들 중에는 술이나 약물 중독 문제를 갖고 있는 사람들이 많다. 그리고 늘 그런 것은 아니지만, 약물 남용만으로도 충동 조절 능력이 망가진다.

신체를 학대하는 유형도 여러 가지지만, 아이를 때리는 게 삶의 유일한 목적인 듯이 행동하는 부모들이 가장 위험하다. 겉으로는 다른 사람들과 똑같이 말하고 행동하지만 우리와 함께 살아갈 수 없는 괴물들이다. 이런 사람들을 이해하기란 불가능하다. 그들의 행동에는 최소한의 논리조차 없기 때문이다.

여진 씨 아버지는 존경받는 은행가로, 교회에도 꼬박꼬박 나가는 사람이었다. 그가 아동 학대를 일삼는 사람일 거라고는 아무도 상상하지 못했다. 하지만 여진 씨는 악몽 속에서 살고 있었다.

여동생과 저는 너무 무서워서 밤마다 방문을 잠갔어요. 제가 열한 살이고 동생이 아홉 살 때였어요. 어느 날 아버지가 문을 세게 두드렸지요. 계속 말이에요. 우리는 침대 밑에 숨었어요. 살면서 그렇게 무서운 적도 없었죠. 아버지가 문을 부수고 들어왔어요. 영화처럼 말이에요. 공포 그 자체였어요. 우리는 도망가려고 했죠. 하지만 아버지에게 붙들렸어요. 아버지는 우리를 구석에 처박아놓고 때리기 시작했어요. "한 번만 더 그러면 죽여버릴 거야!" 하고 계속 외치면서 말이에요. 정말로 우리를 죽일 것 같았어요.

여진 씨가 묘사한 폭력 현장의 분위기는 어린아이를 신체적으로 학대하는 대부분의 가정에서 나타난다. 그리고 그런 분위기가 늘 이어진다. 이 아이들은 조용한 상황에서도 언제 갑자기 부모가 분노의 화산을 폭발시킬지 모른다는 공포 속에서 살게 된다. 그러다 그 순간이 오면 폭력을 피할 수가 없다. 피하려 들면 가해자가 더 격분하기 때문이다. 이때 아이들에게는 안전하게 숨을 만한 장소도 없고, 가해자로부터 탈출하는 것도 불가능하며, 달려와 도와줄 보호자도 없다.

분노와 좌절감을 폭력으로 해소하는 부모

스물일곱 살인 상원 씨를 처음 본 건 심리학과 대학원 세미나에서였다. 그는 석사 학위 과정을 밟고 있는 중이었다. 나는 강의 시간에 병든 부모에 대해서 책을 쓰는 중이라고 말했다. 그러자 상원 씨가 점심 시간에 찾아와 사례를 제공하겠다고 말했다. 무언가를 말하고 싶은 게 분명했다.

다음날 우리는 몇 시간 동안 이야기를 나누었다. 나는 그의 열린 마음과 솔직함뿐 아니라 아픈 경험을 통해 얻은 것들을 다른 사람을 돕는 데 사용하려는 마음에 깊은 감명을 받았다.

저는 늘 이유도 모르는 채 제 방에서 매를 맞았어요. 아버지는 고함을 지르고 욕을 하면서 저를 때리기 시작했는데 도무지 어떻게 해볼 엄두가 나지 않았습니다. 아버지는 제가 벽에 몰릴 때까지 계속해서 주먹질을 해 댔어요. 너무 심하게 맞아서 도대체 무슨 일이 일어나고 있는지도 모를 정도였지요. 가장 두려웠던 것은 무엇 때문에 아버지가 그렇게 폭발하는 건지 모른다는 것이었습니다!

상원 씨는 아버지가 언제 불같이 화를 낼지 모른다는 불안감과 그 것을 피할 방법이 없다는 절망감을 느끼며 유년기의 대부분을 보냈 다. 그리고 그런 경험은 아버지로부터 상처받고 배신당했다는, 평 생토록 지속되는 강력한 공포를 불러일으켰다. 사람을 믿는 방법을 배우지 못했기 때문에 결혼도 실패로 끝났다. 집을 떠나거나 결혼을 한다고 해서 사라질 문제가 아니었기 때문이다.

부모에게 짓밟히고 나면 살면서 신뢰와 안도감을 회복하기가 너 무나도 힘들다. 우리는 남들이 우리를 어떻게 대할 것인가를 자신과 부모의 관계를 기초로 해서 예측한다. 부모와 자식의 관계가 정서적 으로 안정감을 주고, 권리와 감정을 존중해주는 그런 관계였다면, 남들도 우리에게 그런 방법으로 잘해줄 거라고 기대하면서 성장하 는 것이다.

물론 이러한 긍정적 기대가 지나치면 나중에 인간 관계가 너무 개 방적이 되어 쉽게 상처받기도 한다. 하지만 상원 씨와 같이 끝없는 불안과 긴장, 그리고 고통이 연속되는 유년기를 보낸다면 남들과의 관계에서 부정적인 기대와 경직된 방어기제만 발달한다.

가해자들은 자식이 자기를 이해해 주길 바란다. 그래서 때리고 나서 이해해달라고 빌며 용서를 구한다. 여진 씨의 경우가 그렇다.

엄마가 집을 비운 어느 날, 저녁식사를 하고 난 다음이었어요. 그날도 아버지는 무시무시하게 달려들며 때렸어요. 이웃 사람이 제 비명을 듣고 경찰을 불렀죠. 아버지는 경찰에게 아무 일도 없다고, 이웃 사람이 텔레비전 소리를 잘못 들은 거라고 했어요. 제가 옆에서 눈물을 흘리며 서 있는데도 경찰은 잘도 속아 넘어가더군요.

왜 속았느냐고요? 아버지가 그 도시 유지였거든요. 경찰관들이 가자 아버지는 최근에 스트레스를 많이 받았다고 제게 말했어요. 무슨 스트레스를 말하는지 몰랐지만, 제가 진정으로 이해해 주기를 바라는 것 같았어요. 그러면서 어머니가 잘해주지도 않고, 잠자리도 하지 않으려 한다면서 아내가 남편과 자지 않는 건 옳지 않다고 하더군요. 그래서 늘 그토록 불안정한 거라고요.

여진 씨 아버지는 너무 어려서 무슨 말인지 이해하지도 못하는 어린아이에게 부적절하고 개인적인 이야기를 했다. 하지만 분명한 것은 어린 딸이 감정적으로 자신을 돌봐주기 바랐다는 것이다. 이런 역할 반전은 여진 씨를 혼란스럽고 당황스럽게 만들었다. 이는 자식을 학대하는 부모들의 공통적인 특징이다. 다시 말해 그런 식으로 아이들을 때리고, 책임을 다른 사람에게 떠넘기는 것이다.

여진 씨 아버지는 부부 사이의 문제를 직접 해결하지도 못했고, 분노와 성적 좌절감을 딸에게 분풀이하고 나서 아내를 비난함으로써 폭력을 합리화했다.

이렇듯 부모들은 일에서 오는 스트레스나, 다른 식구들이나 친구와의 갈등 혹은 불만족스런 삶에서 느끼는 긴장감을 분출하는 수단으로 어린아이에게 신체적 폭력을 휘두르기도 한다.

이때 어린아이는 너무도 쉽게 피해 대상이 된다. 반항할 수도 없고, 어디 가서 말하지 말라는 위협을 받기도 한다. 하지만 슬프게도 가해자가 위안을 얻는 것도 그때뿐, 분노를 일으키는 원천은 여전히 남아 있고, 변하지도 않기 때문에 다시 폭발할 수밖에 없다. 그리고 더 슬프게도 희생당한 아이는 그 분노를 흡수해 성인기까지 끌어안고 간다.

훌륭한 사람이 되라며 때리는 부모

자신의 행동에 대한 책임을 자녀가 잘 되라고 그랬다는 식으로 자신을 정당화하는 가해자들도 있다. 이런 부모들은 사람은 악한 마음을 타고난다고 믿고, 가혹하게 매를 들어야 아이가 나쁜 길로 빠지지 않는다고 믿는다.

어린아이를 더 끈질기게, 용감하게, 혹은 강하게 만들려면 매를 들어야 한다고 변명하는 부모도 있다. 상원 씨 아버지도 그랬다.

아버지가 열네 살 때 친할머니가 돌아가셨대요. 아버지는 그때 그 상실의 아픔을 조금도 극복하지 못했습니다. 이제 예순 살이 넘었는데도 마찬가지예요. 얼마 전에 그러더군요. 제가 자기처럼 슬퍼할까 봐 두려워서 그렇게 완력으로 대했다고요.

하지만 매질은 상원 씨를 더 담대하고 덜 나약하게 만들었을지는 몰라도 세상을 두려워하고 불신하게 만들었다.

아이들을 심하게 체벌하는 게 옳다고 믿는 것은 정말 어리석기 짝이 없는 생각이다. 매질은 단지 일시적으로 아이들을 저지할 뿐, 아이들에게 심한 분노와 복수심, 그리고 자기 혐오감을 불러일으킨다. 신체적인 학대로 인한 정신적, 감정적 손상은 일시적인 이점은 있을지 몰라도 궁극적으로 더 나쁜 결과를 초래한다.

학대에 침묵하는 배우자

지금까지는 아이를 학대하는 부모에게만 초점을 맞추었지만 책임져야 할 사람이 더 있다. 배우자가 자식을 학대하게 놔두는 부모다. 가만 있는 이유는 자신의 공포 때문에 생긴 의존심 또는 가정을 유지하려는 욕구 때문이다. 이런 부모는 소극적인 가해자다. 나는 상원 씨에게 매를 맞는 동안 어머니는 뭘 하고 있었느냐고 물었다.

어머니는 아무것도 하지 않았어요. 욕실에 들어가 문을 잠그고 있기도 했어요. 저는 늘 이렇게 생각했습니다. '엄마는 왜 이 미친 자식이 나를 두들겨 패는 걸 안 말리는 거지?' 그러면서 너무 두려워서 그럴 거라고 추측했습니다. 성격상 아버지에게 대드는 게 어려웠을 거라고 말이지요. 말이 되는지는 모르겠습니다만, 아버지는 기독교 신자였고, 어머니도 다른 종교가 있었어요. 어머니는 좀 가난했지만 가풍을 중시하는 집안에서 자랐고, 여자는 남편에게 이래라저래라 하면 안 된다고 배웠습니다. 그래서 어머니는 비를 막아줄 지붕이 있고, 가정이 있다는 것에 그저 감사할 따름인 것 같았지요.

상원 씨 어머니는 직접 자식을 때리지는 않았지만 잔인한 남편으로부터 자식을 보호하지 않았기 때문에 학대에 동조한 셈이다. 자녀를 보호하는 대신 그녀 자신이 놀란 어린아이가 되었고, 남편의 폭력 앞에서 절망적이고 수동적인 태도를 취했다. 아들을 내팽개친 것이다.

상원 씨는 소외되고 보호받지 못한다고 느꼈지만, 어쩔 수없이 책임도 함께 져야 한다는 것을 깨달았다.

제가 열 살 때였어요. 어느 날 밤 아버지가 어머니를 때렸습니다. 저는 다음 날 아침 일찍 일어나 어머니가 있는 주방으로 가서 아버지가 방에서 나오기만을 기다렸습니다. 아버지는 제게 이른 아침부터 무얼 하고 있느냐고 물었어요. 저는 너무나 두려웠지만 이렇게 말했지요. "한 번만 더 엄마를 때리면 야구방망이를 들고 쫓아갈 거예요." 아버지는 저를 보고 웃기만 했지요. 그러고는 욕실로 가서 샤워를 한 다음 태연하게 일하러 나갔습니다.

자신이 먼저 절망감에 압도당해 폭력에 소극적으로 대처하는 부모는 자신이 학대에 공모했다는 사실을 쉽게 부정하려 든다. 이러한 자기 합리화 때문에 학대를 받은 어린아이로 하여금 양쪽 부모 모두가 자신을 실망시켰다는 사실을 부정하도록 만든다. 여진 씨가 바로 그런 사례다.

아버지가 우리를 처음 때리기 시작했을 때 우리는 엄마에게 도와달라고 소리쳤어요. 하지만 엄마는 오지 않았어요. 방에 앉아서 듣고만 있었죠. 우리는 곧 엄마가 오지 않을 거라는 걸 알았어요. 아버지에게 대든 적이 없었거든요. 엄마는 우리를 도울 수 없었을 거예요.

그동안 수없이 "엄마가 우리를 도울 수 없었을 거라고 생각한다."는 식의 말을 들어왔지만, 그런 말을 들을 때마다 나는 여전히 화가 치민다. 나는 여진 씨에게 어머니가 했던 역할을 실질적으로 들여다보는 게 중요하다고 말했다. 여진 씨 어머니는 자식들을 도울 수 있었을 것이다. 그리고 아버지를 말렸어야 했다. 남편이 두려우면 경찰이라도 불렀어야 했다.

여진 씨와 상원 씨의 사례에서 아버지는 적극적인 가해자였고, 어머니는 가해를 묵인한 공모자였다. 그렇지만 어머니가 적극적인 가해자이고, 아버지가 소극적인 가해자인 경우도 있다. 성은 바뀔 수 있지만, 소극적인 가해자가 하는 역할은 똑같다. 양쪽 부모 모두가 가해자인 경우도 있지만, 한 사람은 적극적인 가해자이고 다른 사람은 소극적인 가해자인 경우가 훨씬 더 많다.

적극적인 가해자와 소극적인 가해자인 양쪽 부모로부터 학대를 받으며 자란 사람은 소극적인 가해자인 부모를 같은 피해자로 생각하고 용서하는 경우가 많다. 상원 씨의 경우에는 더더욱 그랬다. 소극적인 가해자인 어머니를 보호해야 한다고 느꼈기 때문이다.

마흔세 살의 영업부장인 희준 씨의 경우도 마찬가지였다. 소극적인 가해자를 위로해야 하는 입장이었기 때문에 더 복잡했다. 희준 씨는 어린 시절 내내 어머니로부터 신체적 학대를 당했다. 그러는 동안 무기력한 아버지를 우상화했다.

저는 운동보다 미술이나 음악에 더 관심이 많았던 아주 섬세한 아이였습니다. 어머니는 늘 저를 계집애 같은 놈이라고 불렀어요. 그리고 화가 아주 많이 나면 아무거나 집어 들고 저를 때렸습니다. 그래서 전 어린 시절 대부분을 작은 방에서 숨어 지냈지요. 어머니가 저를 왜 그토록 때리는지 알 수가 없었어요. 그래서 그저 제가 하는 모든 것들이 어머니를 화나게 만드는 모양이라고 생각했습니다.

저는 거의 울면서 살았어요. 그때마다 아버지는 저를 안아주면서 미안하다고 했지요. 아버지는 아무것도 할 수 없다고, 제가 좀 더 열심히 노력하면 나아질 거라고 했습니다. 아버지는 정말 좋은 사람이었어요. 아버지가 열심히 일한 덕분에 식구들이 잘 살 수 있었으니까요. 아버지는 유일하게 저를 변함없이 사랑해주신 분입니다.

희준 씨는 아버지가 공모했다는 사실을 부정했다. 어린 시절에 유일하게 좋았던 기억, 즉 아버지와 가졌던 행복한 순간을 지키고 싶었기 때문이다. 그 당시 겁먹은 어린아이로서 아버지의 온화함에 매달렸던 것처럼, 지금도 겁먹은 어른으로서 그 기억에 매달리고 있었다. 왜곡된 현실이라고 하는 어두운 방에 드나들면서 현실을 직시하고 싶지 않았던 것이다.

더욱 좋지 않았던 점은 아버지가 희준 씨에게 '더 노력하면' 매 맞는 것을 피할 수도 있을 거라고 말함으로써 그의 머릿속에 무거운 책임감을 심어주었다는 사실이다.

내가 잘못해서 맞는 거야

매 맞는 아이들도 폭언을 당하는 아이들과 마찬가지로 자신에게 가해지고 있는 폭력이 자기 때문이라고 생각한다.

아버지는 늘 저더러 가치 없는 놈이라고 했습니다. 저를 때리면서도 이름 대신 욕 같은 별명을 불렀지요. 그럴 때면 이 세상에 사는 사람들 중에 제가 제일 하찮은 사람이라고 생각됐어요.

상원 씨에게는 일찍부터 자기 비난의 씨앗이 뿌려졌다. 부모가 어린 자식에게 너는 가치 없는 사람이라고 강력하게 주장하는데, 어린 아이가 어떻게 견딜 수 있겠는가? 학대받은 어린아이들과 같이 상원 씨 역시 두 가지 거짓말을 믿었다. 잘못한 것은 상원 씨 자신이고, 상원 씨 자신이 잘못했기 때문에 맞았다는 것이다.

강력하고 전지전능한 아버지가 한 거짓말이기 때문에 아이로서는 곧이곧대로 믿을 수밖에 없었던 것이다. 이런 거짓말은 어린 시절에 매를 맞으며 자란 성인들의 가슴속에 변하지 않고 영원히 남는다.

저는 제 자신을 학대했습니다. 아무하고도 좋은 관계를 가질 수 없을 거라고 생각했어요. 누군가 저를 진실로 믿고 돌봐준다는 게 믿기지 않았습니다.

여진 씨도 비슷한 이야기를 했다. 자신이 그렇게 나쁜 사람이라는 것을 사람들에게 알리고 싶지 않다고 했다. 이러한 낮은 자존감은 곧 자기 혐오감으로 발전되며, 온전하지 못한 대인 관계, 자긍심 상실, 무력한 느낌, 몸과 마음을 마비시키는 공포심과 이유가 불분명한 분노 등의 문제를 발생시켜 삶을 망가뜨린다. 여진 씨는 이를 다음과 같이 표현했다.

사는 동안 저는 행복해질 수 없다고 생각했어요. 결혼을 안 한 것도, 좋은 관계를 맺지 못한 것도, 성공하지 않은 것도 다 그래서예요.

여진 씨가 장성했을 때 신체적 학대는 끝났다. 하지만 자기 비하를 통한 감정적 학대는 계속되었다. 그녀 스스로 가해자가 된 것이다. 학대받는 어린이들은 고통과 쾌감이 뒤섞이는 경험을 한다. 상원 씨는 온화한 순간과 공포가 공존하는 순간에 대해 이야기했다.

아버지는 어떤 땐 재미있고, 아주 친절했어요. 어느 날 제가 큰 스키 대회에 참가하게 되었는데, 아버지는 정말로 제게 정성을 쏟았습니다. 저를 위해 여섯 시간이나 직접 운전해 데려다주었지요. 덕분에 질 좋은 눈 위에서 연습을 할 수 있었습니다.

집으로 오는 길에는 저에게 "넌 정말 특별한 아이야."라는 말도 해주었어요. '내가 그렇게 특별하다면서 왜 그렇게 나를 때리는 걸까?'라는 생각도 들었지만, 아무튼 그렇게 말했습니다. 하지만 이젠 다시 생각해봐야겠어요. 아직도 그날 나누었던 대화를 생생하게 기억하고 있고, 그래서 아버지와 저의 관계를 다시 회복해보려고 노력하고 있습니다.

학대와 사랑이 뒤섞여 있는 그런 말은 상원 씨를 더 혼란스럽게 했고, 진실과 직면하는 것을 더 어렵게 만들었다. 나는 상원 씨에게 부모가 자식을 나쁘게 대하면서도 사랑한다고 말하면, 부모와 자식 사이에 믿을 수 없을 정도로 강력하고 심각한 융합 현상이 일어난다고 설명했다. 어린아이의 시각은 매우 좁은 데다 아무리 부모가 학대를 한다고 해도 아이에게 부모란 존재는 여전히 사랑과 편안함을 주는 유일한 존재이기 때문이다. 따라서 매 맞는 아이는 부모로부터 사랑받을 자격을 주는 성배를 찾아 헤매는 데 자신의 유년기를 다 보낸다. 이는 성인기까지 계속된다. 여진 씨도 마찬가지였다.

아버지는 어린아이인 저를 안아주고, 사랑해주며, 편안하게 해줬어요. 조금 더 컸을 때는 주말마다 놀이동산이나 영화관에 데리고 갔고요. 저를 정말 사랑한 때가 있는 것 같아요. 아버지가 저를 다시 사랑해주었으면 좋겠어요.

가족의 비밀을 지키는 '착한 아이'
여진 씨 아버지는 뜬금없이 자비를 베풂으로써 그녀로 하여금 아버지의 사랑을 갈구하게 만들었고, 아버지가 마음을 돌리기를 바라게 만들었다. 그리고 성인이 된 후에도 오랫동안 아버지에게 집착하게끔 했다. 아버지에 대한 진실을 말하면 안 된다고 믿게 된 것도 그래서였다. 다시 말하면 '착한' 딸은 절대로 가족을 배신하지 않는다고 생각하게 만든 것이다.

'가족의 비밀'은 학대받는 아이에게는 큰 짐이 된다. 그리고 자신이 맞고 산다는 것을 말하지 않음으로써 감정적으로 도움을 받을 기회를 잃게 된다. 여진 씨의 경우를 보자.

평생 거짓말을 하면서 살아온 느낌이에요. 제 삶에 그렇게 엄청난 영향을 끼친 일에 대해 자유롭게 말할 수 없다는 사실이 너무 끔찍했거든요. 지금은 확실히 말할 수 있어요. 하지만 그 시기에 저에게 큰 영향을 끼친 사람들에게는 아직도 말할 수가 없어요. 도우미 아주머니밖에 말할 사람이 없었죠. 이 세상에서 믿을 수 있는 사람은 아주머니밖에 없는 것 같았거든요. 어느 날 아버지가 저를 때렸는데, 그녀가 그러더군요. "여진아, 네 아버지는 끔찍한 병자란다." 저는 그렇게 심각한 병이 있었는데도 아버지가 왜 병원에 가지 않는지 이해가 안 갔어요.

나는 도우미 아주머니가 여진 씨의 유년기에 대해 여진 씨 부모에게 대놓고 이야기하면 무슨 일이 일어날 것 같으냐고 물어보았다. 그러자 그녀는 몇 분 동안 나를 바라보더니 이렇게 말했다.

아버지가 쓰러질 거예요. 난리가 나겠죠. 분명해요. 어머니는 히스테리

발작을 일으킬 테고요. 여동생은 쓸데없이 지난 일을 들췄다며 길길이 날뛰겠죠. 동생은 지난 일에 대해서는 입도 뻥끗 못하게 할 거예요.

그 모든 게 제 안에서 막 치밀어 올라요. 변한 게 아무것도 없어요. 여전히 식구들과 같이 살고 있고요. 아버지는 지금도 저를 싫어해요. 악을 쓰면서 제가 얼마나 분노하고 있는지 말하고 싶지만 그냥 앉아서 입술만 깨물며 살아요. 오늘도 아버지가 제게 미친 듯이 화를 냈어요. 어머니는 아무 소리도 안 들린다는 듯이 가만 있었고요.

몇 년 전 고등학교 동창회에 갔을 때는 제가 지독한 위선자처럼 느껴졌어요. 동창들 모두 제가 남부럽지 않은 아주 훌륭한 집안의 딸인 줄 알고 있거든요. '만약에 이 친구들이 사실을 알게 된다면……' 하는 생각이 들었어요. 우리 부모님이 제 어린 시절을 어떻게 망쳤는지 솔직히 다 말하고 싶었어요. 그 누구도 사랑하지 못할 만큼 저에게 큰 상처를 주었다고 소리치고 싶었지요.

남자도 사귈 수가 없어요. 부모님이 저를 감정적으로 마비시켜버린 거예요. 지금도 여전해요. 그런데도 부모님에게 대놓고 진실을 말하기가 두려워요.

여진 씨는 어른으로서 진심으로 부모와 대면하려고 울부짖었지만 내면에 살고 있는, 매 맞고 놀란 어린아이는 그랬다가는 무슨 일이 일어날지 몰라 너무나 두려워하고 있었다. 진실을 말하면 모두 그녀를 증오할 거라고 믿고 있었기 때문이다. 결과적으로 그녀와 부모의 관계는 몸짓으로 알아맞히는 놀이처럼 되어갔다. 그리고 식구들 모두 마치 아무 일도 일어나지 않은 척 가만 있었다.

나는 고교 동창생들이 여진 씨의 집안이 훌륭한 집안인 줄 알고 있다는 말에 전혀 놀라지 않았다. 많은 학대 가정이 겉으로 봐서는 아주 정상적인 가정처럼 보이기 때문이다. 하지만 실상은 정반대다. 바로 이것이 '가족 신화'의 기초가 된다. 상원 씨의 경우가 대표적인 예다.

가족과 함께 있을 때마다 빌어먹을 꼭두각시 놀음을 하고 있는 것만 같습니다. 아무것도 변한 게 없어요. 아버지는 지금도 술을 마시고 어머니를 때릴 겁니다. 그런데 저만 그 사실을 알까요? 진실을 아는 사람이 저뿐일까요? 아무 문제가 되지 않았던 건 제가 아무 말도 하지 않았기 때문이에요. 아마 나머지 식구들 눈엔 제가 사기꾼처럼 보였을 거예요. 하지만 저는 그래 봐야 아무것도 달라지지 않을 거라는 걸 알았어요. 차라리 완벽하게 안 그런 척하는 편이 나을 거라고 생각했습니다.

상원 씨는 부모와 대면하고 싶은 마음과, 가족과 멀어질 게 분명하다는 공포 사이에서 심한 갈등에 사로잡혔다. 그는 고등학생일 때 자신이 어떻게 느끼는지에 대해 탄원서 같은 글을 쓴 적이 있었다.

글에다 두들겨 맞고 무시당한 내용을 있는 그대로 쏟아놓았어요. 그리고 식구들이 읽기를 바라면서 책상 서랍에서 꺼내놓았지요. 누가 읽었는지, 아무도 안 읽었는지 전혀 모르겠습니다. 아무도 그 글에 대해 말하지 않았으니까요. 십대 후반에는 일기장에 적기도 했습니다. 그리고 아무데나 놓아두었지요. 식구들이 제 일기를 읽었는지 안 읽었는지는 모릅니다.

읽었느냐고 물어보기가 아직도 너무 두려워요.

상원 씨가 부모에게 일기나 탄원서에 대해서 물어보지 못한 이유는 또 맞을까 봐 두려워서가 아니었다. 고등학교 때인 만큼 잠자코 맞고만 있기에는 성숙했기 때문이다. 하지만 상원 씨가 쓴 탄원서를 읽고도 부모가 심적 반응을 전혀 보이지 않았기 때문에 가족으로부터 사랑을 받게 될 거라는 환상도 깨져버렸을 것이다.

부글부글 가슴속에 끓는 분노의 냄비

학대당하는 어린아이들의 가슴속에는 분노의 냄비가 부글부글 끓고 있다. 하지만 그 누구도 이 분노를 비난해선 안 된다. 매를 맞는데 누군들 화나지 않을 것이며, 굴욕스럽지 않을 것이며, 자존감이 상하지 않을 것이며, 고통에 울부짖지 않겠는가?

문제는 매 맞는 어린아이들이 그 엄청난 분노를 정상적으로 표출할 줄 모른다는 사실이다. 이는 성인이 된 후에도 해결하기 어렵다.

마흔한 살인 미주 씨는 작은 체구에 굳은 표정을 한 가정주부이다. 그녀는 열 살 된 아들을 때린 문제로 학교 상담교사에 의해 사회복지과에 고발당한 후 나에게 왔다. 아들은 잠시 친할머니, 친할아버지가 돌보게 되었다. 법원의 명령 때문에 오게 되었지만 그녀는 진심으로 치료받고 싶어했다.

제 자신이 몹시 부끄러워요. 전에도 아들을 때렸어요. 그럴 때마다 미칠 것 같았죠. 자식을 낳으면 절대로 안 때리겠다고 맹세했었거든요. 어떡하면 좋아요! 맞는 게 어떤 건지 잘 알아요. 아주 끔찍한 일이죠! 그러지 말아야지 하면서도 저도 모르게 미쳐 날뛰게 돼요. 부모님 모두 저를 때렸어요. 엄마는 더했지요. 부엌에서 식칼을 들고 저를 쫓아다니던 모습을 잊을 수가 없어요.

미주 씨는 오래 전부터 '행동화'를 보여왔다. 행동화란 강렬한 충동을 공격적인 행동으로 변화시키는 것을 말한다. 그녀는 십 대 때부터 계속 말썽을 일으켜서 몇 번이나 정학을 당했다. 그리고 어른이 되어서도 마찬가지여서 스스로를 '걸어 다니는 화약고'라고 표현할 정도였다.

우리 아이들에게 무슨 짓을 할지 몰라서 아예 집을 나가 있기도 했어요. 저 자신을 억제할 수 없을 것 같았거든요.

미주 씨의 내적 분노는 어린 아들에게 향했다. 억압된 분노는 대개 폭행이나 강간, 살인 같은 폭력적인 범죄 행위로 나타난다. 감옥은 어린 시절에 신체적으로 학대받은 분노를 적절히 표현하는 법을 한 번도 배우지 못한 어른들로 가득하다.

반면에 아버지에게 맞은 여진 씨는 분노를 내부로 돌렸다. 자기 몸을 괴롭히는 방법으로 분노를 표현한 것이다.

누가 제게 무슨 말을 하거나 행동을 하면, 제 자신을 용납할 수가 없었어요. 견딜 수가 없었죠. 그러다 보니 두통이 생겼어요. 제가 더럽게 느껴

졌어요. 모든 사람이 저를 짓밟고 지나가는 것 같았거든요. 어떻게 해야
저한테 함부로 못하게 하는지 알 수가 없었어요. 작년에는 위궤양도 생겼
지요. 그래서 늘 속이 아파요.

여진 씨는 어릴 때부터 맞고 자라면서 그 상황을 막을 수가 없다
는 것을 알았다. 어른이 되어서도 여전히 사람들에게 이용당하거나
피해를 당하지 않는 법을 모르고 있었다. 따라서 몸에 이상을 일으
켜 어린 시절에 경험한 고통을 지속시켰다. 엄청나게 쌓인 분노를
풀 배출구를 찾아야 하는데도 그러지 못하자 신체가 그녀를 대신해
두통과 위통, 그리고 우울증이라는 병으로 분노를 표출한 것이다.

자신을 학대하는 부모와 매 맞는 자신을 동일시하는 아이들도 있
다. 가해자와 똑같은 특성을 갖게 되면 자신을 보호할 수 있을 거라
는 환상을 갖는 것이다. 가해자는 강력하고 도무지 이길 수 없을 것
처럼 보이기 때문이다. 그래서 무의식적 자기방어로서, 병든 부모
가 갖고 있는 특성, 즉 자신이 가장 증오해 온 바로 그 성향들을 발
달시키는 것이다. 그래서 절대로 부모를 닮지 않겠다고 굳게 다짐하
는데도 가해자와 아주 똑같이 행동하는 것이다.

가장 잔인하고 절망적인 성적 학대

부모의 성적 학대는 인간이 겪을 수 있는 일 중에서 가장 잔인하
고, 가장 절망적이다. 어린아이와 부모 사이에 존재해야 할 가장 기
본적인 신뢰를 배반하기 때문이다. 어린 피해자는 자신을 공격하는
부모에게 완전히 의존하고 있는 상태여서 도망칠 곳도 없고, 도망칠

능력도 없다. 보호자가 가해자이므로, 현실은 더러운 비밀을 품고 있는 감옥이 된다. 성적 학대는 유년기의 본질, 즉 어린아이의 순수를 완전히 말살해 버린다.

앞에서 우리는 병든 가정의 어두운 현실을 들여다보면서, 동정심이라고는 전혀 없는 부모들을 살펴보았다. 말로 모욕을 주는 것부터 손에 잡히는 대로 아무거나 집어들어 자식을 때리면서도 잘 되라고 교육하는 거라며 합리화하는 부모들 말이다. 하지만 이제부터는 너무나 사악해서 눈곱만큼도 스스로를 합리화할 여지가 없는 부모들의 이야기를 하려고 한다.

어린아이를 신체적으로 학대하는 가정과 마찬가지로, 성적 학대가 일어나는 가정도 겉으로는 정상적인 가정처럼 보인다. 부모가 높은 도덕성으로 명성이 자자한 지역 사회의 유지이거나 또는 사회적으로 성공한 사람, 종교 지도자일 수도 있다.

늘씬한 몸매에 아름다운 외모를 가진 서른여덟 살의 연수 씨는 대도시 교외에서 작은 서점을 운영하고 있었다. 그녀는 누가 봐도 '정상적인' 가정에서 자랐다.

다른 사람들과 다를 바가 없어 보이는 가정이었어요. 아버지는 보험회사에 다녔고, 엄마는 공무원이었어요. 주일마다 가족끼리 교회에도 가고, 여름마다 휴가를 떠났죠. 겉으로는 정말로 행복하고 정상적인 가정이었는데…… 열한 살 때 아버지가 제 몸에 자기 몸을 비벼대기 시작했어요. 1년 후, 저는 아버지가 문 틈 사이로 제가 옷 갈아입는 것을 훔쳐본다는 걸 알았어요.

성숙해지기 시작했을 때는 아버지가 제 뒤에 와서 가슴을 어루만졌어요. 그런 다음 옷을 다 벗고 바닥에 누우면 돈을 주겠다고 했어요. 아버지는 그렇게 해서 제 벗은 몸을 보았지요. 정말 불결했어요. 하지만 싫다고 말하기가 두려웠어요. 아버지를 당황하게 만들고 싶지 않았거든요. 그러던 어느 날이었어요. 아버지가 제 손을 끌어다 자신의 성기에 댔어요. 저는 너무나 겁이 났어요. 아버지가 제 성기를 애무하기 시작했지만 저는 그게 무슨 짓인지도 몰랐어요. 그래서 아버지가 하는 대로 내버려둘 수밖에 없었답니다.

연수 씨 아버지는 전형적인 중산층으로, 가정적인 사람이었다. 하지만 그런 이미지 때문에 그녀는 더 혼란스러웠다. 이렇듯 성적 학대가 일어나는 가정은 몇 년 동안, 때로는 영원히 겉으로는 아무 일 없다는 듯이 유지된다.

방송국에서 영상을 편집하는 진서 씨는 겉모습과 속 모습의 괴리에 대해 아주 극적인 예를 보여주고 있다.

도대체 믿어지지가 않았어요. 양아버지는 엄청나게 많은 신자를 거느린 유명한 목사였어요. 교회 신도들은 양아버지를 아주 좋아했죠. 저는 교회에 앉아 양아버지가 죽어 마땅한 죄에 대해 설교하는 걸 들었어요. "저 사람은 위선자예요!" 하고 소리치고 싶었지요. 벌떡 일어서서, 신도들이 보는 앞에서 "이 훌륭한 목사가 겨우 열세 살 된 딸을 못살게 굴고 있어요."라고 증언하고 싶었답니다.

연수 씨와 같이 진서 씨도 겉으로는 모범적인 가정에서 자랐다. 이웃들이 자신들이 존경해 마지않는 목사가 하는 짓을 알았다면 아연실색했을 것이다. 하지만 그 사람이 도덕적인 지도력과 권위를 갖고 있고, 신뢰를 받는 위치에 있다는 사실은 전혀 이상한 게 아니다. 권위 있는 경력이나 학위도 성적 충동은 억제하지 못하기 때문이다.

반면 개방적이고, 애정이 넘치며, 서로 존중하고 대화가 있는 가정에서는 여간해서는 성적 학대가 일어나지 않는다.

성적 학대는 상당한 정서적 격리와 비밀, 빈곤, 스트레스가 있고, 서로 존중할 줄 모르는 가정에서 일어난다. 그리고 여러 면에서 총체적인 가정 파괴의 일부로 여겨질 수 있다. 연수 씨는 그녀의 가정에 대해 이야기했다.

저희 식구들은 전혀 자기 얘기를 하지 않았어요. 괴로운 일이 있으면 혼자 힘들어했지요. 어릴 때 엄마가 저를 꼭 껴안아준 적이 있어요. 하지만 부모님끼리는 거의 애정 표현을 하지 않았지요. 우리 식구들은 같이 살고는 있었지만 친밀함은 전혀 없었답니다. 저는 아버지도 친밀함이 그리운가 보다고 생각했어요. 가끔씩 아버지가 저에게 입을 맞추어도 되겠느냐고 물었어요. 저는 그러고 싶지 않다고 대답했죠. 그러면 아버지는 제게 상처를 주려는 게 아니라 저와 더 가까워지고 싶어서 그러는 거라며 애원했어요.

괴롭고 절망스러울 때 자기 딸을 괴롭히지 말고 다른 방법을 찾았더라면 그런 일은 일어나지 않았을 것이다. 많은 가해자들이 그렇듯 연수 씨 아버지도 식구들을 돌보면서 자신의 심리적 박탈감을 메우기 위해 딸을 가해 대상으로 삼았다.

어린아이들은 왜 성적 학대에 침묵하는가

부모 자식 관계에는 본래 아주 상당한 심리적 강제성이 존재한다. 연수 씨 아버지는 딸에게 성적 강요를 하지 말았어야 했다.

저는 아버지만 즐겁다면 무엇이든 하고 싶었어요. 아버지가 그 짓을 할 때마다 겁에 질리긴 했지만, 그래도 저를 성폭행하지는 않았거든요.

대개 신체적으로 '삽입'을 강요당하지 않은 연수 씨와 같은 피해자들은 자신들이 받은 고통을 과소평가한다. 정신적 폭력이 신체적 폭력보다 훨씬 더 파괴적이라는 것을 깨닫지 못하기 때문이다.

어린아이들은 태어날 때부터 사랑스럽고 신뢰할 만한 존재이므로 욕망만 있고 책임감 없는 어른들의 표적이 되고는 한다. 그래서 성적 학대의 가해자는 어린아이의 감정적 취약성을 이용해 목적을 달성한다.

신체 손상의 위협, 공공연한 모욕, 유기 등으로 심리적 욕망을 충족시키려 하는 가해자들도 있다. 내담자 가운데 한 명은 열한 살 때 아버지로부터 성적 욕구에 응해주지 않으면 양녀로 보내버리겠다는 위협을 받았다고 했다. 가족이나 친구를 다시는 못 보게 될 거라는 말은, 어린 소녀에게는 시키는 대로 다 할 만큼 아주 무서운 위협이었을 것이다.

또 성적 학대의 가해자는 피해자를 위협해 침묵을 지키게 한다.

- 말하면 죽일 거야.
- 말하면 맞을 줄 알아.
- 말하면 엄마가 병이 날 거야.
- 말하면 사람들이 널 미쳤다고 생각할 거야.
- 말하면 아무도 안 믿을 거야.
- 말하면 엄마가 우리 두 사람한테 미친 듯이 화를 낼 거야.
- 말하면 평생 널 저주할 거야.
- 말하면 난 감옥에 가게 되고, 그러면 가족을 먹여살릴 사람이 아무도 없어서 굶을 거야.

가해자들은 성적 학대에 복종하게 만들기 위해 폭력도 서슴지 않는다. 그들은 성적 욕구를 채울 때나 일상 생활에서나 어린아이를 별로 좋아하지 않는다. 성욕을 채운 다음 돈이나 선물을 주기도 하고, 특별한 대접을 해주기도 하지만 거의 대부분은 아이를 정서적으로나 신체적으로 늘 학대한다.

진서 씨는 목사였던 양아버지에게 저항했다가 어떤 일을 당했는지 기억하고 있었다.

중학교를 마칠 무렵이었어요. 용기를 내어 양아버지에게 다시는 제 방에 못 오게 하겠다고 말했어요. 그러자 양아버지는 불같이 화를 내며 제 목을 조르기 시작했어요. 그러면서 "하느님은 네가 알아서 결정하길 바라지 않아! 하느님은 내가 결정하기를 바라고, 내가 너하고 성관계를 하길 간절히 바랄 거야!" 하고 소리쳤어요. 계속 목을 조르고 있어서 숨을 쉴 수가 없었지요. 너무나 두려워서 그 짓을 하게 놔뒀어요.

성적 학대를 당한 피해자의 90퍼센트는 자신에게 무슨 일이 일어 났으며, 무슨 일이 일어나고 있는지 아무에게도 말하지 않는다. 자신이 괴롭힘을 당할까 봐 두려워서뿐만 아니라 부모를 곤경에 빠뜨려 가족을 파괴할까 봐 겁이 나서이다.

성적 학대를 당한 것도 두려운 일이지만, 가족을 책임져야 한다는 생각이 더 두려울 수도 있다. 아무리 부정한 가족이라고 해도 가족에게 충성해야 한다는 마음은 어린아이들의 삶에서 믿을 수 없을 만큼 강력한 힘을 갖기 때문이다.

서른여섯 살 태희 씨는 은행에 다니고 있다. 그녀도 다른 아이들과 마찬가지로 가족에 충성스러운 아이였다. 그래서 다른 사람들에게 도움을 청하고 싶은 욕구보다 아버지에게 상처를 줄지 모른다는 두려움과 아버지의 사랑을 잃을 거라는 공포심이 더 컸다.

이제 와 생각하니 아버지는 늘 저를 소유물처럼 여겼어요. 아버지는 우리가 하는 짓을 남에게 말하는 순간, 우리 가족은 끝장이 난다고 했어요. 그러면 엄마는 아버지와 헤어질 거고, 저는 더 이상 부모가 없게 되니까 고아원에 보내질 거고, 식구들 모두 저를 증오할 거라고 했어요.

성적 학대가 알려지는 경우는 아주 드물지만, 알려지는 경우에 그

가족은 산산이 부서진다. 성적 학대가 폭로된 후에는 이혼이나 다른 법적 절차를 밟게 되고, 어린이를 가정으로부터 격리하기도 한다. 치욕으로 인한 심각한 스트레스에 의해 끝까지 함께 견뎌내기 어렵기 때문이다. 이렇게 되면 가족이 파괴되었으므로 아이에게 다행한 일인데도 불구하고, 이때 아이는 가족이 파괴된 데 대해 엄청난 책임감을 느껴 그전에 가졌던 정서적 부담과 더불어 또 다른 부담을 떠안게 된다.

더럽고 부끄러운 것도 다 제 책임이에요

성적 학대의 피해자가 갖는 수치심은 굉장하다. 아주 어린 피해자라도 근친상간이 비밀스러운 거라는 걸 알기 때문이다. 비밀을 지키라는 말을 들었든 안 들었든 간에 가해자의 말과 행동 속에서 금기와 수치심을 감지하는 것이다. 그리고 성을 이해하지 못할 정도로 어리기는 해도 자신이 폭행당하고 있다는 것은 알기 때문에 자신을 불결하게 생각한다.

언어적으로, 신체적으로 학대당한 어린아이들이 비난을 내면화하는 것과 같이 성적 학대의 피해자들도 그렇다. 하지만 성적 학대는 비난과 수치심이 혼재하며, 피해자임에도 '전부 내 잘못'이라는 믿음을 더욱 굳게 갖는다. 이러한 믿음은 강한 자기 혐오감과 수치심을 느끼게 한다.

어쨌든 피해자들은 실제로 성적 학대와 맞서는 어려움과 함께 '불결하고 혐오스러운' 사람으로 낙인찍힐까 봐 두려운 나머지 사실이 드러나는 것을 스스로 알아서 막아야 하는 부담감까지 갖게 된다.

진서 씨도 사실이 밝혀지는 것을 몹시 두려워했다.

겨우 열세 살이었는데 제가 이 세상에서 가장 더러운 인간이라고 느껴졌어요. 양아버지에 대해서 일일이 말하고 싶었지만 엄마를 포함한 모든 사람들이 저를 증오할까 봐 두려웠어요. 사람들이 저를 사악한 아이로 생각하게 하느니 차라리 제가 저를 사악한 아이로 여기는 게 훨씬 나을 것 같았어요.

양아버지로부터 성관계를 강요당한 열세 살짜리 소녀가 왜 그렇게 죄의식을 갖는지 일반 사람들은 이해하기 어려울 것이다. 물론 대답은 간단하다. 어린아이이기 때문에 자신이 믿어야만 하는 부모를 그렇게 나쁜 사람이라고 믿고 싶지 않기 때문이다. 이렇게 수치스럽고, 굴욕적이며, 놀랄 만한 행동에 대해서 누군가는 비난을 받아야 하는데 그게 부모가 되게 할 수는 없으므로 차라리 자기 자신을 희생하는 것이다.

더럽고, 나쁘고, 책임져야만 한다는 느낌은 성적 학대의 피해자로 하여금 엄청난 심리적 고립감을 안긴다. 아이는 가족 안에서나 외부 세계에서나 완전히 혼자라고 느끼며, 아무도 그 끔찍한 비밀을 믿어 주지 않을 거라고 생각한다. 게다가 그 비밀은 아이의 삶을 그늘지게 해서 친구조차 사귀지 못하게 한다. 그리고 그런 고립은 아이로 하여금 자신에게 유일하게 관심을 보이는 가해자 편으로 돌아서게 만들기도 한다

성적 학대를 당한 피해자들에게 공통적으로 나타나는 또 하나의

죄책감이 있다. 자신이 어머니로부터 아버지를 떼어낸다고 생각하는 것이다. 아버지가 딸을 근친상간한 경우, 자신이 아버지의 '숨겨진 여자'인 것처럼 느껴졌다고 말하는 이들이 많다. 물론 이 때문에 피해자들이 당연히 기대야 하는 어머니에게 도와달라고 말하는 걸 더 어렵게 만든다. 그리고 자신들의 내부에 또 하나의 죄책감을 추가하게 된다.

딸의 남자친구를 질투하는 아버지

성적 학대는 비정상적이고 강렬한 방법으로 피해자를 가해자에게 종속시킨다. 특히 아버지와 딸의 경우에는 아버지가 딸에게 강박적으로 집착하고, 딸의 남자친구에 대해 비정상적으로 질투를 하기도 한다. 딸이 오직 한 남자, 즉 자신에게만 속해 있다는 것을 알게 하기 위해 딸을 때리거나 말로 상처를 주기도 하고 말이다.

이러한 강박증은 성적 학대 피해자의 유년기와 청소년기의 발달 단계를 극단적으로 왜곡할 수가 있다. 부모의 통제로부터 점진적으로 독립해 가는 대신 점점 더 가해자에게 유착하는 것이다.

연수 씨의 경우에서 나타나듯이 그녀는 아버지의 질투가 비정상적이라는 것을 알고 있었지만, 강박증을 사랑과 혼동한 나머지 그것이 얼마나 잔인하고 자존감을 떨어뜨리는 일인지 몰랐다.

강박증을 사랑으로 오인하는 것은 성적 학대 피해자가 보이는 아주 흔한 증상이다. 강박증은 자신들이 철저하게 피해자가 되고 있다는 것을 이해하는 능력을 저하시킬 뿐만 아니라, 어른이 되어서도 사랑에 대해 정상적인 기대를 하지 않게 만든다.

대부분의 부모는 자녀가 데이트를 시작하고 가족 이외의 사람들과 관계를 맺기 시작하면 어느 정도 불안감을 느낀다. 하지만 성적 학대를 자행하는 아버지는 이러한 정상적인 발달 단계를 배반이나 거부, 불충으로 받아들이고, 자신이 버림받았다고까지 느낀다. 연수 씨 아버지는 전형적인 분노와 비난, 처벌 등의 반응을 보였다.

아버지는 제가 데이트를 하러 나간 동안 내내 기다렸다가 제가 집에 오면 저를 고문하듯이 몰아세웠어요. 둘이서 어디에 갔었느냐, 무엇을 했느냐, 키스를 했느냐는 등 꼬치꼬치 캐물었지요. 남자친구하고 작별 키스를 하는 현장을 봤다면 집 밖으로 뛰쳐나와 남자친구를 때리거나 쫓아버렸을 거예요.

연수 씨 아버지는 딸에게 수치스럽고 모욕적인 욕설을 퍼부으면서 다른 많은 성적 학대를 한 아버지들이 한 일과 똑같은 일을 했다. 자신은 비난받아 마땅하다고 반성해도 모자랄 판에 그 모든 책임을 딸에게 투사한 것이다.

어떤 가해자들은 피해자들에게 계속 자비심을 베풀어 그 이상한 관계를 더욱 밀착시킨다. 어린아이로 하여금 죄책감과 사랑 사이에서 갈등하게 만듦으로써 그런 고통스러운 감정을 해결하기 더욱 어렵게 만드는 것이다.

많은 피해자들이 어린 시절에 있었던 성적 학대에서 살아남기 위해 이런 기억들을 의식 밑으로 아주 깊숙이 밀고 또 밀어 넣어 수년 동안 혹은 가능하면 영원히 표면으로 떠오르지 못하게 한다. 심리적인 은폐를 하는 것이다.

하지만 일상 생활에서 어떤 일을 겪게 되는 순간, 예기치 않게 성적 학대의 기억이 수면으로 떠오른다. 사랑하는 배우자를 만나거나, 아이가 태어났을 때, 가족이 사망했을 때, 방송에서 성적 학대를 다룰 때, 성적 학대로 인한 외상이 꿈으로 나타났을 때 등등 말이다.

이런 기억이 떠오를 때, 많은 피해자들은 공황 상태가 된다. 그리고 그 기억을 부정하려고 애쓰지만 밀쳐버리기가 쉽지 않다.

강 건너 불 보듯 가만 있는 한쪽 부모

성적 학대를 받은 피해자는 노련한 어린 연기자가 되기도 한다. 어린 피해자의 내면 세계에는 아주 많은 공포와 혼란, 슬픔, 고독, 소외 등이 존재하기 때문에 사람들과 관계를 맺을 때는 다 정상적이고 괜찮은 것인 듯 연기하는 '위장된 자아'를 발달시킨다. 연수 씨는 상당한 통찰력으로 이에 대해 이야기했다.

제 안에 마치 두 사람이 존재하는 것 같아요. 전 친구들 앞에서는 아주 사교적이고 친절한 사람이에요. 하지만 집에 들어서면서부터는 완전히 은둔자가 돼요. 계속 그런 식으로 살아왔어요. 다 괜찮은 척 가장해야 했기 때문에 우리 가족과 함께 사람들을 만나는 게 싫었어요. 이렇게 두 가지 역할을 하는 게 얼마나 힘든지 모르실 거예요. 에너지가 다 고갈되어 털끝만큼도 힘이 없는 것 같을 때가 많아요.

가해자와 피해자는 비밀을 감추기 위해서 집안에서 훌륭한 연기를 펼친다. 하지만 다른 쪽 부모는 어떤가?

처음으로 어릴 때 성적 학대를 받은 성인을 상담하기 시작했을 때, 나는 아버지에게 성적 학대를 당한 딸들이 아버지보다는 어머니에게 더 분노하고 있다는 사실을 발견했다. 대부분이 어머니가 성적 학대에 대해 얼마나 알고 있었는가 하는, 대답할 수 없는 질문 때문에 자신을 고문하고 있었다. 그리고 어머니가 무언가를 알고 있었던 게 틀림없다고 확신했다. 어떤 경우에는 학대의 징후가 아주 눈에 띄었기 때문이다.

보험회사에 다니는 아버지가 자신의 알몸을 본 것부터 성기를 애무하게 될 때까지의 이야기를 아무 감정 없이 털어놓은 연수 씨는 어머니에 대해 이야기하는 동안 몇 차례 울음을 터뜨렸다.

저는 늘 엄마에게 화가 나 있었던 것 같아요. 엄마를 사랑하면서도 증오했지요. 엄마는 늘 우울한 눈빛으로 저를 바라봤어요. 저는 제 방에서 발작하듯 울기만 하고, 누구하고도 얘기하지 않았어요. 제정신을 가진 엄마라면 딸이 늘 울고 있는데 아무 의심도 하지 않겠어요?

무슨 일이 일어나고 있는지 아무에게도 말할 수가 없었어요. 엄마가 제게 무슨 일이냐고 물었다면…… 아마 말할 수가 없었겠죠. 그래요. 엄마가 저에게 일어나고 있는 일을 발견하길 바랐어요.

연수 씨는 내가 수많은 성적 학대 피해자로부터 들었던 소망, 즉 어떻게 해서든, 누구든, 특히 엄마가 피해자의 말할 수 없는 고통을, 상처뿐인 성적 학대가 발견되기를 바라는 소망을 표현했다.

성적 학대가 일어나는 가정의 엄마에는 세 가지 유형이 있다. 정말 모르고 있는 엄마, 알고 있을 것 같은 엄마, 알고 있는 엄마다.

엄마가 되어 근친상간이 일어나는 걸 모를 수 있을까? 모를 수 없다고 주장하는 사람들도 있다. 모든 엄마는 어느 정도 감지한다는 것이다. 하지만 내 의견은 그 반대다. 나는 정말 모르는 엄마도 있다고 확신한다.

두 번째 유형의 엄마는 전형적으로 침묵하는 배우자다. 그녀는 눈을 가리고 산다. 성적 학대의 실마리가 있는데도 자신과 가족을 보호하기 위해 무시하기로 잘못된 선택을 하는 것이다.

마지막 유형은 가장 비난받을 만한 유형이다. 자식으로부터 사실을 들어놓고도 아무 행동도 안 하는 엄마다. 이렇게 되면 피해자는 두 번이나 배신을 당하게 된다.

진서 씨는 열다섯 살 때 양아버지가 점점 더 강하게 성적으로 공격하자 필사적으로 엄마에게 알리려고 했다.

늪에 빠진 것 같았어요. 엄마에게 말하면 뭔가 조치를 취해줄 거라고 생각했어요. 그런데 정말 우습게도 눈물을 흘리며 쓰러지면서 하는 말이…… 그 모습을 잊을 수가 없어요…… "왜 나한테 그런 말을 하는 거지? 날더러 뭘 어쩌라고! 나는 네 양아버지와 10여 년을 살았어. 그 사람이 그랬을 리가 없어. 그 사람은 목사야. 모든 사람이 우리를 존경하고 있어. 너 지금 내 인생을 망치고 싶어서 그러니? 하느님이 널 가만 안 두실 거야." 전 믿을 수가 없었답니다. 엄마에게 말하는 것도 얼마나 힘들었는데, 오히려 항변을 하다니 말이에요. 저는 엄마를 위로하고, 없던 일로 할 수밖에 없었어요.

진서 씨는 울기 시작했다. 나는 몇 분 동안 그녀를 끌어안고 그녀의 괴로움과 슬픔을 다독여주었다. 진서 씨 엄마는 침묵하는 배우자의 전형이었다. 자기 살 길과 함께 가정을 지키는 데 급급한, 소극적이고 의존적이며, 유아적인 배우자 말이다. 결과적으로 그녀는 가족을 흔드는 거라면 뭐든 다 부정했을 것이다.

침묵하는 배우자들은 아이들을 학대한다. 극도로 낮은 자존감으로 인해 고통받아 왔거나, 자녀 문제로 인해 어린 시절에 겪었던 갈등을 다시 한번 경험한다고 생각하는 것이다. 그래서 현재 상태를 위협하는 갈등 앞에 꼼짝을 못한다. 자신들의 공포와 의존성을 시험당하고 싶지 않기 때문이다.

병든 부모와의 결속을 끊어라

많은 수의 성적 학대 피해자들은 삶이 아무리 고통스러워도 여전히 병든 부모와 결속되어 있다. 고통이 부모로부터 왔는데도 그 고통을 이기겠다며 여전히 부모에게 의지하고 있기 때문이다.

성적 학대의 가장 강력한 유산은 부모의 사랑과 지지를 얻을 수 있는 마법의 열쇠를 끊임없이 찾는 것이다. 이러한 탐색은 피해자로 하여금 불가능한 꿈속으로 점점 더 깊이 빠지게 함으로써 앞으로 나아가지 못하게 방해한다. 진서 씨는 다음과 같이 말했다.

어느 날 부모님이 손을 내밀면서 "넌 훌륭해. 네가 널 사랑하듯이 우리도 널 사랑한단다." 라고 말할 줄 알았어요. 양아버지가 어린아이를 괴롭히는 사람인데도 엄마는 양아버지를 선택하고 저를 보호해 주지 않았어요. 저는 제가 잘못한 게 있어서 그런 거라고 생각하고, 그들이 저를 용서하게 만들어야 한다고 생각했어요.

내가 치료하고 있는 성적 학대 피해자들에게 "당신이 식구들 중에서 가장 건강한 사람이에요!" 하고 말하면 다들 믿으려 들지 않는다. 대개 나머지 식구들은 건강해 보이는데 비해 피해자 본인은 자기 비난, 우울증, 파괴적 행동 같은 증상을 보이기 때문이다. 그럼에도 불구하고 궁극적으로 진실에 대한 명확한 견해를 갖는 사람은 피해자뿐이다. 피해자는 가족 내의 광기와 스트레스를 감추기 위해 자신을 희생하도록 강요당한 사람일 뿐이다.

피해자는 평생 가족의 비밀을 지킨다. 피해자는 가족이라고 하는 신화를 유지하기 위해 정서적으로 엄청난 고통을 받으며 살아간다. 하지만 이 모든 고통과 갈등 때문에 피해자가 식구들 가운데 누구보다 먼저 도움을 청하게 된다. 반면에 피해자의 부모는 자신들의 행동을 부정하고 스스로를 방어하기 위해 문을 꽁꽁 걸어 잠근 채 숨어 지내면서 문제를 밖으로 드러내고 싶어 하지 않는다.

도대체 부모들은 왜 그러는 걸까요

– 독이 되는 부모로 인한 병든 가족 체계

우리는 모두 가족이라고 하는 이름의 가혹한 시련 속에서 묵묵히 살아가고 있다. 가족은 사랑과 질투, 위엄, 불안, 기쁨, 죄책 감 등이 복잡하게 얽히고 설켜 있는 조직으로, 구성원의 감정 전체 를 좌우한다. 이러한 감정들은 가족 구성원들의 태도와 인식, 그리 고 관계의 심연에서 솟아나온다. 그리고 가족 체계 내에서 이루어지 는 일 가운데 빙산의 일각처럼 극히 적은 부분만이 수면 위로 떠오 른다.

당신이 어렸을 때는 가족 체계가 곧 당신의 현실이었다. 당신의 가족 체계는 세상을 어떻게 바라볼 것인지를 가르쳐주었고, 당신은 그것을 바탕으로 자신이 누구이고, 사람들과 어떻게 상호작용을 해 야 하는지를 결정해 왔다. 만일 당신의 가족 체계가 병들어 있다면, 당신은 아마 '나는 아무도 믿을 수 없어', '아무도 나를 돌봐주지 않 을 거야', '나는 결국 아무것도 안 될 거야' 라고 생각했을 것이다. 하 지만 이런 결정들은 자기 파괴적인 결정들이므로 빨리 변화시켜야 한다.

어쨌든 이러한 결정을 내리기 전에 당신의 가족 체계가 당신으로 하여금 어떻게 느끼고, 어떻게 살고, 무엇을 믿게 했는지부터 이해 해야만 한다. 당신의 부모도 부모가 있었던 사람들이다. 병든 가족 체계는 마치 꼬리를 물고 이어지는 차량 행렬과 같아서 여러 세대에 걸쳐 대물림되며 재앙을 초래할 수 있다. 이런 체계는 당신의 부모가 만들어낸 것이 아니라 선조로부터 이어져오는 동안 쌓인 감정과 규범, 상호 작용, 그리고 믿음이 만든 결과물이기 때문이다.

오직 내 방식만 옳다고 하는 왜곡된 신념

병든 가족 체계 내의 혼돈과 무질서를 이해하기 시작했다면, 먼저 가족의 신념부터 살펴보아야 한다. 특히 자녀들과 어떤 방식으로 상호 작용하는지, 그리고 자녀가 어떻게 행동하기를 바라는지 살펴볼 필요가 있다.

예를 들어 어린아이의 감정을 아주 중요하게 생각하는 가족이 있는 반면 완전히 무시해 버리는 가족도 있다. 이러한 가족의 신념은 우리의 태도와 판단과 인식을 결정하는데, 이 신념은 믿을 수 없을 만큼 강력하다. 가족의 신념은 선과 악을 구분하고, 옳고 그름을 분별하며, 관계, 도덕적인 가치, 교육, 성, 직업 선택, 윤리의식 등을 결정하고, 가족의 행동 규범을 형성하기 때문이다.

합리적이고, 성숙하며, 남을 잘 배려하는 부모는 가족 구성원의 감정과 욕구를 고려해야 한다는 신념을 갖고 있을 것이다. 그리고 어린아이의 발달과 아이가 성장한 후의 독립을 대비해 탄탄한 정서적 기초를 마련해줄 것이다. 이러한 신념은 '아이에게는 선택하고 거부할 권리가 있다', '아이를 고의로 상처받게 해서는 안 된다', '아이는 얼마든 실수할 수 있다'는 믿음 등으로 이루어져 있다.

반대로 병든 가족 체계, 즉 독이 되는 부모의 신념은 늘 자기 중심적이고, 자기 이익만 생각한다. 이런 부모들은 '아이는 부모가 죽으라면 죽고 살라면 살아야 한다', '오직 내 방식만 옳다', '아이는 말로 만 가르쳐서는 안되고 매를 들어야 한다' 등의 신념만을 믿는다.

독이 되는 부모는 자신들의 신념에 위배되는 외부 현실에 저항한 다. 자신들의 생각을 바꾸는 대신 신념을 수호하기 위해 나름대로 왜곡된 관점을 발달시키는 것이다. 그런데 불행하게도 아이들에게 는 진짜 현실과 왜곡된 현실을 구분할 능력이 없다. 따라서 부모의 왜곡된 신념에 반론을 제기할 수 없고, 성인이 되어서도 왜곡된 신 념을 삶의 지표로 삼고 살아간다.

다른 방식으로 분류할 수 있는 신념이 두 가지 있다. 말로 표현되 는 신념과 표현되지 않는 신념이다. 말로 표현된 신념은 직접적으로 표현된 것이므로 의사 소통이 가능하다. 밖으로 드러나기 때문에 들 을 수 있고, 마치 충고인 듯 위장하며, '반드시, '꼭' 그리고 '그래야 만' 등으로 표현된다.

이렇게 명확하게 표현된 신념은 어른이 되는 과정에서 부딪혀야 하는 문제에 대해 무언가를 제공해주는 장점이 있다. 이러한 신념은 우리들의 일부가 되더라도, 말해졌다는 사실로 인해 검증하기가 쉽 고, 더 적절한 신념이 생기면 쉽게 버릴 수가 있다.

예를 들어 이혼은 나쁜 거라고 생각하는 부모의 신념은 딸로 하여 금 애정 없는 결혼 생활을 계속하게 만들 수 있다. 하지만 이런 신념 은 변할 수 있다. 딸은 스스로에게 물을 수 있다. '이혼하는 게 뭐가 잘못이지?' 그리고 부모의 신념을 거부할 수 있다.

반면 존재하는지도 모르는, 표현되지 않는 신념은 버리기가 쉽지 않다. 삶에 더 근본적일 수 있는 이러한 신념은 쉽게 인식할 수 있는 차원이 아니기 때문에 잘 모르고 지나가게 된다. 이는 아버지가 어머니를 대하는 태도, 가족 가운데 한 사람이 구성원을 대하는 방식 등에 의해 암묵적으로 이루어진다. 따라서 말로 표현되지 않는 신념은 어린아이로 하여금 부모의 행동을 보고 배우게 만든다. 저녁 식탁에 둘러앉아 '여자는 쓸모가 없어', '아이들은 부모를 위해 희생해야 해', '아이들은 타고나기를 못됐어', '아이들은 모자라기 때문에 부모가 필요한 거야'라는 신념을 드러내놓고 이야기하는 가족은 없다는 뜻이다.

이러한 신념을 갖고 있어도 그것을 순순히 인정하는 가족은 없을 것이다. 말로 표현되지 않는 부정적인 신념들은 독이 되는 부모와 가족까지 지배하면서 아이의 삶에 심각한 악영향을 미친다.

앞서 이야기한 승기 씨의 경우는(아들이 가족 모임에 오지 않으면 죽어버리겠다고 위협하는 어머니가 있는) 말로 표현되지 않는 부모의 신념을 보여주고 있다.

몇 년 전에 부모님의 반대로 지방에서 저희들끼리 결혼식을 올렸습니다. 그래서 꼭 제가 못된 아들처럼 느껴졌지요. 저는 '세상에서 부모를 가장 중요하게 생각하지 않는 사람은 나쁜 사람'이라고 믿고 자랐습니다. 부모님은 절대로 드러내놓고 말하진 않았지만, 전 똑똑히 알고 있었지요. 그래서 부모님이 아내에게 아주 심한 말과 행동을 해도 아내를 보호하지 않았습니다. 저는 부모님의 꼭두각시였던 거예요.

승기 씨 부모는 자신들에게만 권리와 특권이 있다는 신념을 말이 아닌 행동으로 승기 씨의 내면에 불어넣었다. 따라서 승기 씨는 오직 부모를 즐겁게 하기 위해서만 존재해야 했다. 이러한 신념은 그를 질식시켰고, 결혼 생활까지 망쳤다.

상담 치료를 받으러 오지 않았다면 승기 씨도 자기 자식들에게 똑같은 신념을 물려주었을 것이다. 하지만 다행스럽게도 그는 말로 표현되지 않는 부모의 신념을 인식하는 법과, 그 신념에 이의를 제기하는 법을 배웠다. 그의 부모는 독이 되는 부모들이 다 그렇듯이 벌을 주거나 사랑을 주지 않는 방식으로 자식을 조종해 왔다. 승기 씨는 부모와의 관계를 새롭게 이해하도록 도와준 데 대해 고마워하면서 다시는 이전 상태로 돌아가지 않겠다고 마음먹었다.

변덕스런 아버지가 자신의 기분과 돈으로 조종했던 지원 씨 또한 말로 표현되지 않은 부모의 신념을 받아들인 경우다.

부모님은 끔찍한 결혼 생활을 하고 있었어요. 엄마는 아버지가 죽을 까봐 두려워했고, 저는 아버지가 엄마를 때린다고 믿었어요. 본 적은 없지만요. 엄마가 방에서 울면 저는 엄마를 위로했어요. 엄마는 아버지와 사이가 얼마나 나쁜지에 대해 이야기했어요. 저는 왜 아버지하고 헤어지지 않느냐고 물었지요. 엄마는 이렇게 대답했어요. "내가 어떻게 하길 바라니? 나는 능력도 없고 돈도 없고, 이 모든 걸 포기할 수가 없어. 넌 우리가 거리에 나앉으면 좋겠니?"

대놓고 말한 적은 없지만, 지원 씨 어머니는 딸로 하여금 아버지의 행동을 보면서 배운 신념을 강화하도록 만들었다. 여자는 남자

없이는 살아갈 수 없다는 신념으로 가득한 아버지에게 의존하도록 만든 것이다.

아마 세상에는 부모 수만큼 많은 신념들이 있을 것이다. 이 신념들은 이 세상을 보는 우리의 지적 인식의 골격이 된다. 이 골격에 붙은 살은 우리의 느낌과 행동으로 구성되어 있다. 독이 되는 부모가 자식에게 왜곡된 신념을 물려주면, 우리의 느낌과 행동은 그 신념을 받치고 있는 골격만큼이나 삐뚤어져버린다.

보이지 않는 규칙과 맹목적인 복종

부모가 만드는 규칙은 부모가 믿고 있는 신념에서 비롯된다. 신념의 경우처럼 부모의 규칙도 오랜 시간에 걸쳐 형성된다. 그러므로 규칙은 신념의 표현이다. 규칙은 단순히 '된다, 안 된다' 라고만 하는 집행자일 뿐이다.

예를 들면 같은 종교를 가진 사람하고만 결혼해야 한다는 신념에서는 '다른 종교를 가진 사람과는 데이트하지 말 것', '교회에서 남자를 만날 것', '신앙이 다른 사람과 사랑에 빠진 친구는 만나지 말 것' 등의 규칙이 만들어진다.

신념처럼 규칙에도 공표된 규칙과 암묵적 규칙이 있다. 공표된 규칙은 독단적이더라도 명료하다. '크리스마스는 늘 가족과 보낼 것' 이라든지 '부모에게 절대 말대꾸하지 말 것' 등이다. 이는 공표된 것이므로 이 신념에 저항할 수도 있다.

반면 암묵적인 규칙은 환상 속의 꼭두각시처럼 보이지 않는 끈으로 자식을 묶어놓고 맹목적으로 복종하라고 강요한다. 이는 의식하지 못하는 곳에 감추어져 있다. '아버지보다 더 성공하지 말 것', '엄마보다 더 행복해지지 말 것', '스스로의 삶을 영위하지 말 것', '부모를 계속 필요로 할 것', '부모를 버리지 말 것' 등의 규칙이다.

테니스 코치인 윤아 씨는 특히 이 암묵적인 규칙 때문에 많은 피해를 받으며 살았다. 그녀의 어머니는 딸에게 자신을 떠맡기려 할 때마다 도움을 가장해 암묵적인 규칙을 따르도록 강요했다. 윤아 씨가 출장 가는 곳까지 따라가려 했고, 윤아 씨의 아파트를 마음대로 정리했으며, 싫다는데도 아침마다 음식을 만들어 가져다 주곤 했다.

'내 딸은 알아서 하지 못하기 때문에 내가 도와주어야 한다!' 이것이 윤아 씨 어머니의 신념이었다. 이 신념은 딸이 '스스로 알아서 하지 말아야 할 것'이라는 규칙으로 변형되었다.

지원 씨 아버지도 똑같았다. 그는 결코 말로는 표현하지 않는 규칙으로 딸을 조종했다. 지원 씨가 좋지 않은 남자를 만나고, 그 남자로부터 벗어나 아버지에게 되돌아오고, 그녀의 삶이 아버지의 인정을 받기 위한 욕구로 가득 차 있는 한 그 암묵적인 규칙에 순종하고 있었던 것이다. 다시 말해 지원 씨 아버지는 딸에게 "성숙하지 말고 늘 나의 귀여운 딸로 남아 있어."라고 암묵적으로 표현한 것이다.

신념이 가족 체계의 골격이고, 규칙이 살이라면 '맹목적인 복종'은 그 몸을 움직이게 하는 근육이다.

우리는 가족의 규칙에 맹목적으로 복종한다. 그렇지 않으면 반역자가 되기 때문이다. 국가나 정치적 이상, 종교에 대한 충성심은 가족에 대한 충성심에 비하면 아무것도 아니다. 우리 모두는 이런 충성심을 갖고 있다. 이 충성심은 가족 체계와 부모, 부모의 신념에 우리를 종속시킨다.

그 규칙이 합리적일 경우에는 아이의 발달 과정에 어느 정도 윤리적이고 도덕적인 구조를 만들어준다. 하지만 독이 되는 부모가 있는 가정에서 요구하는 규칙은 가족 구성원들의 역할을 왜곡하고, 자식들로 하여금 현실을 비뚤어지게 바라보도록 만든다. 이러한 규칙에 맹목적으로 복종하다 보면 결국 자기 파괴적인 행동을 함으로써 자멸하게 된다.

아버지에게 맞고 자란 여진 씨의 경우를 보면 맹목적인 복종에서 벗어나는 게 얼마나 어려운지 알 수 있다.

정말로 건강해지고 싶어요. 우울하고 싶지 않아요. 관계가 뒤틀리기를 바라지 않아요. 지금처럼 살고 싶지도 않아요. 화도 안 나고 두렵지도 않으면 좋겠어요. 하지만 제 자신이 좋은 쪽으로 가고 있다고 느낄 때마다 그만둬 버리고 말아요. 아주 익숙한 고통을 느끼지 못하게 될까 봐 두려워하는 것 같아요.

여진 씨는 아버지가 만든 가학적인 규칙에 복종하고 있었다. '네가 나쁘다는 것을 받아들일 것', '행복해지지 말 것', '고통을 견딜 것'이라는 규칙을 거부하려고 들 때마다 가족 체계에 대한 충성심이 그녀를 붙들었다. 그녀는 복종해야 했고, 그럼으로써 고통스럽지만 친숙한 감정들이 그녀를 편안하게 해주었다. 복종하는 게 가장 쉬웠던 것이다.

윤호 씨 역시 가족에게 충성을 다했다. 술에 중독된 아버지를 자기 회사에서 일하게 해주었고, 자신에게 필요한 돈을 어머니에게 주었다. 자신이 부모를 돌보지 않으면 부모가 헤어질 거라고 믿었기 때문이다. '어떠한 대가를 치르더라도 가족을 돌볼 것!' 이것이 윤호 씨네 가족의 규칙이었다. 윤호 씨는 그 규칙에 복종해 아버지를 구하고, 어머니를 구하며, 술에 중독된 아내를 구하기 위해 자기 자신을 몸바쳤다. 맹목적으로 복종하기는 싫었지만 마음이 편할 것 같지 않았던 것이다.

저는 부모님을 돌봐야 했습니다. 솔직히 지긋지긋했어요. 부모님을 위해 뭐든 다 했는데도 아무것도 달라지지 않았습니다. 정말 증오스럽지만 뭘 어떻게 해야 할지 모르겠어요.

내가 말하는 복종이란 자유롭게 선택하는 복종이 아니다. 의식적으로 복종하기로 결정하는 경우는 거의 없다. 십대 초반부터 아버지의 술 친구가 되었던 신혜 씨는 자신이 나쁜 아이라는 믿음에 거대한 저항의 물결이 밀려오는 걸 느끼자 갑자기 치료받는 것을 그만두었다. '진실을 말하지 말 것', '자라지 말고 아버지 곁에 머무를 것', '건강한 관계를 맺지 말 것'이라는 규칙이 깨지고 있었기 때문이다.

글로 써보면 이 규칙들이 말도 되지 않는다는 걸 알 수 있다. 누가 '건강한 관계를 맺지 말 것'이라는 규칙에 복종하겠는가? 하지만 불행하게도 독이 되는 부모 밑에서 자란 어른들은 거의 다 이 규칙에 복종하고 있다. 좋은 관계를 맺지 말라고 말한 사람이 아무도 없는데도 수많은 사람들이 좋은 관계를 맺지 못하고 있다. 이 규칙은 거의 '무의식적인' 규칙이기 때문이다.

내가 신혜 씨에게 가족의 신념과 규칙에 복종한 것이 삶에 어떤 영향을 미쳤는지 살펴보라고 하자 그녀는 불안을 이기지 못해 치료 받는 것을 그만두었다. 이는 '건강해지려는 욕구보다 아버지에게 복종하려는 욕구가 더 중요해요.'라는 말과 같다.

성인이 된 아이는 부모가 모두 세상을 떠난 뒤에도 가족 체계를 계속 유지해나간다. 부유하면서도 방 한 칸짜리 아파트에서 살던 선재 씨는 여러 달 상담을 받은 끝에 아직도 아버지가 무덤에서 자신을 조종하고 있다는 것을 깨달았다.

제 자신을 위해 뭔가 좀 더 나은 일을 하려고 할 때마다 느껴지는 두려움과 죄책감이 아버지를 배신하지 않으려는 방식이었다니 너무 놀라워요. 전 잘해 나가고 있습니다. 지금까지 계속되어 온 제 세계가 무너지는 것을 두려워할 필요가 없다는 것을 압니다. 하지만 그 세계가 워낙 견고해서 아직도 두려운 게 사실이에요. 사업이 지금처럼 성공할 수 없고, 모든 여자가 절 바보로 만들고 있으며, 사업 관계자들 모두가 저를 속이고 있다고 말하는 아버지의 목소리가 무덤에서 끊임없이 들려옵니다. 전 아버지를 믿습니다. 그런데 놀라워요. 제가 비참해지는 것만이 아버지를 기억하는 길이라고 생각하다니 말이에요.

맹목적인 복종은 어른이 되어서도 어린 시절의 행동 양식으로부터 자유로울 수 없게 만든다. 부모의 기대나 욕구는 우리가 자신을 위해 진정으로 원하는 것과 서로 커다란 차이가 있다. 불행하게도 복종에 대한 무의식적인 압력은 늘 우리의 의식적인 욕구와 소망을 가로막는다. 무의식에 불빛을 비추어 그 속에 있는 규칙들을 표면에 드러내야만 그 파괴적인 규칙들을 떨쳐버릴 수 있다. 그 규칙들을 명확히 볼 수 있을 때 비로소 자유로운 선택을 할 수 있는 것이다.

가족과 다르게 행동하는 것은 나쁜 짓이다

건강한 가족 체계와 병든 가족 체계 사이에 유일하다고 할 만한 큰 차이점은 가족 구성원들이 개인으로서 자신을 표현할 자유가 얼마나 허용되고 있느냐 하는 것이다. 건강한 가정은 가족 구성원에게 개성과 개인적인 책임감, 독립심을 북돋아주고, 아이들이 자존감을 키울 수 있도록 격려한다.

반면 건강하지 못한 가정은 개인의 표현을 묵살한다. 가족들 모두 독이 되는 부모의 생각과 행동에 따라야 한다. 이들은 서로 뒤엉켜, 각 개인의 영역을 모호하게 만들고, 결국 가족 구성원을 하나로 뭉뚱그려버린다. 무의식 수준에서 가족 구성원들은 어디가 자기 영역의 끝이고 어디가 시작인지 모른다. 서로 가까워지려고 노력할수록 다른 식구의 개성을 짓누르게 될 뿐이다.

얽혀 있는 가족 안에서는 다른 사람에게 인정받고 안정감을 느끼려면 자아를 말살해야 한다. '너무 피곤한데 오늘은 부모님에게 가지 않으면 안되나?' 하는 생각은 결코 할 수도 없다. '내가 안 가면 아버지는 화가 나서 엄마에게 화를 내거나 때리겠지? 그러면 어머니는 술을 마시겠지? 다음에 만나면 나하고는 말도 안 하겠지?' 하고 생각하는 것이다. 즉 죄책감을 느낄 게 뻔하다는 걸 알고 있기 때문이다. 얽혀 있는 가족 안에서 구성원은 구성원 자신이 아니라 가족 체계의 부속품일 뿐이다.

우빈 씨가 크리스마스를 가족과 함께 보내지 않고 스키를 타러 가기로 결정한 것은 스스로를 찾고 가족 체계로부터 자유로워지려는 시도였다. 그러자 어머니와 형제들은 그를 크리스마스를 망쳐버린 몹쓸 놈으로 취급하면서 커다란 죄책감을 안겨주었다. 결국 모든 것이 엉망진창이 되어버렸다. 우빈 씨는 여자 친구와 스키를 타러 가지도 못하고 혼자 호텔방에서 안절부절 못하며 전화기에 매달려 식구들이 퍼붓는 질타에 비참하게 용서를 구했다.

우빈 씨가 자신을 위해, 식구들은 인정하지 않는 어떤 건강한 무언가를 해보려고 하면 식구들은 공동 전선을 형성해 그를 공격했다. 그는 가족 체계를 위협하는 공동의 적이 되었다. 식구들은 화를 내고 비난하며 역습했다.

우빈 씨 가족처럼 아이들은 얽혀 있는 감정에 의존해 자아를 찾고 안정감을 얻으려는 환상을 갖는다. 다른 사람의 일부분이 되고 싶은 욕구와 다른 사람이 자신의 일부가 되기를 바라는 욕구를 함께 키워나가면서도 버림받을 거라는 생각 때문에 견딜 수가 없다. 그래서 뒤엉키려는 욕구가 성인이 되고 난 다음의 인간 관계에까지 이어진다.

지원 씨는 결혼 생활에 종지부를 찍었을 때 바로 이 욕구에 부딪혔다.

결혼 생활이 그리 좋지는 않았지만 적어도 제가 누구의 일부라는 것은 느꼈어요. 그런데 그것이 끝나버리고 이젠 그 사람이 없다고 느끼는 순간, 소름이 끼쳤지요. 저는 아무것도 아닌 것 같았어요. 제가 존재하지 않는 것 같았죠. 제가 괜찮다고 느꼈던 때는, 괜찮다고 말해주는 남자하고 같이 있을 때뿐이었다는 생각이 들어요.

지원 씨는 어렸을 때 힘 있는 아버지와 얽혔지만 그래도 완전한 안정감을 얻을 수가 없었다. 그래서 아버지로부터 떨어져나가려고 했는데 그럴 때마다 아버지가 딸의 독립심을 억압했다. 어른이 된 지원 씨는 이제 자신이 한 남자의 일부이거나 남자가 그녀의 일부가 아니고는 안정감을 못 느끼게 되었다.

얽힘은 외부에서 자신을 인정해주고 확인해주는 것에 전적으로 의존하게 만든다. 연인이나 상사, 친구, 심지어는 처음 보는 사람조차 부모의 대역이 된다. 독립된 인격체가 되는 걸 허용하지 않는 가정에서 자란 지원 씨 같은 어른들은 남으로부터 인정받는 것에 중독되어 끊임없이 남의 인정을 갈구하게 된다.

혼돈으로 병든 가족의 균형 유지하기

승기 씨의 경우에서 보았듯이, 얽혀 있는 식구들은 누군가를 사랑하고 그런 데서 안정감을 얻는 환상을 유지한다. 승기 씨가 가족으로부터 떨어져나가 스스로의 가정을 꾸리고, 부모와 분리된 삶을 살겠다고 결심한 것은 자기도 모르게 가족의 균형을 뒤흔든 것이다.

'균형'이라는 단어에는 평온과 질서라는 의미가 함축되어 있다. 하지만 병든 가족 체계에서 균형을 유지하는 일은 외줄을 타는 것과 같다. 그러한 가정에서는 혼돈이 삶의 방법이며, 가족 구성원이 의존할 수 있는 유일한 수단이 된다. 우리가 보아온, 독이 되는 부모의 모든 행동은 심지어 폭력과 성적 학대까지도 불확실한 가족 균형을 유지하는 역할을 한다. 실제로 독이 되는 부모는 가족의 균형이 깨지는 걸 막기 위해 더욱 큰 혼돈을 만들어낸다.

승기 씨의 경우가 좋은 예다. 어머니가 난리를 칠 거라고 생각되면 죄책감 때문에 어머니를 진정시키기에 급급했다. 가족의 균형을 회복하기 위해서는 자신의 삶까지 포기할 수밖에 없었던 것이다.

가정이 병들면 병들수록 조그마한 불균형도 가정을 위협하는 것처럼 느껴진다. 독이 되는 부모가 가정에 조그마한 궤도 이탈만 생겨도 자신들의 삶이 위기에 처한 것처럼 소란을 피우는 것도 이 때문이다.

윤호 씨는 진실을 말해 가족을 뒤흔들어 놓았다.

열세 살 때였습니다. 어느 날 아버지의 폭음에 직면하기로 결심했어요. 무서웠지만 무언가 잘못되었다는 것을 알았거든요. 술에 취해 하는 행동이 싫으니까 다시는 그러지 않기를 바란다는 말을 하기로 결심한 겁니다. 그러자 놀라운 일이 벌어졌습니다. 어머니가 황급히 아버지를 거드는 것이었어요. 그 문제를 꺼냈다는 사실만으로도 제가 큰 잘못을 저지른 것 같은 죄책감을 느끼게 만든 겁니다.

아버지는 모든 것을 부정했습니다. 저는 누나들을 바라보며 지지해주기를 바랐어요. 하지만 누나들은 그저 화해하기만 바랐습니다. 순간 마치 해서는 안 될 엄청난 잘못이라도 저지른 것처럼 소름이 끼쳤어요. 아버지가 '술 중독'이라는 진실을 들추어낸 것뿐인데 오히려 제가 미칠 것 같았지요. 그리고 그것으로 끝나고 말았습니다.

저는 무척 놀랐어요. 꼭 버림받은 사람 같았지요. 아무도 저하고 말하려 들지 않았거든요. 마치 비난 받아야 할 사람이 저 말고 누가 있겠느냐는 식이었습니다. 한동안 식구들은 저를 없는 사람처럼 취급했어요. 가족에게 무시당하는 건 견딜 수가 없었지요. 그래서 다음부터는 술 이야기를 입에 담지도 않았습니다. 지금까지 20년 동안 말이에요.

윤호 씨 집안에서는 가족 모두가 가족 체계를 유지하는 역할을 맡고 있었다. 아버지는 술 마시는 역할을 했고, 어머니는 상호 의존적인 역할을 했으며, 아이들은 부모 역할을 했다. 늘 해오던 일이어서 가족 모두 안심이 되었다. 윤호 씨가 이 역할에 반기를 든 것은 이러한 균형을 위협하는 행동이었다. 그 결과 윤호 씨는 불모지에 유배당하는 것에 버금가는 정신적인 유배를 당했다.

하지만 이러한 가족 체계는 오래지 않아 위기를 맞게 마련이다. 아버지는 직업을 잃고, 딸은 새 남자친구에게 정신을 빼앗기며, 아들은 집을 나가고, 엄마는 병이 든다. 윤호 씨가 아버지의 술 중독에 직면하려고 했을 때 그의 부모가 그랬던 것처럼, 독이 되는 부모들 대부분은 부정과 비밀, 그리고 가장 좋지 못한 비난으로 위기에 맞선다. 그리고 비난은 늘 아이들에게 가해진다.

독이 되는 부모의 문제 해결 방법
제 기능을 하는 가족의 경우, 부모들은 삶에 어려움이 닥치면 마음을 열고 대화하면서 여러 가능성을 열어두고 문제를 풀어나가며,

필요하다면 주저하지 않고 외부의 도움을 받는다.

반면 독이 되는 부모는 자신들의 두려움과 좌절감을 폭발시켜 자신들의 균형 상태를 위협하는 문제를 해결하려 들며, 아이들에게 미칠 영향은 생각하지도 않는다. 이런 식의 대처법은 그들에게 아주 친숙한 방식이다. 가장 흔한 방법은 다음과 같다.

1. 부정

이 책에서 보아왔듯이 독이 되는 부모가 균형 상태를 되찾기 위해 사용하는 첫 번째 대처 방법은 부정이다. 부정은 두 가지 면을 갖고 있다. '아무것도 잘못되지 않았다'와 '좀 잘못되긴 했지만 다시는 그런 일이 일어나지는 않을 것이다'가 그것이다.

부정은 파괴적인 행동을 최소로 줄이고, 의미를 축소하며, 비웃어 버리고, 합리화하며, 새로운 해석을 내린다.

새로운 해석을 내리는 것은 부정의 한 형태로서, 완곡한 표현을 사용해 문제를 덮어버리는 것이다. 술 중독은 '원만한 사회 생활을 위한 음주'가 되고, 폭력은 '엄격한 훈육'이 되어버린다.

2. 투사

투사 역시 두 가지 면을 갖고 있다. 부모는 자신들이 무능하기 때문에 아이들을 비난한다. 그리고 자신들의 무능함 때문에 하게 되는 해로운 행동들을 아이들 탓으로 돌리고 아이들을 나무란다.

예를 들면 한 직장에 오래 다니지 못하는 무능한 아버지는 게으르고 변변치 못하다며 아들을 나무라고, 술 중독자인 어머니는 자기를 불행하게 해서 술을 먹는 거라며 딸을 비난한다.

독이 되는 부모는 자신의 행동과 부족함에 대해 책임을 지지 않으려고 이 두 가지 면을 모두 사용한다. 속죄양이 필요해진 그들은 식구들 중에서 가장 약한 아이를 속죄양으로 삼는다.

3. 방해

부모가 정신없이 술을 먹거나, 아프거나, 폭력적이어서 부모 역할을 거의 못하는 가정에서는 다른 가족 구성원들이 보호자 역할을 맡게 된다. 여기에서 약자와 강자, 나쁨과 좋음, 병듦과 건강함이라는 안정적인 균형이 생기게 된다. 이때 부모 노릇을 제대로 못하는 부모가 상담 프로그램에 참여하게 되면 가족의 균형이 크게 위협을 받는다. 나머지 식구들(특히 부모의 다른 한쪽)은 무의식적으로 이를 방해해 모두가 각자의 친숙한 역할을 유지하게 만들기도 한다.

말썽꾸러기 아이가 나아질 때도 이런 일이 있을 수 있다. 실제로 아이가 건강해지는 징후를 보이자 아이를 더 이상 치료받지 못하게 하는 경우도 보았다.

4. 삼각 관계

병든 가족 체계에서는 한쪽 부모가 아이를 자기 편으로 끌어들이려고 한다. 아이는 건강하지 못한 삼각 관계의 일부분이 되고, 부모는 이제 서로 아이를 자기 편으로 끌어들이려고 압력을 가한다. 어머니는 "난 아빠 때문에 불행하단다"라고 말하고, 아버지는 "네 엄마는 더 이상 나와 한 방을 쓰지 않을 거다."라고 말한다. 이때 아이는 부모의 정서적인 쓰레기장이 되고, 부모는 자신들이 갖고 있는 문제의 근원에 직면하지 않고도 불편함을 해소할 수 있게 된다.

5. 비밀 유지

독이 되는 부모는 아이로 하여금 가족의 비밀을 유지하게 함으로써 가정을 아무도 근접할 수 없는 작은 사조직으로 만든다. 이를 통해 가족을 하나의 끈으로 단단히 묶은 다음 가정의 균형을 위협하는 것에 맞서도록 한다. 부모에게 얻어맞고도 선생님에게는 계단에서 굴렀다고 말하는 아이는 외부의 간섭으로부터 가족을 보호하는 것이다.

가족 체계(부모의 신념과 규칙, 그리고 그 규칙에 복종하는 자식)라는 시각에서 독이 되는 부모를 바라보면, 자신의 파괴적인 행동들을 재조명할 수 있을 것이다. 부모로서의 행동과, 궁극적으로는 자신의 행동에 그토록 크게 영향을 주고 있는 강력한 힘을 점점 더 잘 이해할 수 있을 것이다.

이해는 변화의 첫걸음이고, 새로운 선택의 시작이다. 하지만 다른 시각으로 볼 줄 알게 되었다는 것만으로는 부족하다. 진정한 자유는 '다르게 행동함'으로써 얻을 수 있기 때문이다.

이제부터는 당신 '스스로' 할 수 있는 일에 대해 이야기할 것이다.

특별한 기술과 행동 전략을 제시해서 어린 시절의 상처 때문에 스스로 망쳐가는 삶의 양식을 바꾸고, 스스로가 원하는 사람이 되도록 도울 것이다.

만약 당신이 '신체적으로나 성적으로' 학대를 받았던 피해자라면 반드시 전문가의 도움을 받기를 권한다. 치료 초기에는 고통스러운 어린 시절의 경험이 드러나고 파헤쳐져 감정이 피폐해질 수도 있다. 하지만 이 글에서 제시하는 대로 따르기만 하면 완전히 새로운 방식으로 부모나 다른 사람들과 행복하게 지낼 수 있다. 그리고 스스로가 누구인지, 어떤 삶을 살려고 하는지 정의할 수 있을 것이다. 더불어 삶에 대한 새로운 자신감과 잃어버린 자존감을 찾게 될 것이다.

제 2부
새로운 삶을 찾아서

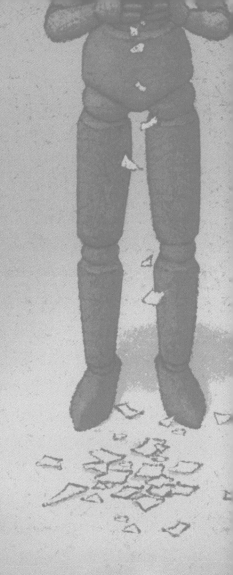

8 Chapter

그들을 용서하지 마라

이 시점에서 당신은 이렇게 물을 것이다. "첫 단계는 부모를 용서하는 것 아니가요?" 결코 그렇지 않다! 충격적이고, 화가 나며, 당혹스럽고, 혼란스러울지도 모르겠다. 용서하는 것이 자신을 치유하는 첫 걸음이라고 믿고 있었을 테니 말이다.

사실은, 부모를 용서해야만 자기 자신을 좀 더 좋게 느끼거나 삶을 변화시킬 수 있는 것은 아니다!

부모를 용서하지 말라는 말은 우리가 소중히 여기는 종교적, 정신적, 철학적, 심리적 원칙에 위배된다. 또한 많은 전문가들도 용서는 내적 평화를 이루는 첫걸음일 뿐만 아니라 '유일한' 방법이라고 굳게 믿고 있다. 하지만 나는 이런 이야기에 전적으로 반대한다.

나도 초창기에는 상처를 준 사람 특히 부모를 용서하는 것이 치유 과정의 중요한 부분이라고 믿었다. 그래서 내담자들에게 잔혹하고 가학적인 부모를 용서하라고 격려하기도 했다. 치료를 시작할 때 많은 내담자들이 이미 부모를 용서했다고 단언했지만, 여전히 평화를 찾지 못하고 있었다. 여전히 스스로를 불편해했고, 방어기제를 드러내고 있었다. 용서가 아무것도 변화시키지 못한 것이다.

실제로 그들 중 일부는 무력감을 더 많이 느꼈다고 말했다. 그 말을 이런 식으로 표현했다. "아직도 충분히 용서하지 못한 것 같아요", "목사님이 그러는데, 마음속 깊이 용서한 게 아니래요", "전 제대로 하는 게 아무것도 없나 봐요"

나는 용서의 개념에 대해 오랫동안 생각했다. 그러다 보니 용서가 내담자를 낫게 하기는커녕 오히려 낫지 못하게 방해할지도 모른다는 의심이 들기 시작했다. 그러다 마침내 용서에는 두 가지 면이 있다는 것을 알게 되었다. 하나는 복수하고 싶은 욕구를 포기하는 것이었고, 하나는 책임감에 뒤따르는 죄책감에서 벗어나고 싶어하는 것이었다. 되갚아주겠다는 욕구를 떨쳐버려야 한다는 것쯤은 어렵지 않게 알 수 있었다.

복수심은 매우 정상적이기는 하지만, 매우 부정적인 동기다. 복수심은 만족감을 되찾겠다는 강박적인 환상에 빠져들게 하고, 커다란 좌절감과 불행을 가져다주기 때문이다. 다시 말해 정서적인 평안에 이롭게 작용하는 게 아니라 그 반대로 작용하는 것이다.

복수의 순간은 몹시 달콤하지만 복수는 부모와의 정서적 혼란을 더 심하게 휘저어놓으며, 귀중한 시간과 에너지를 소모하게 만든다. 복수하고 싶은 욕구를 떨쳐버리는 것이 정말 어렵기는 해도 복수심을 떨쳐버려야만 건강해지는 것은 분명하다.

하지만 용서의 나머지 한 면은 그렇게 명확한 게 아니다. 나는 어떤 사람의 당연한 책임을, 특히 그가 순진한 아이를 심하게 학대했는데 용서한다는 것은 뭔가 잘못돼도 단단히 잘못된 거라고 생각한다. 그토록 두려움에 떨게 하고 폭력을 휘두른 아버지를, 어린 시절을 온통 지옥으로 만든 아버지를 왜 용서해야 하는가? 음울한 집안에서 술에 취해 있는 어머니를 날마다 돌봐줘야 했던 사실을 왜 흘려버려야 하는가? 어린아이를 성적으로 학대한 아버지를 왜 용서해야 하는가?

그 문제에 대해 생각하면 할수록 용서야말로 부정의 또 다른 형태라는 생각이 든다. 용서를 한다는 것은 "내가 당신을 용서하면 우리 사이에 있었던 일은 그다지 끔찍한 일이 아닌 게 된다."라는 말과 똑같기 때문이다.

용서에는 함정이 있다

용서의 가장 위험한 면은 꽉 막혀 있던 감정을 발산할 기회를 막아버린다는 것이다. 이미 용서한 부모에게 여전히 분노하고 있다는 걸 어떻게 인정하겠는가? 책임은 두 갈래 길로 뻗어갈 수 있다. 상처를 준 사람에게 가거나 자신에게 가는 것이다. 분명 누군가는 책임을 져야 한다. 그래서 '부모'를 용서한 대가로 '자기 자신'을 미워하게 되는 것이다.

나는 많은 내담자들이 고통스러운 치유 작업을 피하려고 용서하고 싶은 충동을 느끼는 것을 보았다. 그들은 용서하는 것이 편안해지는 지름길이라고 믿고 있었다. 그래서 그들 중 일부는 '용서를 하고' 상담받는 걸 그만두었다. 그런 다음 더 심한 우울증과 불안감에 빠져들었다.

더불어 그들은 환상에 매달렸다. '내가 해야 하는 일이란 용서하는 것이고, 나는 치유될 것이다. 정신적으로 건강해지고, 모두를 사랑하게 될 것이며, 결국은 행복해질 것이다.' 그러나 곧 용서라는 공허한 약속이 쓸쓸한 실망감만 안겨준다는 것을 알게 되었다.

이렇듯 용서는 한순간의 평온함을 경험하겠지만 그 느낌이 지속되지는 않는다. 자신들의 느낌이나 가족 간의 상호 관계가 진정으로 변한 게 아니기 때문이다.

유나 씨의 경우는 특히 애처로웠다. 그녀가 경험한 일은 때 이른 용서가 어떤 문제를 불러일으키는지를 잘 보여주고 있다. 내가 유나 씨를 만났을 때 그녀는 스물여덟 살이었고, 독실한 기독교 신자로 살아가고 있었다. 그녀는 열네 살 때 의붓아버지로부터 성폭행을 당했다. 그런 일은 1년 후 어머니가 다른 이유로 인해 그 남자를 집에서 쫓아낼 때까지 지속되었다. 그리고 그 후 몇 년 동안 유나 씨는 또 어머니의 남자들에게 성적 학대를 당했다.

유나 씨는 열아홉 살 때 집을 나와 술집에서 일했다. 3년 후 한 손님에게 심하게 두들겨 맞아 병원에서 기운을 차리던 중 남자 간호사의 권유로 교회를 찾게 되었다.

몇 년 후 그 간호사와 결혼을 했고 아들 하나를 두었다. 그녀는 진정으로 새로운 삶을 꾸려 나가려고 노력했다. 하지만 새로운 가정과 종교를 얻었음에도 불구하고 그녀의 삶은 행복하지 않았다. 열심히 치료를 받았지만 심한 우울증은 낫지 않았고, 나를 찾아온 게 그 무렵이었다.

나는 그녀를 성적 학대 피해자 모임에 참석시켰다. 첫 모임에서 유나 씨는 이제는 평화를 찾았으며 의붓아버지와 차갑고 무능한 어머니를 용서했다고 확실히 말했다.

나는 그녀에게 우울증에서 빠져나오려면 당분간은 '용서하지 말아야' 하며, 자신의 분노에 다가가야 한다고 말했다. 그녀는 마음속 깊이 용서했으며 더 좋아지기 위해 화를 낼 필요는 없다고 우겼다.

우리 사이에 꽤 심한 논쟁이 벌어졌다. 그녀에게 고통스러운 상처와 직면하라고 요구했기 때문이기도 했고, 그녀의 종교적인 믿음과 심리적인 욕구가 모순되기 때문이기도 했다.

유나 씨는 치유 과정을 충실하게 따랐지만 자신의 분노를 건드리고 싶어하지는 않았다. 하지만 다른 사람이 당한 일에는 조금씩 분노를 터뜨리기 시작했다. 예를 들면 하루는 모임에 참석한 한 사람을 껴안고는 "용서하지 마세요, 당신 아버지는 악마예요. 당신 아버지를 증오해요!" 하고 말했다.

몇 주가 지나자 스스로 억압하고 있던 분노가 마침내 폭발했다. 절규하고 저주하며, 자신의 어린 시절을 파괴하고 어른이 되고 난 후에도 긴 세월 동안 무력하게 살아가게 만든 부모를 비난했다.

나는 흐느끼는 그녀를 껴안았다. 긴장되어 있던 그녀의 몸이 풀리고 있는 게 느껴졌다. 나는 그녀가 안정을 되찾을 때까지 기다렸다가 농담을 하듯이 물었다. "하느님은 자신의 착한 딸이 어떻게 하길 바라죠?" 난 그녀가 한 대답을 잊을 수가 없다. "용서하기보다는 건강해지기를 바라는 것 같아요." 그날 밤은 그녀에게 삶의 전환점이 되어주었다.

만약 부모를 용서하더라도 정서적인 앙금이 완전히 가신 후에 해야 한다. 자신에게 일어났던 일에 대해 화를 낼 필요가 있고, 그토록 갈망했던 부모의 사랑을 받지 못했다는 사실에 슬퍼할 필요가 있다. 자신이 받은 상처를 무시하거나 절대 평가절하해서는 안 된다. "용서하고 잊어라."라는 말은 "없었던 일로 하라."라는 말과 똑같기 때문이다.

또한 부모를 용서할 때 부모가 용서받기 위해 무언가를 했을 경우에만 용서해야 한다. 독이 되는 부모는, 특히 자식을 심하게 학대한 부모는 잘못을 인정하고 기꺼이 책임지는 모습을 보여야 한다. 줄곧 몹쓸 짓을 하고, 자식의 존재 그대로의 모습과 감정을 부정하며, 자식에게 비난의 화살을 돌리는 부모를 일방적으로 용서하는 것은, 자식에게 필요한 정서적 치유 작업을 심각하게 방해할 것이다.

부모 가운데 한 사람이 세상을 떠났거나 혹은 두 사람 다 세상을 떠났다고 하더라도 '자기 자신'을 용서해야 정서적인 건강을 억압하는 힘에서 벗어나 상처를 치유할 수 있다.

부모를 용서하지 않는다면 나머지 삶도 괴로움과 분노로 가득하지 않을까 걱정하는 것도 당연하다. 하지만 사실은 그 반대다. 나는 독이 되는 부모의 손아귀에서 벗어나기만 하면 굳이 부모를 용서하지 않더라도 정신적 평화를 얻을 수 있다는 것을 수년간 보아왔다. 그리고 그런 자유를 얻으려면 강렬한 분노와 슬픔의 과정을 겪어내고, 잘못된 책임을 원래 주인인 '부모'에게 돌려줘야만 한다.

왜 아직도 어른이라는
생각이 안들까

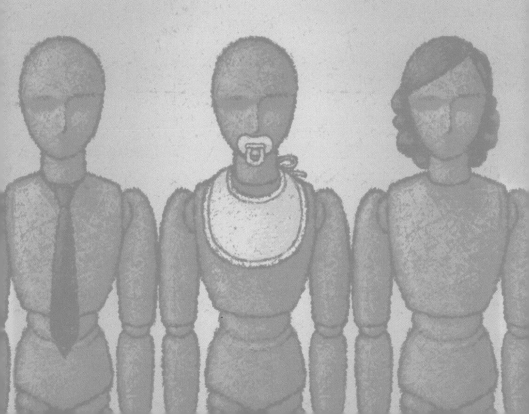

부모의 소망과 기대는 조금도 고려하지 않고 자기 스스로 생각하고 행동하고 느낄 수 있는가?"라고 묻는다면 그렇다고 대답할 사람은 거의 없을 것이다. 사실 건강한 가정에서는 어느 정도 부모에게 얽매이는 게 좋다. 거기에서 소속감과 일체감이 생겨나기 때문이다. 하지만 건강한 가정에서조차 부모에게 얽매임으로써 받는 영향이 지나치게 많을 수가 있다. 그리고 병든 가정에서는 그 영향이 도를 넘어선다.

스스로를 망칠 정도로 부모에게 얽매여 있다고 말하면 몹시 당황하거나 화를 내는 사람들이 있다. 그러나 모두 부모에게 얽매여 있는 것에서 벗어나려고 몸부림치고 있다는 것을 기억해 주기 바란다. 부모로부터 인정받고 싶은 욕구에서 완전히 벗어나 자신의 삶에만 열중할 수 있는 사람은 거의 없다. 몸은 집을 떠나 있지만 정서적으로는 거의 모두가 집에 머물러 있는 것이다.

얽매임에는 기본적으로 두 가지 유형이 있다. 첫 번째 유형은 부모를 달래기 위해 지속적으로 부모의 의지에만 따르는 것이다. 스스로의 필요나 욕구는 뒷전이고 부모의 필요와 욕구가 늘 먼저다.

두 번째 유형은 이와는 정반대로 행동하는 것이다. 부모에게 대들고, 부모를 협박하며, 부모와 완전히 등을 돌리는 것이다. 그만큼 부모에게 얽매여 있다는 뜻으로, 부모가 내가 느끼고 행동하는 데 아직도 큰 영향을 미치고 있다는 것이다. 그런데 부모에게 강렬한 반응을 보이는 것은 부모에게 나를 쥐고 흔들 힘을 주는 것이며, 나를 조종하라고 허락하는 뜻이다.

우리가 부모에게 얼마나 얽매여 있는지 알아보기 위해 믿음과 느낌과 행동에 대한 세 가지 점검 항목을 만들었다. '부모'라고 표현한 곳은 '아버지'나 '어머니'로 대치하는 게 좋을 것이다. 항목을 단순화하기 위해 복수를 썼을 뿐이다.

나는 무엇을 믿는가

믿음은 깊이 뿌리박힌 태도, 지각, 사람들에 대한 관념과 관계, 그리고 도덕성이다. 삶이 발전하고 변화하려면 반드시 그릇된 믿음과 부정적인 느낌, 스스로를 망치는 행동들의 상호 관련성부터 알아야 한다. 아래 제시한 첫 점검 항목은 나의 느낌이나 행동 이면에 어떤 믿음이 깔려 있는지 보여줄 것이다. 해당되는 항목에 표시를 해보자.

내가 믿고 있는 것은 무엇인가

1 내가 할 일은 부모님을 행복하게 해주는 것이다.

2 내가 할 일은 부모님을 자랑스럽게 해주는 것이다.

3 나는 부모님의 희망이다.

4 우리 부모님은 나 없이는 못 산다.

5 나는 부모님 없이는 못 산다.

6 부모님에게 사실을(이혼하려는 사실, 유산, 동성연애자라는 것, 약혼자가 종교가 없다는 것 등) 말하는 것은 부모님을 돌아가시게 하는

거나 마찬가지다.

7 부모님에게 반항하면 부모님을 영원히 못 보게 될 것이다.

8 부모님이 나에게 심한 상처를 주고 있다고 말하면 부모님은 나를 자식으로 여기지 않을 것이다.

9 절대로 부모님의 감정을 상할 말이나 행동을 해서는 안 된다.

10 부모님의 감정이 나의 감정보다 중요하다.

11 해봐야 소용이 없을 것이므로 부모님에게 중요한 이야기는 하지 않는다.

12 부모님이 변하기만 한다면 나는 나 자신에 대해 더 좋게 느낄 수 있을 것이다.

13 부모님이 나에게 얼마나 많은 상처를 주고 있는지 알게 된다면 부모님도 달라질 것이다.

14 나를 못난 사람이 되게 한 부모님에게 복수해야 한다.

15 부모님이 나에게 무슨 짓을 했든지간에 여전히 나의 부모님이므로 존경해야 한다.

16 나는 늘 부모님이 내 삶을 조종하지 못하게 막아야 한다.

4개 이상 '그렇다'라고 답했다면 당신은 아직도 부모에게 크게 얽매여 있는 것이다. 받아들이기 어렵겠지만 이런 믿음들이 당신을 망친다. 독립적인 사람이 되는 것을 막고, 부모에게 더 의존하게 만들며, 성인으로서 힘을 갖추지 못하게 방해한다. 그리고 당신으로 하여금 부모가 어떻게 느낄까 하고 전전긍긍하게 만든다.

인간의 행동을 연구하는 전문가들 가운데 감정은 그 사람 스스로가 '선택'해 느끼는 것이지, 다른 사람이 그 사람으로 하여금 어떻게 느끼게 '만들' 수는 없다고 주장하는 사람들이 있다. 하지만 나는 그렇지 않다고 생각한다. 우리는 우리와 관련된 사람의 감정에 영향을 줄 수 있다. 이는 어떤 감정을 느끼기로 결정하는 것과는 다르다. 누가 당신에게 마음의 상처를 주면 안정을 찾으려고 스스로 노력할 책임이 있듯이, 당신의 부모도 누군가로부터 상처를 받았다면 스스로 좋아지도록 노력할 책임이 있는 것이다.

예를 들어 당신이 어머니에게 냉혹하거나 가학적인 행동을 하지는 않았지만 그래도 어머니를 슬프게 할 일을 한다면(어머니가 승낙하지 않은 결혼을 한다거나, 직장을 따라 다른 지방으로 가는 일 등) 슬픈 감정에서 벗어나려고 노력하는 것은 어머니 몫인 것이다. 물론 "놀라게 해서 죄송해요."와 같은 말을 할 수도 있다. 그러나 어머니의 감정 때문에 당신의 계획을 바꾸어야 할 책임은 없다.

어머니의 감정을 위해 욕구를 무시하는 것은 자신뿐만 아니라 어머니에게도 해가 된다. 어쩔 수 없이 분노를 느끼게 되어 어머니와의 관계에도 영향을 줄 것이기 때문이다. 그리고 어머니를 즐겁게 해주지 못하면 죄책감과 함께 부당함도 느끼게 된다. 이렇듯 부모의 감정이 늘 우선한다면 부모가 당신의 삶을 지배하고 있는 것이다.

당신의 부모처럼, 당신으로 하여금 온전한 성인이 된 기분을 못 느끼게 하는 잘못된 믿음은 없는지 생각해보자.

잘못된 믿음에서 고통스러운 감정이 나온다

자신을 파괴하는 믿음은 늘 고통스러운 감정을 불러일으킨다. 자신의 감정을 잘 살펴보면, 어떠한 믿음이 그런 감정을 일으켰는지 그래서 어떠한 행동을 하게 되었는지 전부 다 이해하게 될 것이다.

우리들은 감정이 외부에서 일어난 어떤 일 때문에 생기는 거라고 생각하지만, 극도의 공포나 즐거움 혹은 고통까지도 실제로는 자신이 갖고 있는 잘못된 믿음에서 비롯된다.

예를 들면 어느 날 당신이 용기를 내어 술꾼인 아버지에게 취했을 때는 절대 같이 있지 않겠다고 말했다 치자. 당신의 아버지는 당신에게 배은망덕하고 무례한 자식이라고 고함을 친다. 그리고 당신은 죄책감을 느낀다. 그리고 아버지의 행동 때문에 죄책감을 느낀 거라고 생각한다.

하지만 아버지의 행동은 죄책감을 느끼는 원인 가운데 절반에 해당될 뿐이다. 죄책감이 밀려오기 이전에 이미 당신의 마음을 건드린 어떤 잘못된 믿음이 나머지 절반에 해당된다. 이때 잘못된 믿음이란 '아이들은 부모에게 말대꾸를 해서는 안 된다'라든가 아버지는 아프시니까 내가 돌보아야 한다' 등일 것이다. 당신이 죄책감을 느낀 이유는 마음속 깊이 자리잡고 있는 이런 잘못된 믿음에 충실하지 못했기 때문이다.

스스로를 망치지 않으려면 당신의 믿음과 감정이 어떤 연관이 있는지 반드시 이해해야 한다.

숨겨두었던 감정에 다가가라

우리 모두 어린 시절에 부모에게 싫은 감정을 강하게 표출한 적이 있을 것이다. 그때 벌을 받았거나 너무 고통스러웠다면 그 감정을 무의식 속으로 깊이 밀어 넣었을 것이다. 그런 다음 부모도 그 깊은 곳까지는 손을 뻗칠 수 없으니 이젠 신경 쓰지 않아도 된다고 스스로를 위로했을 것이다. 그러다 보니 어른이 된 지금 갑자기 정서적인 물꼬를 트기가 몹시 어렵다. 게다가 강렬한 감정과 과거와의 연관성, 그리고 현재 부모와의 관계를 다시 마주하기는 더욱 어렵고 말이다.

이 책에서 줄곧 논의하고 있는 '감정'이 낯설게 느껴져서 스스로를 냉정한 사람이라거나, 아무 느낌도 없다거나, 사랑이나 보호 같은 것에 대해서는 할 말이 없다고 말할지도 모른다. 어린 시절의 감정이 너무 강렬한 나머지 어른이 된 지금에 와서 그 감정을 받아들이려고 하니 스스로를 보호하려는 방어기제가 작동하는 것이다.

감정을 깊이 묻어버린 채 지내왔다면 다음에 제시된 항목을 이용해서 감정에 깊이 다가가기 바란다. 부모와의 관계가 당신과 똑같은 사람이 있다고 생각하고, 그 사람은 어떤 느낌을 갖고 있을지 상상해보는 것도 괜찮다.

많은 사람들이 상담을 받지 않고는 자신의 감정에 쉽게 다가갈 수 없다는 것을 알게 된다. 감정을 잃은 게 아니라 단지 너무 깊은 곳에 숨겨두고 있었기 때문이다. 그 감정을 다시 불러오기 위해 전문적인 도움을 받아야 할 때가 있다. 무슨 수를 쓰든지 감정을 불러오지 않고는 이 작업을 해나갈 수가 없다.

갇혀 있던 감정이 표면에 떠오르기 시작하더라도 너무 걱정할 필요가 없다. 감정이 되살아나서 한동안 당혹스러울 수도 있다. 하지만 이는 정서적인 수술이라는 것을 알아야 한다. 모든 수술이 그러하듯이 낫기 위해서는 상처를 먼저 깨끗이 해야 한다. 통증이 사라지려면 시간이 걸리는 법이다. 그리고 통증을 느낀다는 것은 치유되기 시작했다는 뜻이다.

당신이 느끼는 감정과 매우 가까운 항목에 표시를 해보자.

내가 느끼는 것은 무엇인가

1 부모님의 기대에 미치지 못하면 죄책감을 느낀다.

2 부모님의 심기를 건드리는 일을 하면 죄책감을 느낀다.

3 부모님의 충고에 따르지 않으면 죄책감을 느낀다.

4 부모님과 언쟁하면 죄책감을 느낀다.

5 부모님에게 화를 내면 죄책감을 느낀다.

6 부모님을 실망시키거나 부모님의 감정에 상처를 주면 죄책감을 느낀다.

7 부모님에게 충분히 해주지 못하면 죄책감을 느낀다.

8 부모님이 내게 요구하는 일을 다하지 못하면 죄책감을 느낀다.

9 부모님에게 '아니다'라고 말하면 죄책감을 느낀다.

10 부모님이 내게 호통을 치면 겁이 난다.

11 부모님이 내게 화를 내면 겁이 난다.

12 부모님에게 화를 내면 겁이 난다.

13 부모님이 듣기 싫어하는 말을 하려면 겁이 난다.

14 부모님이 사랑을 주지 않겠다고 위협하면 겁이 난다.

15 부모님의 말에 반대할 때는 겁이 난다.

16 부모님에게 대들려 하면 겁이 난다.

17 부모님이 불행하면 슬프다.

18 부모님을 실망시켰음을 알았을 때는 슬프다.

19 부모님의 삶을 더 낫게 해주지 못했을 때는 슬프다.

20 부모님이 내가 너희들의 삶을 망쳤다고 말하면 슬프다.

21 내가 하고 싶었던 일을 해서 부모님에게 상처를 주면 슬프다.

22 부모님이 나의 남편, 아내, 연인, 친구를 좋아하지 않으면 슬프다.

23 부모님이 나를 책망할 때는 화가 난다.

24 부모님이 나를 조종하려 하면 화가 난다.

25 부모님이 내 인생에 간섭하면 화가 난다.

26 부모님이 나에게 어떻게 생각하고, 느끼고, 행동해야 하는지를
   말하면 화가 난다.

27 부모님이 해야 할 것과 하지 말아야 할 것을 말하면 화가 난다.

28 부모님이 나에게 뭔가를 요구하면 화가 난다.

29 부모님이 나를 통해 당신들의 삶을 살려고 하면 화가 난다.

30 부모님이 당신들을 돌봐주기를 바라면 화가 난다.

31 부모님이 나를 받아들여주지 않으면 화가 난다.

여기에 포함되어 있지 않은 어떤 감정을 느낀다면 그 감정도 추가
해보자. 신체적인 반응도 마찬가지다. 신체적인 반응은 종종 고통
스러운 감정을 표현하는 언어다. 특히 감정이 뒤얽힌 사람이어서 말
하기가 편치 않을 때는 더 그렇다.

독이 되는 부모 아래서 자란 사람은 흔히 두통과 복통, 근육 긴장,
피로, 식욕부진과 음식에 대한 강박, 수면 문제, 오심 등으로 고통

을 겪는다. 정도를 넘어 스트레스와 관련된 질환인 심혈관계 장애나 위장 장애라도 오게 되면 치명적일 수도 있다. 따라서 정서적인 이유 때문에 신체적인 증상이 지속된다면 의사의 도움을 구하는 것이 좋다.

3분의 1 이상 표시를 했다면 아직도 부모와 깊이 얽혀 있는 것이며, 정서적인 세계가 부모에 의해 조종당하고 있는 것이다.

나에게 해당되는 감정 항목에 '왜냐하면'이라고 쓴 다음 그 이유를 적어 보자. 또한 첫 항목에서 잘못된 믿음에 해당하는 것도 추가해 보자. 나의 반응이 정확히 어떤 의미를 갖고 있는지 파악하는 데 도움이 될 것이다

예를 들면 "부모님의 심기를 건드리는 일을 하면 죄책감을 느낀다. '왜냐하면' 부모 마음에 상처를 주는 일이나 말을 해서는 절대 안 되기 때문이다", "부모님을 실망시켰음을 알았을 때는 슬프다. '왜냐하면' 나에게는 부모를 즐겁게 해줄 책임이 있기 때문이다", "부모님에게 화를 내면 겁이 난다. '왜냐하면' 부모에게 대들면 영원히 부모를 잃을 것이기 때문이다." 등처럼 말이다.

이렇게 중요한 것들을 모두 연관 지어 생각해보면 그 많은 감정의 뿌리가 나 자신의 잘못된 믿음과 굳게 연결되어 있다는 사실을 알게 될 것이다.

행동은 믿음과 감정의 산물이다

믿음은 규칙을 만들어내며, 감정은 나로 하여금 나 자신에게 복종해 행동으로 나타나게 만든다. 만일 나의 행동을 변화시키고 싶다

면 이 등식을 알아야 하며, 규칙을 변화시키려면 나의 믿음과 감정을 변화시켜야 한다. 행동이 믿음과 감정의 산물이라는 것을 인식하면, 내가 하고 있는 행동의 의미가 이해되기 시작할 것이다.

여기에 이미 제시했던 믿음과 감정 항목들에서 비롯된 행동들을 나열했다. 이들 행동은 순응적인 것과 공격적인 것 두 부류로 대별된다.

나에게 해당되는 항목에 표시를 해보자.

부모와의 관계에 있어 내가 행동하는 방식은 어떤가

순응적인 행동

1 내 기분이야 어떻든 부모님 말에 따를 때가 있다.

2 내가 진정으로 생각하는 바를 부모님에게 말하지 않는다.

3 내가 진정으로 어떻게 느끼는지 부모님에게 말하지 않는다.

4 부모님과 사이가 좋지 않은데도 다 좋은 것처럼 행동할 때가 있다.

5 부모님과 함께 있으면 거짓되거나 피상적이 된다.

6 자유로운 선택에서가 아니라 죄책감이나 공포심 때문에 부모님과 관련된 일을 하게 된다.

7 부모님을 변화시키기 위해 매우 열심히 노력한다.

8 부모님에게 내 견해를 이해시키기 위해 매우 열심히 노력한다.

9 부모님의 중재자 노릇을 한다.

10 부모님을 기쁘게 하기 위해 몹시 고통스럽게 내 삶을 희생한다.

11 가족의 비밀을 오랫동안 지키고 있다.

공격적인 행동

1 내가 옳다는 것을 보여주기 위해 부모님과 끊임없이 논쟁한다.

2 내가 독립된 인격체라는 걸 보여주기 위해 부모님이 좋아하지 않는 행동을 끊임없이 한다.

3 부모님이 나를 조종할 수 없다는 걸 보여주기 위해 고함을 지르거나 악담을 퍼부을 때가 있다.

4 부모님을 물리적으로 공격하지 않기 위해 자제할 때가 있다.

5 부모님이 내 삶에 끼어들지 못하게 버럭 화를 낸다.

두 가지 이상에 표시를 했다면 여전히 당신의 삶에서 가장 중요한 과제는 부모와 얽혀 있는 것을 푸는 일이다.

순응적인 행동이 당신의 독립성을 저해한다는 것은 쉽게 알 수 있지만, 공격적인 행동으로 나타나는 얽힘은 그렇지 않다. 공격적인 행동들은 마치 당신을 부모로부터 떼어놓는 듯이 보이기 때문이다. 단념했다기보다는 맞서 싸우고 있다는 착각을 하게끔 하는 것이다. 하지만 실제로는 아직도 얽혀 있다는 것을 보여주는 증거다. 순응과 공격성은 동전의 양면일 뿐이다.

진정한 자기 자신을 찾아서

모델 일을 하다가 인테리어 사업가로 변신한 진희 씨는 아버지에게 온갖 상처되는 말들을 듣고 자랐다. 그녀는 항목을 점검해보고는 깜짝 놀랐다. 오십 대가 된 지금까지도 부모와 심하게 얽혀 있다는 걸 깨달은 것이다.

정말 부끄러워요. 중년에, 세 번 결혼을 했고, 다 큰 자식을 둔 제가 아직도 부모님에게 매여 있다니요. 세상에, 거의 다 해당돼요. 순응 항목도요. 부모님이 결코 변하지 않을 거라는 걸 언제쯤이나 깨달을까요?

부모가 변하지 않을 거라는 진희 씨의 말은 아마도 옳을 것이다. 하지만 그녀 자신은 변할 수 있다. 파괴적인 고리를 끊는 첫걸음은 무엇이 그 고리를 그토록 강하게 만들었는지를 파악하고 이해하는 것이다.

다른 내담자들처럼 진희 씨 역시 자신이 아직도 부모에게 얽매여 있다는 것을 깨닫고는 분통을 터뜨리며 당장 뛰쳐나가 부모에게 항의하려고 했다. 당신도 그런 충동을 느낀다면 억제하기 바란다. 지금은 때가 아니다. 충동적으로 행동하면 일을 그르치게 된다.

감정이 극에 달했을 때는 부모와 대면하지 않는 게 좋다. 앞으로의 일과 사실에 대한 판단이 흐려질 것이기 때문이다. 삶을 새롭게 자각하고 조화시켜 나갈 시간은 아주 충분하다. 어떤 행동을 취할 것인가부터 생각해야 한다. 그리고 이것은 과정의 시작일 뿐이라는 것을 기억하자.

오랜 시간 몸에 밴, 스스로를 파괴하는 그릇된 행동 양식을 하루 아침에 바꿀 수는 없다. 당신이 '할 수 있는' 것은 당신을 옭아매고 있는 잘못된 믿음과 스스로를 망치는 행동에 맞서고 떨쳐내어 진정한 자기 자신을 찾는 것이다. 그리고 진정한 자신을 되찾으려면 스스로가 누구인지를 먼저 깨달아야 한다.

정서적인 독립이 중요하다

정서적인 독립이란 부모와 관계를 끊는 걸 뜻하는 게 아니라, 분리된 인격체임과 동시에 가족의 일부가 되는 걸 뜻하고, 당신이나 부모 모두 온전한 자기 자신이 되는 걸 뜻한다.

당신이 부모(혹은 사람들)와는 별개로 자신이 믿고 느끼는 대로 자유롭게 행동하고 있다면, 스스로가 자신을 정의하고 있는 것이다. 그러므로 부모는 당신이 하는 행동과 생각이 마음에 들지 않더라도 참을 수밖에 없다. 그리고 당신도 부모가 당신을 못마땅하게 여기더라도 참을 수밖에 없을 것이다.

당신이 부모와 똑같이 믿거나 부모가 인정해 주기 바라는 행동을 한다 하더라도, 자유롭게 부모에게 찬성하거나 반대하고 결정은 반드시 자기 자신이 해야 한다. 다른 사람의 감정을 무시하고 함부로 행동하거나 당신의 행동이 부모에게 끼치는 영향을 무시하라는 게 아니라, 부모가 당신을 무시하고 함부로 행동하지 못하게 하라는 것이다. 우리 모두 자신을 돌보는 것과 다른 사람의 감정을 고려하는 것 이 두 가지 면에 균형을 맞추어야 한다.

누구나 백퍼센트 독립적일 수는 없다. 우리 모두는 사회의 일부다. 그 누구도 다른 사람으로부터 인정받고 싶은 욕구에서 완전히 자유로울 수는 없다. 누구나 정서적인 의존 욕구를 조금은 갖고 있기 때문이다. 인간은 사회적 동물이며, 열린 관계에서는 어느 정도 정서적인 상호 의존을 필요로 한다. 따라서 스스로 결정을 내리려면 어느 정도 융통성이 있어야 한다. 스스로의 자유로운 의지에 따라 결정한 거라면 부모와 절충해도 나쁠 게 없다. 내가 여기서 말하려는 것은 자기 고유의 정서적인 고결함을 유지하면서 자신에게 진실되게 행동하라는 것이다.

때로는 이기적이어도 괜찮다

많은 사람들이 스스로를 정의하는 것과 '이기적'이라는 단어를 혼동하는 바람에 자신을 옹호하지 못한다. '이기적'이라는 단어가 우리로 하여금 죄책감을 불러일으키기 때문이다.

수지 씨는 십 대 때 유산한 경험이 있는데 부모는 아직도 그 일을 가지고 그녀를 비난하고 있었다. 수지 씨는 이기적이라고 낙인 찍히는 것을 피하려고 정서적으로 지옥 같은 생활을 하고 있었다.

숨이 막혀 죽을 것 같아요. 제 삶이 송두리째 망가지고 있어요. 지난주에 엄마가 전화를 했어요. 집을 고치는 중이라 너무 시끄러워서 수리가 끝날 때까지 아버지와 함께 우리 집에 와 있고 싶다는 거예요. 몇 주씩이나 말이에요. 안 된다고 말하고 싶었지만, 그럴 수가 없더라고요. 그래도 제 부모님이니까요. 남편은 저더러 전화해서 호텔이나 어디 다른 곳에 묵으라고 말하래요. 남편은 지금 빈 방을 사무실 삼아 프로젝트를 진행 중이거든요. 지금쯤 엄마는 화가 머리끝까지 나 있을 거예요. 제가 얼마나 배은망덕하고 이기적인지, 얼마나 몹쓸 짓을 하고 있는 건지 모르겠어요. 남편과 의논해보겠다고 말했지만, 남편이 뭐라고 할지는 이미 알거든요. 어떻게 하면 좋죠?

나는 수지 씨에게 이 작은 위기를 자기 스스로 결정하는 기회로 삼으라고 말했다. 집에 오게 하느냐 마느냐가 아니라 무조건 부모에게 맞추려고 하는 수지 씨의 자동적인 반응이 문제였기 때문이다.

이러한 양상을 깨려면 부모의 요구에 위배되는 '그녀' 자신이 원하는 것에 초점을 맞추어야 한다. 나는 그녀에게 자신이 원하는 것이 무엇인지는 알고 있느냐고 물었다.

수지 : 부모님이 저를 좀 내버려 두었으면 하는 거예요. 부모님하고 같이 있기 싫어요. 너무 끔찍해요. 같이 있는 것만으로도 죄책감이 들어요. 자식은 부모 뜻에 따라야 하는 존재니까요. 그냥 함께 지내자고 말할지도 모르겠어요. 그러면 이렇게 괴로워하지 않아도 될 테니까요. 부모님하고 싸우는 것보다는 남편과 싸우는 게 훨씬 덜 힘들어요. 왜 저는 모든 사람을 행복하게 해줄 수 없는 거죠?

나 : 당신은 이미 그 질문에 대답했어요.

수지 : 전 모르겠어요. 그래서 지금 여기 있는 거예요. 제 말은, 지금은 부모님하고 지내고 싶지 않다는 뜻이에요. 하지만 부모님을 사랑해요. 부모님에게 등을 돌릴 수는 없어요.

나 : 부모에게 등을 돌리라고 말하는 게 아니에요. 때때로 '싫다' 고 말하면 어떨까를 상상해보고, 부모를 위해 어느 정도까지 희생할 것인지 한계를 정하라는 거예요. 바로 당신이요. 부모가 아니라, 당신이 원하고 필요로 하는 대로 결정을 내리라는 거예요.

수지 : 너무 이기적인 것 같아요.

나 : 때로는 이기적이어도 괜찮아요.

수지 : 저는 좋은 사람이 되고 싶어요. 좋은 사람은 남에게 잘한다고 배

윘어요.

　나 : 당신이 부모를 위한 것만큼 자신을 위했다면 지금 여기 있을 필요도 없을 거예요. 당신은 모든 사람에게 아주 좋은 사람이지만, 자기 자신에게는 그렇지 않아요.

　수지 : 그런데 왜 이렇게 제 자신이 나쁜 사람처럼 느껴지죠?

　수지 씨가 울기 시작했다. 그녀에게 가장 중요한 것은, 자신은 이기적이지도 배은망덕하지도 않으며, 부모를 위해서라면 가정과 결혼 생활을 바칠 준비가 되어있다는 것을 입증하는 일이었다.

　그녀는 부모에 대한 지나친 의무감에 기초해 삶의 많은 결정들을 내리고 있었다. 자신의 욕구는 부모의 욕구 속에 묻어버려야 한다고 믿고 있었다. 그래서 '자기 자신이' 원하는 대로 한 적이 거의 없었다. 그로 인해 수년간 분노를 억압해 왔으며, 개인적인 충족이 결여된 상태로 마침내 우울증에 빠지고 말았다.

　사람들은 정서적으로 위협받거나 공격당한다고 느낄 때 가장 반사적으로 반응하게 된다. 이는 거의 모든 사람, 즉 연인이나 상사, 어린아이, 친구와의 관계에서 일어나기도 하지만 부모와의 관계에서 가장 강렬하게 일어난다.

　반사적으로 반응한다는 것은 남에게 인정받는 데 의존한다는 뜻이다. 이는 아무도 자신에게 반대하거나 자신을 비난하지 않을 때만 자기 자신을 좋게 생각한다는 뜻이기도 하다. 그리고 모든 일에 몹시 예민하게 반응해서, 아주 작은 암시조차도 개인적인 공격으로 받아들이고, 사소하고 건설적인 비판조차도 실패로 받아들인다. 따라서 남으로부터 인정받지 못하면 최소한의 정서적인 안정도 유지하지 못한다.

반사적으로 반응하는 사람들은 이런 말들을 한다. "엄마가 이래 라저래라 할 때마다 미칠 것 같아요", "우리 부모님은 어찌나 제 속을 긁는지 그럴 때마다 감정을 조절할 수가 없어요", "그저 아버지 말을 듣기만 해야 하는 게 화가 납니다."

반사적인 반응은 감정 조절을 포기하고, 남이 자신의 감정을 좌지우지하게 놔둔다는 뜻이다. 즉 자신을 조종하는 힘을 다른 사람에게 줘버리는 것이다.

반응하지 말고 대응하라

반사적으로 반응하는 것의 반대는 대응하는 것이다. 대응한다는 것은 스스로 느끼고 생각도 한다는 뜻이다. 따라서 자신의 감정을 알고 있으면서도 충동적으로 행동하지 않는다. 그리고 대응을 하게 되면 부모가 무슨 말을 해도 자존감을 잃지 않는다. 이는 아주 바람직한 일이다. 남의 생각이나 감정 때문에 더 이상 자기를 불신하지 않아도 되기 때문이다.

게다가 인간 관계에서도 모든 걸 자유롭게 선택한다. 왜냐하면 시각과 분별력이 감정의 지배를 받지 않기 때문이다. 대응을 하게 되면 자신의 삶을 자신이 조종하는 힘을 되찾을 수 있다.

수지 씨는 부모님에게 반사적으로 반응하지 말고 대응을 했어야 한다. 나는 그녀에게 행동의 변화는 나를 포함한 모든 사람과의 투쟁이라는 사실을 주지시키며, 충실히 연습하면 부모님과 대응할 수 있다고 했다.

내가 수지 씨에게 주문한 첫 번째 일은, 그동안 부모가 말했던 것(그녀에 대해 '부모가 내린' 정의)을 기준으로 모든 걸 결정해 왔다는 걸 인식하라는 것이었다. 스스로를 이기적이고 배은망덕하며 나쁜 사람이라고 낙인 찍는 것도 포함되었다. 나는 수지 씨의 부정적인 자아상은 수 년에 걸쳐 내면화되어 왔기 때문에 하루아침에 바꿀 수가 없다고 말한 다음, 몇 가지 행동 전략을 제시했다. 그리고 이 전략을 충실히 따르면 부모가 그녀에 대해 내린 정의를 극복하고, 스스로 자신에 대한 현실적이고도 진정한 자아상을 갖게 될 수 있다고 했다.

나는 그녀에게 나를 어머니라고 상상하라고 했다. 역할극을 통해 그녀가 부모의 비판에 맹목적이고 순종적으로 반응하지 않고, 새롭게 대응해 가는 방법을 찾기 바란 것이다.

나(어머니 역) : 넌 이기적이고 은혜도 모르는 애야!

수지 : 아뇨, 그렇지 않아요. 저는 제가 아니라 늘 다른 사람만 생각해요. 바로 엄마 말이에요. 엄마, 아빠에게 상처를 주지 않으려고 제 자신을 죽이고 살고 있어요. 지칠 만큼 지쳤는데도 엄마에게 계속 쇼핑도 시켜주고 저녁도 사줬어요. 하지만 엄마는 한 번도 만족한 적이 없어요!

나는 수지 씨가 방어적으로 반응하고 있다고 지적했다. 그녀는 아직도 사과하고 논쟁하고 설명하고 있었다. 이제는 '부모를 이해시키려는' 노력을 그만둘 때였다. 어머니에게 인정받고 싶어하는 한 여전히 어머니에게 조종당할 것이기 때문이다. 이제 방어적인 태도를 버려야만 했다. 가능한 한 충분히 울분을 터뜨릴 필요도 있었다.

나는 나의 의도를 보여주기 위해 그녀와 역할을 바꾸었다. 수지 씨가 어머니가 되고, 내가 수지 씨가 되었다.

수지(어머니 역) : 이 이기적이고 은혜도 모르는 것아! 네 아버지와 나는 머무를 곳이 필요하단 말이야.

나(수지 역) : 그런 식으로 생각하다니 재미있군요.

수지(어머니 역) : 네가 우리한테 호텔로 가라고 할 줄은 생각도 하지 못했다. 우리는 너에게 모든 걸 다 해주었는데 말이야.

나(수지 역) : 마음 상하게 했다면 죄송해요.

수지(어머니 역) : 우리를 네 집에 머물게 해줄 거니 말거니?

나(수지 역) : 생각 좀 해봐야겠어요.

수지(어머니 역) : 이것아, 난 대답을 듣고 싶어!

나(수지 역) : 저도 알아요, 엄마. 하지만 생각 좀 해봐야겠다고요.

수지(어머니 역할에서 벗어나) : 뭐라고 말해야 할지 모르겠어요.

수지 씨는 이 연습을 하면서 놀라운 사실을 발견했다. 방어적으로 대응하지 않으면 갈등도 증폭되지 않는다는 것과, 그러므로 자신을 방어하려고 애쓸 필요가 전혀 없다는 것을 말이다.

방어적이지 않은 태도를 보여라

우리는 살아오는 동안 방어적으로 대응하지 말라고 배운 적이 한 번도 없었다. 부모에게 방어적으로 행동하지 않는 법을 배우기 어려운 이유도 바로 이 때문이다. 배워서 실행해봐야 한다. 또한 대부분의 사람들은 스스로를 방어하지 않으면 상대가 자신을 깔보고 짓누를 거라고 생각한다. 하지만 침착함을 유지하고 충동적으로 행동하지 않으면 자신의 힘을 그대로 갖고 있게 된다.

반드시 비방어적인 대응 방법을 배우고 사용해야 한다. 특히 독이 되는 부모에 대해서는 더더욱 그래야만 한다. 비방어적으로 대응해야만 공격과 후퇴, 방어, 상승 작용의 순환고리를 끊을 수 있다.

일상에서 일어날 만한 상호작용에 사용해볼 수 있는 비방어적인 대응 방법 몇 가지를 제시해보겠다.

- 그래요?
- 네, 알겠어요.
- 그거 재미있군요.
- 물론 마음대로 생각할 자유는 있어요.
- 인정하지 않으니 유감이군요.
- 생각해보죠.
- 마음이 편안할 때 얘기하는 게 어때요?
- 상처를 받았다니(속이 상했다니, 실망했다니) 죄송하군요

사람과의 관계에서 실행해보기 전에 혼자 연습해보는 것이 중요하다. 그러려면 지금 부모가 당신과 한 방에 있으면서 당신을 비판하고 모욕하고 있다고 상상해야 한다. 논쟁하거나 사과하고 설명하

고 부모의 마음을 변화시키려고 애쓰는 순간, 당신은 많은 힘을 부모에게 넘겨주고 있는 거라는 사실을 기억하라. 부모가 당신을 용서하고 이해해 주기를 바라는 것은, 부모에게 당신의 요구를 들어주지 않고 미루는 힘을 주는 게 된다. 당신이 비방어적으로 대응해 부모에게 아무것도 바라지 않아야 당신의 요구가 받아들여진다.

비방어적으로 대응하는 데 익숙해지면, 부모가 아닌 다른 사람에게도 사용해보자. 감정적으로 덜 얽혀 있는 사람, 이를테면 동료나 친구에게 시험해보는 것도 좋다. 처음에는 어색하고 부자연스러워서 실행하지 못하고 다시 방어적으로 대응할 수도 있다. 새로운 기술을 배울 때처럼 실수를 두려워하지 말고 일단 해봐야 한다. 그러다 보면 얼마 안 가 아주 익숙해질 것이다.

자기 입장을 분명히 말하라

또 다른 행동 기술로는 내가 '자기 입장 말하기'라고 이름 붙인 것이 있다. 이 또한 덜 반사적으로 반응해서 무슨 일이든 스스로 정의를 내리게 도와준다. 자기 입장을 말하는 것은 자신이 생각하고 믿는 것, 자신에게 중요한 것, 자신이 기꺼이 원하는 것과 원하지 않는 것, 자신이 타협할 수 있는 것과 없는 것을 정의해준다. 물론 자기 입장을 말하기 위해서는 스스로 입장을 분명히 정해야 한다.

내가 부모의 요구에 어떻게 대응할 것이냐고 물어 보자 수지 씨가 대답했다.

모르겠어요. 부모님이 속상해 할 것 같다는 생각 때문에 제가 뭘 원하는지도 모르겠어요.

수지 씨의 딜레마는 부모에 대해 지나치게 책임감을 느끼고 살아온 사람들이 갖고 있는 전형적인 딜레마였다. 스스로를 정의할 기회가 거의 없었던 사람은 스스로가 누구인지를 정의하기가 어렵다. 수지 씨가 자기 입장을 말하도록 돕기 위해 나는 그녀가 취할 수 있는 입장은 기본적으로 세 가지뿐이라고 지적해주었다.

첫째, 내 집에 머무르게 하기 싫다.
둘째, '정해진' 시간 동안은 머물러도 좋다.
셋째, 부모가 원한다면 언제든 머물러도 좋다.

그녀는 부모가 절대로 자기 집에 머물지 않기를 바랐지만, 지금으로서는 부모에게 오지 말라고 할 자신이 없었다. 그래서 딱 일주일만 머물렀다 가라고 말하기로 결정했다.

수지 씨는 자신이 내린 결정에 충분히 만족하지는 않았다. 그녀는 크게 한숨을 쉬더니 "저는 부모님에게 맞설 수가 없나 봐요."라고 말했다. 나는 그녀에게 "난 할 수 없어요."라고 말하는 대신에 "부모에게 아직 맞서지 않았어요."라고 따라 하게 했다. '아직 하지 않았다'라는 것은 선택의 여지가 있는 걸 뜻하는 반면, '할 수 없다'는 것은 끝난 것을 뜻하기 때문이다.

선택이란 자신으로 하여금 정의를 내리게 해주는 열쇠다. 어떤 것을 선택하든지 간에 선택에 따른 결정은 반사적으로 반응하지 않게 해준다. 대안을 생각해본 뒤 아직 싸울 준비가 되지 않았다고 판단해서 항복을 '선택하는' 것과 무기력해서 '자동적으로' 항복하는 것은 큰 차이가 있다. 선택한다는 것은 스스로 조종간을 잡으러 다가가는 발걸음이며, 반사적인 반응은 남에게 조종당하는 길이다.

나는 수지 씨에게 나중에 더 용기가 생기면 부모와의 관계에서 더 큰 문제에 직면했을 때 그녀가 부모에게 해줄 수 있는 것은 무엇이고, 해줄 수 없는 것은 무엇인지 부모가 깨달을 수 있도록 해보라고 제안했다.

수지 씨는 내 제안에 어느 정도 염려를 하긴 했지만, 새로운 시도를 해보지 않는 한 구태의연한 관계로 계속 남아 있게 될 거라는 걸 알고 있었다. 하지만 여전히 부모가 변할 거라고는 생각하지 않았다.

나는 그녀에게 부모가 꼭 변하는 것은 아니라는 점을 상기시켰다. 부모에게 대응하는 방식을 바꾸어 그녀 혼자서도 관계를 바꿀 수 있기 때문이다. 그리고 그렇게 하면 부모를 변화시킬 수도 있고, 만약 부모가 변하지 않더라도 그녀 혼자의 힘으로 힘의 균형을 조절할 수 있을 것이다.

정말로 책임져야 할 사람은 누구인가

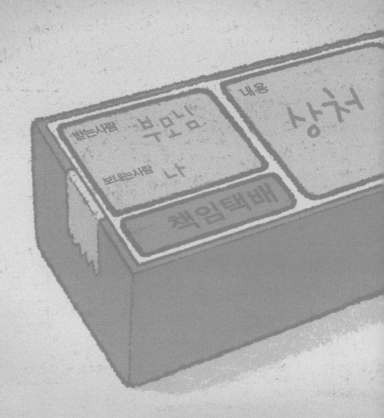

나는 당신이 행복한 어린 시절을 보냈기를 바란다. 행복하지 못한 어린 시절을 이제 와서 바꿀 수는 없기 때문이다. 내가 할수 있는 일이란 단지 당신이 누구 때문에 어린 시절에 고통당했는지를 규명하고, 당신이 잘못 믿고 있는 그 책임 소재를 바꾸도록 도와주는 것뿐이다. 책임 소재가 바뀌고 나면 당신의 삶 전체를 지배해 온 자기 비판에서 벗어날 게 틀림없기 때문이다. 다 내 탓이라는 식으로 스스로를 비난하는 한 수치심과 자기 혐오감, 자신에게 벌주어야 한다는 생각에서 절대 벗어나지 못한다.

앞에서 우리는 일차적으로 지식적인 측면이 강조된 작업을 했다. 나는 당신에게 탐구하고 파악하고 이해하라고 이야기했다. 그런 점에서 당신은 자신만의 시간을 좀 더 가져야 할 것이다. 감정적인 측면에 대한 작업이 다소 부담스럽게 느껴져 본질에서 도망치고 싶은 생각도 들 것이다.

만약 균형을 잃고 있다는 느낌이 든다면 며칠 정도는 작업을 쉬어도 된다. 하지만 계속적으로 그 문제에서 벗어나 있을 것 같다면 다시 시작할 때를 미리 정해놓아야 한다.

이 작업을 시작할 때 주위의 도움을 받아야겠다는 생각이 들지도 모른다. 감당하기 힘든 감정적인 문제들에 직면해 힘들어지면 주위 사람이나 치료자가 좋은 안내자가 되어줄 것이다.

그런데 사랑하는 친구나 애인, 지인들이 용기를 줄 수도 있지만 당신의 감정적인 문제들로 인해 오히려 소원해질 수도 있으므로 그들에게도 이 책을 읽히는 게 좋다. 그러면 주위 사람들이 당신을 좀 더 잘 이해하고 진정으로 도울 수 있을 것이며, 결국 힘든 과정을 함께 극복해 나갈 수 있을 것이다.

절대 내 책임이 아니야

그동안 자신을 비난해 온 내담자들에게 적용했던, 책임 소재를 분명히 하는 방법을 목록으로 만들어보았다. 더 이상 망설이지 말고 당신 내면에 존재하는 어린아이에게 이야기를 건네는 특별한 시간을 갖기 바란다. 당신이 과거에 얼마나 어렸으며, 무방비 상태였는지를 알려면 어린 시절에 찍은 사진을 보는 것도 좋다. 그 아이에게 큰 소리로 말해 보자. "네 책임이 아니야!" 그리고 이 목록에 적혀 있는 문항 끝에다가도 말해 보자. "나의 책임이 아니야!"

- 내가 무시당하고 내팽개쳐진 건 나의 책임이 아니야!
- 내가 사랑받을 자격도 없다고 느낀 건 나의 책임이 아니야!
- 부모님이 잔인하게 혹은 아무런 생각 없이 날 놀린 건 나의 책임이 아니야!
- 부모님이 나를 나쁘게 말한 건 나의 책임이 아니야!
- 부모님이 불행한 건 나의 책임이 아니야!
- 부모님의 문제점들은 나의 책임이 아니야!
- 부모님이 자신의 문제를 해결하려는 노력을 전혀 하지 않은 건 나의

책임이 아니야!

- 부모님이 술을 마신 건 나의 책임이 아니야!
- 부모님이 술을 마시고 한 행동들은 나의 책임이 아니야!
- 부모님이 나를 때린 건 나의 책임이 아니야!
- 부모님이 나를 괴롭힌 건 나의 책임이 아니야!

다른 고통스러웠던 기억들, 늘 자신의 책임이라고 느껴 온 일들에 대해서도 똑같이 말해 보자. 이 연습은 실제로 누구에게 책임이 있는가(대개는 부모일 것이다)에 대해 명확히 답해줄 것이다. 각 문항에 대해 몇 번씩 반복하자. 그런 다음 "부모님 책임이야!"라고 이야기하자.

연습 초기에는 자신의 책임이 아니라고 생각은 하겠지만 당신 내면에 존재하는 어린아이는 여전히 자기 책임이라고 느낄 것이다. 당신이 모든 걸 명확히 깨닫게 되려면 많은 시간이 필요할지도 모르지만 그래도 몇 번이고 반복해야 한다.

특히 부모가 아팠거나 불편한 상태였다면 부모에게 책임을 돌리기가 껄끄러울 수 있다.

어릴 때부터 병석에 누운 어머니를 대신해 어린 동생들을 돌봐야 했던 지훈 씨의 경우가 그랬다. 나는 지훈 씨에게 어른이 된 후에도 여러 면에서 여성들과 갈등을 일으키고 좋은 관계를 유지하지 못하는 이유는, 어린 나이에 감당해야 했던 책임감과 죄책감에서 비롯된 거라고 말해주었다.

지훈 : 그래도 제 책임이에요. 어머니는 아주 끔찍한 상태였거든요. 지금도 마찬가지고요. 어머니한테는 제가 필요해요. 어머니에게 좀 더 잘해주고 싶어요.

나 : 얼마나 오랫동안 어머니를 책임져 왔나요?

지훈 : 아홉 살 때부터요.

나 : 그럼 당신은 누가 책임졌나요?

지훈 : 제 생각에는 제가 저를 포함해서 주위 모든 사람들에 대해 늘 책임감을 느끼고 있었던 것 같아요.

나 : 그게 무슨 말입니까?

지훈 : 늘 우울해하고 정신적으로 혼란스러워하며 평생에 한 번도 즐거운 적이 없는 사람이 있다면 선생님은 어떻게 할 것 같아요? 그건 그 사람 잘못이 아니잖아요. 어머니는 병원에도 갔었어요. 잘해 보려고 노력했다고요. 어머니인들 아프고 싶어서 아팠겠어요?

나 : 그래도 당신 책임은 아니잖아요. 아버지는 어땠어요? 아버지는 어떻게 그렇게 쉽게 그 올가미에서 벗어날 수 있었죠? 아버지가 어른스럽게 대처한 적이 있나요?

지훈(한참을 생각한 후) : 아시다시피 그 점에 대해서는 생각해본 적이 없어요. 아버지도 약한 사람일 뿐이라고만 생각했지요.

나 : 드러내놓고 학대를 당하지는 않았어도 지훈 씨는 상처를 엄청나게 많이 받았을 거예요. 미처 못 깨달아서 그럴 뿐이에요. 그렇다는 걸 깨닫기가 상당히 어렵거든요. 사실은 자비심을 가장한 잔혹한 일이 상당히 많았을 거예요. 당신을 감정적으로 방치한 적이 많고, 아무도 당신의 어린 시절을 돌봐주지 않았던 게 사실이에요. 당신은 어린 시절이 아예 없었던

거예요. 중요한 건 당신 부모가 부모로서 얼마나 책임을 졌느냐 하는 게 아니라, 그런 것들은 당신 책임이 아니라는 걸 이해하는 거예요.

다행히 지훈 씨는 이 말을 받아들였다. 다음 시간부터 그 문제에 대해 깊이 생각하기 시작했고, 그날 이후 진행 속도가 빨라졌다.

아마 당신은 부모가 무능했고, 우울해했으며, 병으로 고생했거나 부모 역할을 하지 않았다는 것을 알게 될지도 모른다. 그래서 어린 시절과 마찬가지로 부모에게 동정심을 느끼고 갈등할 수도 있다. 예전에는 자유롭게 심리 치료를 할 수 있는 여건이 아니었고, 당신 부모가 너무 소극적이어서 망연자실한 상태였다고 생각할 수도 있다. 바로 그 점 때문에 부모가 당신에게 해를 끼친 게 아니라고 생각할 수 있다.

하지만 지금 당신 부모가 당신에게 해를 끼치려는 의향이 있었나 없었나를 따지자는 게 아니다. 그것은 결과적인 것이기 때문이다. 만약 무능한 부모에게 해를 입은 거라면 그럴 의도가 있었느냐 없었느냐를 따지는 것은 아무 의미가 없다. 무능한 부모라면 부모가 행한 것들과 행하지 않은 행동 모두에 대해 책임을 져야 한다.

지훈 씨를 돕는 일은 어떤 것이 사실인가를 알게 하는 점에서부터 시작되었다. 빈 의자를 그의 부모라고 치고, 나는 지훈 씨 역할을 맡았다. 나는 그가 한 번도 들어보지 못한 자신의 내면의 소리를 들려주고 싶었다.

나(지훈 역할) : 어머니, 아버지! 제가 어린아이였을 때, 저를 위해 주는 사람은 아무도 없는 것처럼 느꼈어요. 너무 무섭고 외로웠어요. 왜 아무도 저를 돌봐주지 않는지 이해할 수가 없었죠. 어머니, 왜 아버지가 아니라 제가 어머니를 돌봐야 하는 건지 알 수가 없었다고요. 왜 나는 어린아이처럼 굴어서는 안 되는지 이해할 수 없었어요. 그래서 아무도 저를 사랑하지 않아서라고 생각했어요. 지금도 그렇게 느끼고 있고요. 언제쯤 저를 놔줄래요? 언제쯤 철이 들래요? 식구들을 책임지는 게 지긋지긋해요. 어머니에게 늘 전화하는 게 지겨워요. 이 세상을 다 책임지는 데 지쳤다고요. 뭐가 잘못되기라도 할 때마다 제 자신을 비난하는 것도 지쳤어요. 어머니, 아프고 불행한 건 안됐지만 그게 제 탓은 아니잖아요.

지훈 : 선생님 말이 다 사실입니다. 저도 알아요. 하지만 그런 말은 하면 안 되는 거예요.

나 : 아주 오래 전부터 절대로 그런 말을 해선 안 되는 거였겠죠. 지금 당장 자신에게 말해야 해요. 꼭이요. 나중에, 작업이 좀 더 진행되고 당신이 좀 더 강해지면 아마 지금과는 다른 결정을 하게 될 거예요.

지훈 씨는 그래도 어른인 부모가 가정의 기본적인 일에 대해서만큼은 좀 더 책임을 져야 한다는 걸 알기 시작했다. 자신의 부모가 아이들의 신체적 욕구와 정서적 욕구에 제대로 관여하지 않았기 때문에 부모와 자식의 관계가 비뚤어졌다는 것을 깨달은 것이다.

그 점을 깨우치고, 근본적인 신뢰 관계가 어떤 것인지 이해하게 된 지훈 씨는 다른 사람을 사랑하지 못하고 일중독에 빠지게 만들었던 자기 혐오에서 벗어날 수 있었다.

방어기제 깨뜨리기

어린 시절 심하게 학대를 받고 자란 어른도 책임 소재를 분명히 하는 데 어려움을 보인다. 학대를 받는 어린아이들은 살아남기 위해 자신에게 쏟아지는 비난을 받아들인다. 부모가 아니라 자신을 나쁜 아이라고 믿음으로써 좋은 가족에 대한 환상을 유지하는 것이다.

심리학을 공부하는 상원 씨는 난폭하고 끔찍할 정도로 학대를 자행했던 아버지 밑에서 자랐다. 상원 씨는 아주 우연한 계기로 내 치료 작업에 참여하게 되었다. 첫 시간에 그는 얼마나 끈질기게 자기를 비난할 수 있는지를 아주 잘 보여주었다.

상원 : 어린 시절을 되돌아보면 아버지는 어떤 기준 같은 걸 갖고 있었던 것 같습니다. 한편으로는 아버지가 저 잘 되라고 그런 거라고 진심으로 믿어요. 그렇기 때문에 여전히 아버지를 용서하려고 듭니다. 아버지가 한 행동들이 얼마나 끔찍했는지, 세상에 저와 같은 대접을 받고 자란 사람은 아무도 없다는 거 너무도 잘 알아요. 하지만 제가 못된 아이라는 느낌이 아직도 남아 있어요. 아버지가 단정했던 것처럼 말입니다. 그리고 어머니를 잘 지켜주지 못한 데 대해 그 빌어먹을 죄책감을 아직까지도 느끼고 있어요.

나 : 당신은 살아남기 위해서 나쁜 것들을 고스란히 자기 탓으로 받아들였던 거예요. 아버지를 나쁜 사람이라고 생각했다면 아마 그 자체가 감당하기 어렵고 두려웠을 거예요. 하지만 상원 씨, 당신은 더 이상 어린아이가 아니에요. 이젠 당신 자신에게 사실대로 말해줘야만 해요. 술 때문에 당신을 학대한 데 대해 아버지가 백 퍼센트 책임져야 한다는 것을요.

게다가 본인의 문제점을 해결하려고 노력하지 않은 점과 식구들을 구하지 않은 점에 대해서도 백 퍼센트 책임져야 해요.

그리고 당신 어머니도 자신과 어린아이들을 보호하지 못한 데 대해 백 퍼센트 책임을 져야 해요. 그 사람은 자식이 학대당하게 놔둔 사람이에요. 책임 소재를 명확히 가려야 해요. 당신 자신의 삶에서 사실을 규명해내지 못하면 어떻게 다른 사람들을 상담해줄 수 있겠습니까?

상원 : 선생님, 선생님이 무슨 말씀을 하시는지 잘 알지만, 제게는 수많은 단어의 나열에 불과합니다.

상원 씨는 몹시 방어적으로 말했다. 그래서 직접 말로 하지 않고 그의 방어기제부터 깨보기로 했다. 나는 상원 씨에게 아버지 역할을 하게 했다.

나 : 상원 씨가 어렸을 때의 일을 이야기할게요. 상원 씨가 그러는데 난폭하고, 아들을 자주 때렸다더군요. 게다가 술에 빠져 살았고요.

상원(아버지로서) : 왜 남의 가족 일에 상관을 하는지 모르겠군요. 상원이를 때렸다면 강하게 키우려고 그런 겁니다. 그리고 내가 술을 마시든지 말든지 당신이 무슨 상관입니까?

나 : 그래요. 당신 문제겠지요. 하지만 당신으로 인해 가정이 깨졌어요. 당신은 아들을 학대했고, 공포에 떨게 했으며, 부인에게도 그렇게 했어요. 다 상원 씨를 위해서 그런 건가요? 상원 씨가 어떻게 느꼈는지 알기나 해요?

상원(아버지로서) : 난 누구를 돌볼 처지가 아니었어요. 나 자신도 돌보기 버거웠단 말이오.

나 : 정말 끔찍한 아버지군요. 당신은 식구들에게 엄청난 고통을 준 것 말고는 아무것도 한 게 없었어요. 당신 자신도 고통스러웠겠지만 그래도 상원 씨는 어린아이였고 당신은 어른이었어요. 당신은 식구들을 괴롭히지 말고 나아지려고 노력했어야 해요. 지금이나 그때나 술에 빠져 산 데 대해 책임져야 해요. 당신은 어린아이나 때리고, 여자나 때리면서 자기 힘을 과시하는 비겁하고 못난 사람이에요. 상원 씨는 아직도 자신이 비난받아 마땅하다고 생각하고 있어요. 상원 씨가 사실을 직면하려 들 때마다 늘 당신이 걸림돌이 되죠.

상원(아버지로서) : 젠장, 그 녀석 입을 꿰매버리는 건데! 그놈은 하기 싫은 일은 하지도 않고…….

나(말을 막으며) : 상원 씨는 아무 잘못도 없어요.

상원 씨는 그 시점에서 아버지 역할에서 빠져나왔다.

상원 : 인정하기는 싫지만 선생님이 아버지에게 대놓고 이야기하니까 정말 좋았습니다. 그동안 제가 얼마나 화가 나고 궁지에 몰려 있었는지 느끼기 시작했어요. 더 이상 말씀하시지 않아도 됩니다. 선생님이 옳습니다. 아버지는 확실히 가족을 망쳤어요. 정말 나쁜 사람입니다. 하지만 아버지는 저보다 더 두려워하고 있을 겁니다. 적어도 저는 이 문제를 풀어보려고 노력하고 있지만, 아버지는 평생 도망칠 궁리만 하고 있으니까요. 아버지는 정말 비겁한 사람입니다.

자신이 아버지를 어떻게 생각하고 있는지 알면 알수록 더욱 고통스러운 게 사실이지만, 이는 자유로워지고 있다는 뜻이기도 하다. 상원 씨가 책임 소재를 명확히 따질 수 있게 되면서 자신을 용서할 준비도 된 것 같았다.

상원 씨는 어린아이들을 좋아해서 소아 병원에서 자원봉사를 한다고 했다. 나는 그 아이들 중에서 인상적인 아이가 있느냐고 묻고, 그 아이가 혹시 자신이 어렸을 때와 닮았느냐고 물었다. 그런 다음 빈 의자를 상원 씨 앞에 놓아준 후 그 아이가 지금 저 의자에 앉아 있다면 뭐라고 말해주고 싶으냐고 물었다.

그러자 상원 씨는 몹시 불편해하더니 조금 망설이다가 숨을 깊이 들이쉬었다. 그러고는 아이에게 말하기 시작했다.

집에서 뭔가 안 좋은 일이 일어나고 있는 것 같구나. 정말 안됐다. 네 아버지가 술에 취해 너를 때리는 소리가 들려. 너에게 욕도 하는구나. 너를 나쁜 아이라고도 하네. 난 네가 얼마나 두려워하고 있는지 알아. 아마 넌 다 네가 잘못해서 그렇다고 생각하고 있을 거야. 하지만 그렇지 않아. 너는 정말 좋은 아이야. 세상 그 누구도 너에게 그러면 안 돼. 아무도 그러면 안 된다고! 특히 네 아버지는 그러면 안 돼. 네 아버지는 병든 사람이고, 비겁한 사람이야. 늘 도망칠 궁리만 하지. 너를 때리는 게 즐거운 것 같아. 네 아버지를 죽여버리고 싶어.

상원 씨는 분노로 부들부들 떨기 시작했다. 나는 그에게 지금 누가 누구에게 이야기하고 있는 거냐고 물었다. 그가 소리쳤다. "제가 저한테요! 세상에, 저한테 말했어요!"

오랫동안 상원 씨 내면에서 잠자고 있던 분노가 표면으로 떠오르기 시작했다. 마침내 그는 그동안 고통받은 것과 자신이 태어난 것까지 혐오스럽게 느껴졌던 게 부모 때문이었다는 걸 인정했다.

나는 이제 빈 의자에 아버지가 앉아 있다고 가정하고 하고 싶은 말은 다 해보라고 했다. 이번에는 상원 씨도 망설이지 않았다.

이 나쁜 자식아! 넌 정말 나쁜 놈이야. 네가 나한테 얼마나 끔찍한 짓을 저질렀는지 알아? 가족한테 어떻게 그렇게 끔찍한 짓을 할 수가 있지? 넌 어린아이를 때리면서 자신이 아주 큰 사람처럼 느껴졌던 거야. 내가 지금까지 어떻게 살아왔는지 알아? 난 아무짝에도 쓸모없는 쓰레기라면서 머리를 쥐어뜯으며 살아왔단 말이야! 더 이상 못 참겠어! 지긋지긋하다고! 꺼져버려!

나는 상원 씨가 불같이 분노한다는 사실에 놀라지 않았다. 책임 소재를 분명히 하면 강한 분노를 경험하기 때문이다. 반면 상원 씨는 자신의 내면에 얼마나 큰 분노가 숨어 있었는지 알게 되자 몹시 당황했다. 이러다 미쳐버리는 게 아닌가 하는 공포를 느낀 것이다.

억제된 분노를 터뜨려라

분노는 사람을 당황스럽게 만들 수 있다. 자신의 분노로 인해 누군가를 다치게 할 수 있다고 생각할 수도 있다. 혹은 상원 씨처럼 분노를 잠재우지 못할까 봐 공포를 느낄 수도 있다. 누구든 이런 공포를 느끼지만, 사실은 정반대다. 분노할 때가 아니라 분노하지 않을 때 더 나쁜 일이 일어난다.

분노를 억제하면 우울증이 생기거나 자신을 망가뜨린다. 그렇다고 사람들에게 대놓고 분노하면 사람들이 멀리할 게 틀림없다. 억제된 분노는 언제, 어떻게 분출될지 알 수가 없다. 언제가 되었든 폭발하고 만다. 그렇게 되면 더 이상 분노를 조절하기가 어렵다. 분노를 잘 다루지 않으면 파괴적으로 작용하게 된다. 특히 자신이 의식하지 못하는 가운데 분노가 폭발하게 될 때는 걷잡을 수 없어진다.

독이 되는 부모 밑에서 자라는 아이들은 감정 표현을 억제해야 하기 때문에 몹시 힘든 어린 시절을 보낸다. 그런 가정에서는 오직 부모만 분노를 표현할 수 있다.

그래서 자기 나름대로 몇 가지 방법을 동원해 마음속 분노와 타협한다. 분노를 깊숙이 감춰둔 채 우울증이나 신체적 질병에 걸린 것으로 가장하기도 하고, 고통을 내면화하면서 순교자처럼 죽어가기도 한다. 술이나 좋지 못한 약물, 음식, 섹스에 절어 살면서 자신을 서서히 망가뜨려가기도 한다. 혹은 자신에게 다가오는 기회를 모두 차버리고 분노를 가득 품은 채 긴장과 좌절, 의심에 가득 차서 아무에게나 덤비는 공격적인 사람이 되기도 한다.

불행하게도 그동안 우리는 이런 진부하고 비효과적인 방식으로 분노를 다스려왔다. 이래서는 부모로부터 결코 벗어날 수가 없다. 그러니 이제는 당신이 지닌 분노부터 제대로 이해해야 한다.

당신의 분노를 좀 더 효과적으로 다룰 방법을 소개하겠다.

1. 일단은 분노하라

즐거움이나 공포처럼 분노도 감정이다. 옳고 그름을 따지기 전에 그 자체가 하나의 감정이다. 분노는 당신 것이고, 당신을 한 사람으로 인정하게 만드는 당신의 일부다.

또한 분노는 당신에게 무언가 중요한 것을 전하는 신호다. 지금 당신이 권리를 짓밟히고 있고, 이용당하고 있으며, 휘둘림을 당하고 있거나 욕구를 무시당하고 있다고 말해주는 것일 수도 있다. 분노는 늘 무언가 변할 필요가 있다는 것을 의미한다.

2. 분노를 밖으로 드러내라

베개에 얼굴을 파묻고 당신을 화나게 한 사람의 사진을 향해 소리를 지르거나, 집이나 차 안에서 혼자 있을 때 마음속으로 상대를 떠올리고 대화를 시도해보자. 분노를 표현하기 위해 다른 사람에게 공격적인 행동을 하거나 욕설을 할 필요는 없다. 믿을 만한 사람에게 분노를 표현하면 된다. 분노는 밖으로 드러내지 않는 한 다스릴 수가 없다.

3. 신체 활동을 늘려라

운동을 해 분노를 해소하면 신체적 긴장이 풀릴 것이다. 달리기를 할 수 없거나 자전거를 탈 수 없는 입장이라면 춤을 배워보는 것도 좋다. 몸을 움직이는 것은 엔도르핀 생성을 증가시켜 평안함을 느끼게 해준다.

당신 안에 있는 분노를 제대로 들여다보기만 해도 에너지와 생산성이 증가될 것이다. 억제된 분노를 드러내는 것이 최우선이다.

4. 분노를 이용해 부정적인 자아상을 강화하지 마라

화를 냈다고 해서 당신이 나쁜 사람이 되는 건 아니다. 분노를 넘어서는 죄책감(특히 부모에 대한)이 밀려올 수 있다. 그때는 큰소리로 말하자. "난 지금 화났어. 나도 화를 낼 권리가 있다고! 분노를 해결할 수만 있다면 화를 내서 생기는 죄책감 따위 아무래도 좋아. 이렇게 한다고 해서 내가 나쁜 놈이거나 잘못된 것은 아니니까!"

5. 분노를 표현해 자기 자신을 명확히 정의하라

분노는 당신이 부모와의 관계를 받아들이고 싶지 않은 이유가 무엇인지, 그리고 당신이 누구인지를 깨닫게 해주는 훌륭한 도구다. 분노는 당신의 경계와 한계를 알게 해준다. 분노는 오래도록 비굴하게 행동하고, 복종하며, 부모로부터 인정받지 못할까 봐 전전긍긍하던 것에서 벗어나게 해준다.

또한 당신의 분노는 당신 자신에게 에너지를 돌려줌으로써 부모를 바꿔보겠다는 승산 없는 전쟁에서 헤어 나오게 해줄 것이다. "아버지가 제 식대로 살게 내버려두지 않아 너무 화가 나요."라고 하지 말고, "더 이상 아버지가 저를 조종하거나 깎아내리도록 내버려 두지 않겠어요."라고 말해 보자.

누구나 분노 때문에 힘든 시간을 맞게 된다. 하지만 하루아침에 분노를 다스리는 법을 완전하게 체득할 수는 없다. 특히 분노를 표출하지 못하도록 사회화된 여성의 경우는 더욱더 그렇다. 여성은 울어도 되고, 드러내놓고 앓아도 되며, 우울하거나 아프다고 호소해도 되지만, 분노를 드러내는 것만은 안 된다는 식으로 배워왔기 때문이다.

그 결과 많은 여성들이 분노를 있는 그대로 표출하는 남성에게 매력을 느끼게 된다. 그리고 이런 식의 대리만족은 여성들로 하여금 분노를 더욱더 표현하지 못하게 만든다. 그렇지만 불행하게도 쉽게 화를 내는 남성들 가운데 많은 수가 어릴 때 학대당하고 조종당한 사람들이다.

분노하고 나면 진저리가 쳐지고 죄책감으로 몸 둘 바를 모를 수도 있다. 하지만 인내심을 갖고 계속 분노해야 한다. 영원히 분노하지는 않을 것이기 때문이다. 그렇게 해야만 분노로부터 벗어날 수 있고, 다른 사람들과 친밀감을 느낄 힘을 얻을 수 있다.

분노는 잘못된 대접에 대해 표현할 수 있는 인간의 정상적인 반응이다. 독이 되는 부모 밑에서 자란 사람들은 내면 속에 자신이 감당할 수 있는 한계를 뛰어넘는 분노를 갖고 있다. 만약 그렇지 않다면 자신의 한계를 뛰어넘는 애도 감정을 지니고 있을 것이다.

애도 감정과 분노는 쌍둥이다

상원 씨는 "그렇다면 제가 애도해야 한다는 겁니까? 누가 죽기라도 했단 말입니까?" 하고 말했다.

애도 감정이란 무언가 상실했을 때 나타날 수밖에 없고, 또 나타나야 하는 정상적인 반응이다. 상원 씨처럼 당신도 어린 시절에 여러 가지 상실의 아픔을 경험했을 것이다.

- 자기 자신에 대한 좋은 감정을 상실한 경험

- 안전하다는 느낌을 상실한 경험

- 신뢰를 상실한 경험

- 즐거움과 자발성을 상실한 경험

- 당신을 길러준 존경하는 부모님을 상실한 경험

- 어린 시절에서 벗어나는 상실감

- 더 이상 철부지가 아닌 데서 오는 상실감

- 사랑을 잃은 데서 오는 상실감

애도 감정을 되살리려면 당신이 잃어버린 것들을 떠올려야 한다. 그리고 하나하나 꼼꼼히 다시 생각해보아야만 그 느낌들로부터 풀려날 수가 있다.

애도 감정과 분노는 아주 단단하게 뒤엉켜 있다. 마치 쌍둥이처럼 어느 한쪽만 존재하지 않는다. 지금까지 당신의 감정적인 상실이 얼마나 광범위한지 몰랐을 것이다. 독이 되는 부모 밑에서 자라는 아이들은 거의 날마다 이런 상실감을 감당해내야 한다. 때로는 모르는 척, 때로는 알면서도 억눌러 가면서 말이다. 이런 상실감은 끔찍할 정도로 자존감을 망가뜨린다. 하지만 대부분 애도 감정이 너무 아프기 때문에 자존감이 무너지는 걸 모르는 척하면서 자란다.

많은 사람들이 정작 무언가 상실했을 때 바로 애도 감정을 느끼지 않는다. 자신을 강한 사람이라고 생각하기 때문이다. 이런 사람일수록 갑자기 나락에 빠진다. 때로는 1년쯤 뒤에, 아니면 별일도 아닌 일을 겪고서 갑자기 애도 감정에 휩싸이기도 한다.

애도 반응은 초기, 중기, 말기로 나눌 수 있다. 그리고 누구나 이 세 단계를 겪는다. 애도 감정을 피하려고 들수록 오히려 슬픔이 당신 곁을 떠나지 않고 좋은 감정들을 느끼지 못하게 억압한다.

어릴 때 몸에서 이상한 냄새가 난다고 아버지로부터 상처를 받았던 진희 씨는 치료를 받고 굉장히 좋아졌다. 그러나 애도 감정과 맞닥뜨리자 그녀 역시 자신의 감정들이 얼마나 깊이, 강하게 자리잡고 있었는지 알고는 몹시 놀랐다.

깊은 슬픔에 빠져 있는 것 같았어요. 아버지가 제게 너무 끔찍한 존재였다는 것, 아버지가 제게 그렇게 심한 상처를 주는데도 보고만 있었던 엄마가 기억났어요. 지금도 그 사실을 믿을 수가 없어요. 그 생각을 하면 너무 슬퍼요. 어째서 아버지는 저를 그토록 고통스럽게 했을까요? 저는 그 기억을 떠올리면 눈물이 나요. 그러고 나서 곧 난폭해져요.

애도 감정은 충격적으로 느껴지다가 분통을 터뜨리고, 사실을 부인하며, 당연한 것이지만 슬픔에 빠지는 과정을 거친다.

슬픔이 끝없이 계속될 것같이 느껴지는 기간이 있다. 울음이 멈출 것 같지 않게 느껴지기도 하고, 슬픔에 압도되기도 하며, 그런 자신이 부끄럽게 여겨지기도 한다.

대부분의 남자들은 슬픔을 드러내는 것보다는 화내는 것을 덜 부끄러워한다. 문화적인 이유로 남자들은 여자들과는 달리 슬퍼하거나 고통스러워하는 모습을 보이기보다는 오히려 화를 낸다. 어떻게 행동하는 게 '진짜 남자'인가라는 비인간적인 기대 때문에 육체적으로나 감정적으로 평안을 얻기 위해 끔찍한 대가를 치르는 것이다.

상원 씨 역시 자기 안에 존재하는 어린아이로 하여금 슬퍼하게 하기보다 분노를 표현하게 하는 쪽을 택했다. 내면에 있는 어린아이가 상원 씨로 하여금 나약하고 약점이 있는 사람처럼 느껴지게 했기 때문이다. 학대받으며 자라는 동안 상원 씨는 일찌감치 감정들을 옭아매두는 법을 배웠다.

나는 먼저 상원 씨가 어렸을 때 상실한 것들에 대해 애도 감정을 표현하도록 했다. 그리고 주로 어린 시절에 많이 학대받으며 자란 어른들에게 사용하는 방법인 '덮어두기'를 훈련시켰다. 그런 다음 내 사무실에 있는 마른 꽃들을 그에게 내밀며 그 꽃을 무덤으로 생각하라고 했다. 그리고 다음과 같이 반복하게 했다.

나는 지금 아주 좋은 식구들과 함께 있는 환상에 빠져 있다. 나는 지금 내 부모님에게 희망과 기대를 품고 있다. 나는 지금 어린아이로서 부모님을 변화시킬 수 있는 뭔가를 하고 있다는 환상에 빠져 있다. 우리 부모님은 절대로 변하지 않을 것이다. 나는 그 상실감 때문에 신음하고 있다. 하지만 그것을 받아들인다. 이런 환상이 나를 평화롭게 해준다.

상원 씨는 주문을 외운 후 눈물이 글썽해져서 말했다.

세상에, 선생님! 정말 기분이 더럽습니다. 왜 제가 이런 짓을 해야 하는 거죠? 꼭 자기 연민에 빠진 것 같아요. 반감이 듭니다. 제 자신을 유감스럽게 여겨서는 안 되는 건가요? 저보다 더한 일을 당한 사람들도 많을 텐데 말이에요.

나는 상원 씨에게 대답했다.

방금 당신은 어린 시절에 말도 안 되는 대접을 받은 어린아이에게 미안함을 느낀 거예요. 자기 연민에 관한 것들은 전부 잊어버리세요. 행복한 어린 시절을 상실한 데 대한 애도 감정은 자신에게 미안해하지 않아도 되는 감정이에요. 자기 연민에 빠져 헤어 나오지 못하는 사람들은 자신을 위해 누군가를 자기 삶에 옭아매두려고 해요. 그런 사람들은 자기 책임을 회피하려고 하고, 우리가 지금 하는 치유 프로그램 같은 건 해볼 생각조차 안 해요. 참, 애도 감정은 적극적으로 표현해야지 소극적으로 표현해서는 안 돼요. 전혀 해가 되지 않아요. 애도 감정은 당신을 낮게 해주고 문제점들에도 잘 대처할 수 있게 해줄 거예요.

대부분의 사람들처럼(상원 씨처럼) 당신도 자신에게 미안한 마음이 드는 걸 피하려고 할 것이다. 심지어 어린 시절을 잃어버린 셈 쳐버리고 애도 감정이 드는데도 그렇지 않은 것처럼 속이기도 할 것이다. 그렇게 자신을 벌주는 일에만 몰두할 것이다. 분노와 애도 감정을 드러내어 당신 내면에 존재하는 어린아이(내면아이)가 그것을 받아들이기 전까지는 말이다.

즐거운 활동들을 실천하라

당신의 애도 감정을 찬찬히 살펴보는 것이 당신을 변화시키는 핵심 과정이지만, 애도 감정을 살펴보는 동안 삶을 멈출 수는 없다. 여전히 당신 자신과 다른 사람들을 책임져야 하고, 각각의 삶의 역할을 다해야 한다.

그런데 분노와 애도 감정이 균형을 깨뜨릴 수 있기 때문에 이 기간 동안 자신을 특별히 잘 돌봐야만 한다. 즐거움이나 흥미를 느낄 수 있는 것이라면 어떤 활동이든 참여하는 게 좋다.

애도 감정을 조절하기 위해 매주 열 가지씩 할 일을 정하고 실천해 나가는 것도 좋다. 이것을 당신 자신을 위한 '자기보호 계약서'라고 생각하자. 그 계약서에는 당신을 이완시킬 수 있는 즐거운 활동이 들어 있어야 한다. 친구들을 만나거나 영화를 보러 가거나 욕조에 따뜻한 물을 채우고 오랜 시간 몸을 담그고 있는 것과 같이 간단하고 실천하기 쉬운 게 좋다. 진짜 재미있는 소설을 읽는 것도 효과적이다.

그런데 그 목록에 무엇을 집어넣든 실천하는 게 중요하다. 생각만 해서는 아무 소용이 없다.

책임 소재를 명확히 하라

다음 목록은 부모와의 관계에 적용해온 방법들로서 책임 소재를 명확히 해줄 것이다. 자, 다시 한번 크게 말해보자. "이제 어른으로서 나는 부모와의 관계에서 (   ) 책임이 있다!" 그리고 다음 항목들을 크게 말해 보자.

첫째, 이제 어른으로서 나는 (부모와 분리된 개별적인 한 인간이어야 할)

책임이 있다!

둘째, 이제 어른으로서 나는 (부모와의 관계를 솔직하게 바라볼) 책임이 있다!

셋째, 이제 어른으로서 나는 (어린 시절의 사실과 직면해야 할) 책임이 있다!

넷째, 이제 어른으로서 나는 (어린 시절의 사건들과 어른이 된 지금의 생활 사이의 연관 관계를 인식할 용기를 내야 할) 책임이 있다!

다섯째, 이제 어른으로서 나는 (부모님에 대한 나의 솔직한 감정을 표현할 용기를 내야 할) 책임이 있다!

여섯째, 이제 어른으로서 나는 (부모님이 살아계시든 돌아가셨든 부모님이 내 삶을 좌지우지하지 못하게 할) 책임이 있다!

일곱째, 이제 어른으로서 나는 (부모님이 잔인하게 상처를 주거나 마음대로 조종하려 들면, 그런 것들을 변화시켜야 할) 책임이 있다!

여덟째, 이제 어른으로서 나는 (내 안에 존재하는 내면아이를 치유하기 위해 필요한 적절한 도움을 받아야 할) 책임이 있다!

아홉째, 이제 어른으로서 나는 (어른스러움과 자존감을 회복할) 책임이 있다!

이 목록에 적혀 있는 항목들은 당신이 앞으로 노력해야 할 내용들이다. 많은 난관에 봉착할 것이고 포기하고 싶어질 테지만 절대로 용기를 잃지 말기 바란다.

11 chaptert

가해자인 부모와 대면하라

앞에서 해온 작업들(연습, 점검 목록, 누구에게 정말로 책임이 있는가)은 모두 실제로 부모와 대면하기 위해 해 온 작업이었다. 대면이란 당신의 부모를 사려 깊게 만나는 일과, 아팠던 과거와 어려운 현재에 대해 용기를 내는 걸 의미한다. 실제로 부모와 대면하는 작업은 이제까지 해온 어떤 작업보다 힘들고 까다로우므로 더욱더 힘을 내야 한다.

부모와 대면하는 과정은 단순하지만 그렇게 쉽게 되지는 않을 것이다. 부모와 대면할 준비가 되었다면 어린 시절을 되돌아보고 부정적인 사건들을 기억한 다음 그것들에 대해서 조용히, 하지만 단호하게 부모에게 말하자. 그리고 그 사건들이 당신의 삶에 얼마나 큰 영향을 끼쳤으며 부모와의 관계에 어떤 영향을 주고 있는지 말하자. 그렇게 한 다음 새로운 규칙에 대해서도 말하자.

부모님과 대면하는 이유는~

- 부모님께 복수하기 위해서가 아니다.
- 부모님을 벌하기 위해서가 아니다.
- 부모님을 모욕하기 위해서가 아니다.
- 부모님께 분노를 퍼붓기 위해서가 아니다.
- 부모님으로부터 뭔가 긍정적인 것을 돌려받기 위해서가 아니다.

부모님과 대면하는 이유는~

- 부모님께 맞서기 위해서다.
- 부모님께 맞서려고 할 때마다 느꼈던 공포를 극복하기 위해서다.
- 부모님께 사실을 말하기 위해서다.
- 지금까지 지속되어 온 부모님과의 관계를 명확히 하기 위해서다.

잘 해나가고 있던 사람들을 포함해 많은 사람들이 부모와 대면해서 얻을 수 있는 것들을 믿으려 하지 않는다. 어찌 되었든 가족이므로 '돌아보지 말고 앞만 봐라', '그래 봤자 더 스트레스 받고 더 분노한다', '상처를 치유하는 게 아니라 더 헤집어놓는 꼴이다'라는 식으로 생각하는 것이다. 모두 부모와 대면하는 것이 어떤 것인지 제대로 이해하지 못해서다.

부모와 대면한다고 해서 부모가 당신을 인정해주거나, 사과하거나, 자신들이 책임져야겠다고 생각하지는 않는다. 사실이다. 독이 되는 부모가 사실과 직면했다고 해서 "그래, 모두 사실이다. 내가 너무 심했다", "제발 용서해라", 혹은 "이제부터 어떻게 해줬으면 좋겠니?"라고 말하지는 않는다. 오히려 사실과 정반대의 상황으로 표현한다. 그런 사실이 없다고 잡아떼거나, 잊어버렸다고 하거나, 어린 시절에 문제를 일으킨 걸 들먹이면서 되레 당신을 비난하거나 화를 내는 경우가 대부분이다.

부모가 어떤 반응을 보이는가 하는 것으로 성공과 실패를 가늠하는 것은 이미 지고 들어가는 것이다. 이 작업은 당신을 위한 작업이지 부모를 위한 작업이 아니라는 점을 기억해야 한다.

왜 부모와 대면해야 하는가

나는 독이 되는 부모와 대면하라고 강요하는 편이다. 그 이유는 의외로 단순하다. 최근 몇 년 간 수많은 사람들이 부모와 대면함으로써 놀라울 만큼 삶이 긍정적으로 변했기 때문이다. 나는 그들이 용기를 낸 데 대해 고맙게 생각한다. 부모와 대면하겠다는 생각만으로도 얼마나 당황스러웠을지 잘 알기 때문이다.

우리 모두는 부모에 대해 올바로 알게 되는 걸 두려워한다. 또한 우리 모두는 필요한 것을 부모로부터 못 받았다는 것과, 지금도 받을 수 없다는 사실을 알게 되는 걸 두려워한다. 그럼에도 불구하고 부모와 대면하겠다고 하는 태도의 변화는 모든 공포를 극복하는 최선의 길이다.

당신이 부모와 대면해야 할 좀 더 중요한 이유가 있다. 당신이 해결하지 못한 것은 결국 누군가에게 고스란히 전해지기 때문이다. 부모에 대한 공포심과 죄책감과 분노를 해결하지 못한다면 당신은 그 괴로운 감정들을 당신의 배우자나 어린 자녀들에게 퍼붓게 될 것이다.

나는 내담자에게 부모와 대면할 시기를 사려 깊게 생각해서 정하라고 한다. 지금 당장 하고 싶지도 않을 것이고, 그렇다고 질질 끌고 싶지도 않을 것이다.

부모와 대면하기로 결정하기까지는 대개 세 단계를 거친다.

❶ 절대로 못할 것 같다.

❷ 조만간 하게 되겠지만, 지금은 아니다.

❸ 언제 할 것인가?

내가 내담자들에게 부모와 대면하라고 하면 거의 모든 사람들이 그건 옳은 행동이 아니라고 주장한다. 바로 이게 내가 '그것만 빼고 뭐든지 증후군'이라고 이름 붙인 행동이다. 내담자들은 부모와 대면할 필요가 없게 될 때까지 질질 끌면서 여러 가지 방법들을 모색하는데, 그것이 '그것만 빼고 뭐든지 증후군'이다.

겁이 많은 윤호 씨는 전형적인 '그것만 빼고 뭐든지 증후군'을 보였다.

저도 제가 소심하다는 거 잘 압니다. 하지만 전 아버지가 더 상처받는 게 싫어요. 아버지와 대면하지 않고도 해결할 방법이 많을 거예요. 부담이 적은 일을 찾아드려서 경제적인 문제를 해결해드리면 될 겁니다. 저는 아버지가 저를 귀찮게 하지 못하게 할 수 있어요. 저도 더 열받지 않으려고 참는 연습을 하는 중이에요. 아무튼 저는……

나는 윤호 씨의 말을 막았다. "그것만 빼고 뭐든지 증후군이죠? 이승에서 중요한 변화를 가져다줄 것 말고는 뭐든지 말이에요."

그리고 윤호 씨에게 겁이 많고 연약하며 불안정한 이유는 아버지에 대한 분노를 억제하고 있기 때문이며, 어려움에 맞닥뜨리기 싫어서 그러는 거라고 말해주었다.

윤호 씨는 내 말에 회의적이었지만 치유 모임 사람들을 몇 번 만나더니 부모와 대면하기로 마음먹었다. 윤호 씨는 곧 자신이 그들과는 상황이 조금 다르다는 것을 알았지만, 그렇다는 것을 실감할 틈도 없이 다음 단계로 넘어갔다.

윤호 씨는 방어적으로 반응하지 않는 방법과 태도를 가려내는 방법을 매우 열심히 배워나갔다. 그리고 그 방법들을 일에도 적용하고, 몇몇 친구들에게도 적용했다. 결과는 만족스러웠다. 하지만 일상 생활에서 아버지와의 관계는 여전히 부담스러웠다. 그러다 마침내 어린 시절부터 되풀이되는 상황에 지쳐버렸다.

치유 모임에 참여한 지 6주 정도 지났을 때 윤호 씨는 아버지와 대면하는 데 대해 물어왔다. 처음엔 미래에 대한 가능성에 대해 물었다. 마침내 2단계로 접어든 것이다. 몇 주가 지났을 때는 언제 아버지와 대면하면 좋겠느냐고 물었다. 3단계로 접어든 것이다. 불안해하지 않고 아주 잘 해낼 수 있을 때 아버지와 대면하고 싶었던 것이다. 사실 불안감이 줄어드는 시기는 결국 부모와 대면하고 난 후다.

부모와 대면하기 전에 준비해야 할 중요한 네 가지가 있다.

첫째, 부모가 거절하거나, 부정하거나, 비난하거나, 분노하거나 혹은 일어날 여러 가지 부정적인 일들을 스스로 조절할 수 있을 만큼 자신이 강하다고 느껴야 한다.

둘째, 부모와 대면하기 전이나 대면하는 도중이나 대면하고 난 후에 자신을 얼마든지 도와줄 수 있는 지지 체계를 갖추어야 한다.

셋째, 부모에게 말하고 싶은 것을 미리 적어보거나 연습해야 한다. 그리고 방어적이지 않게 반응하는 법을 익혀야 한다.

넷째, 어린아이였을 때 일어난 나쁜 일들에 대해서 더 이상 책임감을 느껴서는 안 된다.

특히 마지막 요소가 중요하다. 여전히 어린 시절의 상처를 끌어안고 울먹이고 있다면, 아직 부모와 대면할 때가 아니다. 부모가 망쳐놓은 것들에 대해서 아직도 이해하지 못한 채 자신의 책임에만 연연하고 있다면 부모와 대면할 수가 없다. 조금이라도 자신감이 생기고, 앞에서 언급한 네 가지 요소가 갖춰지면 더는 망설이지 말자.

어떻게 부모와 대면해야 하는가

대면은 얼굴을 맞대고 할 수도 있고, 편지로 할 수도 있다. 하지만 전화로는 아니다. 전화하는 게 안전하다고 생각할지도 모르겠지만 전화로 해서는 효과가 거의 없다. 부모가 전화를 끊어버릴 수 있기 때문이다. 더구나 전화란 '인위적인' 물건이라 진정한 감정을 전달하기가 매우 어렵다. 부모와 만나기 어렵다면 차라리 편지를 쓰는 게 좋다.

1. 편지로 대면하기

나는 글쓰기가 훌륭한 치유 수단이라고 믿는 사람이다. 말하려는 것을 가장 잘 정리할 수 있는 기회를 주고, 무엇보다 만족할 때까지 몇 번이고 고쳐 쓸 수 있고, 몇 번이고 다시 읽어볼 수도 있으며, 그러다 보면 저절로 생각과 내용이 정리되기 때문이다.

편지는 부모님 각자에게 따로따로 써야 한다. 하고 싶은 말은 같더라도 어머니에게 느끼는 감정과 아버지에게 느끼는 감정이 다르며, 관계도 다르기 때문이다.

우선 당신이 생각하기에 좀 더 심하게 나에게 상처준 사람, 좀 더 나쁘다고 생각되는 쪽에게 먼저 쓰자. 그래야 당신의 감정을 좀 더 표면화할 수 있고 좀 더 쉽게 마음의 문을 열 수 있다. 두 분 모두 살아 있을 경우, 두 번째는 아주 쉽게 쓸 수 있다. 두 번째 편지는 당신을 보호해 주지 못하고 소극적이었던 쪽에게 쓰는 것이라서 좀 더 쉬울 수 있다.

편지를 쓸 때는 일관성이 있어야 한다. 양쪽 부모 모두에게 '지금까지 한 번도 말해본 적이 없는 몇 가지에 대해 이야기를 하려고 합니다.'라고 시작하고 다음 네 가지 요소를 꼭 쓰자.

❶ 부모가 나에게 한 일
❷ 그때 느꼈던 것
❸ 그 일이 내 인생에 미친 영향
❹ 이 시점에서 부모에게 바라는 것

이러한 구성은 당신이 말해야 할 것들을 빼놓지 않고 적을 수 있도록 해주며, 우왕좌왕하지 않고 효과적으로 대면할 수 있게끔 도와준다.

몸에서 이상한 냄새가 난다는 등 상처 주는 아버지 밑에서 자란 진희 씨는 바쁜 일 때문에 부모를 만나러 멀리까지 갈 수 없는 시기에 부모와 대면하기로 했다. 나는 편지를 쓰는 것이 부모와 효과적으로 대면하는 방법이라고 조언하면서, 아무것에도 방해받지 않고 편지를 쓸 수 있도록 조용한 시간에 집에서 휴대폰도 꺼놓은 채 쓰라고 했다.

편지로 대면하는 방식은 강한 감정적인 경험을 하게 되므로 진희 씨에게 며칠 정도 편지를 갖고 있다가 좀 더 진정되고 나면 부치라고 했다. 대부분의 사람들이 그렇듯이 그녀도 그 기간 동안 몇 번이나 고쳐 썼다. 당신도 만족할 만큼 완벽한 편지를 쓸 때까지 몇 번이고 고쳐서 당신이 느꼈던 점과 경험했던 것들에 대한 사실만 표현하면 되는 것이다.

아버지께

지금까지 한 번도 말한 적이 없는 걸 말하려고 해요. 왜 지난 몇 달 동안 부모님과 좀 더 많은 시간을 함께하지 못했는지부터 말할게요. 들으면 놀랍고 화가 나기도 할 거예요. 솔직히 아버지가 두려워서 만나기 싫었어요. 아버지가 심한 말로 제게 상처를 주었기 때문이에요. 그 때문에 전 늘 절망감을 느끼고 살았어요. 아버지를 믿고 의지하기 때문에 감정적으로 또다시 버림받는 게 두려워요. 무슨 말인지 설명할게요.

❶ 부모가 나에게 한 일

제가 아주 어렸을 때 아버지는 저를 사랑해주고 보살펴준 존경스러운 분이었어요. 하지만 제가 자라면서 달라졌어요. 제가 열두 살 때쯤 아버지가 제게 아주 잔인하게 대했어요. 제 몸에서 이상한 냄새가 난다고 계속 말했지요. 그리고 무슨 일이 생기면 모두 제 탓이라고 했고요.

장학금을 받지 못하게 되었을 때도 저를 비난만 했어요. 남동생이 떨어져서 다쳤을 때도 저를 야단쳤고요. 제 다리가 부러졌을 때도, 엄마가 아버지를 혼자 두고 나갔을 때도 저를 심하게 혼냈어요. 엄마가 없어서 외로울 때 저는 따뜻한 위로의 말 한마디 듣지 못했어요. 아버지는 저더러 냄새 때문에 더럽다고 하고, 스웨터를 입은 모습이 아주 보기 좋다고도 하며, 데이트 신청을 하고 싶을 정도로 예쁘다고도 하고, 창녀 같다고도 하면서 통 종잡을 수 없는 말들을 늘어놓았어요.

열세 살 이후에는 부모 역할을 해주지도 않았지요. 아버지에게도 몹시 힘든 시기였다는 거 알고 있어요. 하지만 아버지는 저를 너무 괴롭혔지요. 일부러 그런 게 아닐지 몰라도 전 몹시 힘들었어요.

고등학생 때 어떤 남자가 저를 추행하려고 했을 때도 아버지는 저를 비난했어요. 아버지가 그렇게 말해서 정말로 제가 큰 잘못을 한 줄 알았지요. 임신 8개월 때 남편이 때렸을 때도 제가 뭔가 잘못을 했기 때문이라면서 저를 나무랐어요. 그리고 아버지는 엄마 잘못을 전부 제 탓으로 돌렸어요. 아버지는 엄마가 저를 전혀 사랑하지 않는다고 했어요. 다 제가 더럽고, 아무 생각이 없는 아이라서 그렇다고요.

❷ 그때 느꼈던 것

너무 무서웠어요. 굴욕적이었고 혼란스러웠어요. 아버지가 왜 저를 더 이상 사랑해 주지 않는지 알 수 없었지요. 아버지의 귀여운 딸로 되돌아가려고 정말 애썼어요. 그리고 어떤 행동들이 아버지와 멀어지게 하는지 생각했고요. 그리고 제 자신을 비난했지요. 제 자신을 미워하고, 저는 사랑받을 자격이 없다고 믿으며, 역겨운 사람이라고까지 생각했답니다.

❸ 그 일이 내 인생에 미친 영향

저는 한 인간으로서 회복할 수 없을 정도로 끔찍한 상처를 입었어요. 많은 남자들이 저에게 무례하고 난폭하게 굴었어요. 그때마다 제 탓이라고 생각했지요. 남편이 때릴 때도 제가 먼저 사과 편지를 썼어요. 저는 제 자신도, 제 능력도, 저의 가치까지 믿을 수 없게 되었어요.

❹ 이 시점에서 부모에게 바라는 것

제게 잔인하고 비열하게 말하고 행동한 것에 대해 아버지에게 사과받고 싶어요. 아버지 때문에 무척이나 상처받고 고통받았다는 걸 알아주세요. 이제는 그런 식으로 말하지 마세요. 가장 최근에 그런 건 동생네 집에서 사업 문제에 대해 아버지에게 조언을 구했을 때예요. 아버지는 아무 이유 없이 저에게 호통을 쳤지요. 정말 싫었어요. 그때는 복종하듯 행동했지만 이제는 안 그럴 거예요. 더 이상 참지 않을 거란 걸 알아두세요. 짓궂게 굴지 않고, 강압적이지 않으며, 깎아내리지도 않고, 딸을 보호해주는 아버지가 좋은 아버지란 것도 아셔야 할 거예요.

아버지와 좋은 관계를 맺지 못한 게 유감스러워요. 그토록 사랑하고 싶은 아버지였는데, 아버지가 저를 사랑한다는 증거를 발견하지 못했단 것도 유감스러워요. 아버지께 축하카드나 선물은 계속 보낼 거예요. 그래야 제 맘이 편하거든요. 하지만 이제부터는 제가 아버지를 만나러 가면 제 방식을 인정하고 제 방식에 따라주세요.

아버지가 무엇 때문에 힘들어했는지, 무얼 두려워했는지 저는 잘 몰라요. 열심히 일해서 우리를 먹여살리고 즐거운 방학을 보낼 수 있게 해준 데 대해서는 고마워하고 있어요. 나무와 새 이름을 가르쳐주고, 사람들과

정치, 스포츠와 지리, 캠핑과 스케이트 타는 법도 가르쳐주었지요. 그때 아버지가 환하게 웃던 모습이 기억나요.

아버지도 제가 좀 더 잘하길 바랐다는 거 알아요. 어쨌든 이제 더 이상 남자들이 제게 못되게 굴지 않도록 할 거예요. 저는 훌륭한 친구들과 좋은 직업, 눈에 넣어도 아프지 않을 사랑하는 자식도 있어요.

모쪼록 제가 편지 한 이유를 알아주세요. 그리고 답장해주세요. 과거를 바꿀 수는 없지만 다시 시작할 수는 있으니까요.

−진희 올림

2. 얼굴을 맞대고 대면하기

얼굴을 마주 보고 대면하려면 감정을 다 정리한 상태여야 한다. 그런 후 대면 장소를 잘 선택해야 한다. 치유 프로그램을 진행 중이라면 상담실도 좋다. 전문가가 곤란한 상황을 잘 처리하게 도와주고 보호해줄 수 있기 때문이다. 그리고 말하려는 내용을 정리하는 게 중요하다. 특히 당신에게 중요한 것일수록 그렇게 해야 한다.

이유야 어쨌든 자신만의 장소에서 하기로 결정했다면 부모가 사는 집에서 만날지 아니면 당신 집에서 만날지를 결정해야 한다. 부모 집 거실에서 할 수도 있겠지만 만약 부모가 당신이 어린 시절을 보냈던 집에서 여전히 살고 있다면 더욱더 어려움이 많을 것이다. 어린 시절에 겪었던 공포, 죄책감, 마음 졸였던 기억들이 떠올라 무척 힘든 시간이 될 것이기 때문이다.

부모를 한꺼번에 만나는 것과 한 사람씩 만나는 것은 그리 큰 차이가 없다. 나는 두 사람을 한꺼번에 만나는 게 좋다고 생각한다. 왜냐하면 독이 되는 부모는 가정을 온통 음험하고 비밀스러운 곳으로 만들어 놓기 때문에 아버지와 어머니에게 동시에 이야기해야 뒷말이 없다. 하지만 두 사람의 취향과 기대, 자기 방어 방법이 전혀 다르다면 한 사람씩 따로 만나는 게 낫다.

연습을 너무 많이 해서 막상 부모와 대면할 때 자연스럽지 않을까 봐 걱정하는 사람도 있는데, 전혀 걱정할 필요가 없다. 연습을 하든지 안 하든지 하고 싶은 말이 입에서 술술 나올 것이다. 중요한 건당신이 어떨 때 아주 못 견디게 불안정한가 하는 것이다. 언제 심장이 쿵쿵 뛰고, 속이 갑갑하며, 진땀이 흐르고, 숨조차 쉬기 어려우며, 혀가 꼬이고, 횡설수설하는지 말이다.

중압감이 너무 심해 머릿속이 텅 빈 것처럼 느껴진다고 말하는 사람도 있다. 그럴까봐 두렵다면 부모 앞에서 편지를 큰 소리로 읽어내려 가는 방법도 있다. 이 방법은 멍석을 깔아놓으면 아무것도 못하는 사람에게 유익한 방법인데, 전하고 싶은 메시지를 충분히 잘전달할 수 있다.

이때 준비한 말을 분명하게 전달할 수 있도록 큰소리로 반복해서 연습해야 한다. 혼자 해도 좋고 누군가를 세워놓고 해도 좋다.

예를 들어 시작하는 방식은 다음과 같다.

지금까지 한 번도 입 밖에 내지 않았던 것을 말하려고 해요. 한마디도 빠짐없이 잘 들어주셨으면 좋겠어요. 저에게는 아주 중요한 일이니까 중간에 말을 끊지 말아 주세요. 나중에 말해도 되니까요. 그렇게 해주시겠습니까?

부모가 이 말에 동의하는 게 핵심이다. 그리고 대부분의 부모가 동의한다. 동의해주지 않는다면 다른 날을 정해 다시 시도하는 게 좋다. 만약 부모가 듣고 싶어 하지 않는다면 편지로 대신할 수밖에 없다.

독이 되는 부모의 반격

독이 되는 부모는 당신이 대면을 시작하면 대개 반격을 가한다. 당신의 말을 개인적 공격으로 간주하고, 오래 전부터 해온 방식으로 자신들을 방어한다.

무능하고 부족한 부모는 애처롭거나 뭔가에 홀린 사람처럼 보이게끔 한다. 술 없이 못 사는 부모는 자신이 술 중독이라는 사실을 강력하게 부인한다. 회복기에 있는 경우에는 술 중독을 내세우며 부모와 대면하려는 당신의 권리를 묵살하기도 한다.

조종하는 부모는 당신으로 하여금 죄책감을 느끼게 만들어 자기 권리만 앞세우거나, 오히려 당신이 자신을 학대했다고 펄펄 뛸 수도 있다. 당신으로 하여금 복종적이던 과거로 돌아가게 하는 것이다.

중요한 것은 부모의 반응이 아니라, 당신의 반응이라는 것을 꼭 기억하기 바란다. 격노하고, 비난하며, 위협하고, 죄책감을 유발하는 부모 앞에서 의연할 수 있다면 이보다 더 멋진 일이 어디 있겠는가?

일어날 수 있는 최악의 시나리오를 만들어보고 검토해보자. 욕설이나 자신의 과오를 부정하는 변명들을 예로 들어보라. 그런 다음 부모에게 할 말을 큰 소리로 반복해서 면역력을 기르고, 방어적으로 반응하지 않는 연습을 하자.

친구나 배우자에게 부모 역할을 해달라고 부탁한 다음, 최악의 상황에서 하게 될 말과 행동을 미리 말해 주자. 소리를 지르고, 욕을 하며, 이기적이고 악의에 가득 찬 행동을 해달라고 부탁하자. 그리고 다음과 같은 말로 대응할 수 있도록 연습하자.

- 늘 그런 식이었다는 걸 아실 겁니다.
- 아무리 큰소리를 쳐도 달라질 건 없어요.
- 더 이상 그런 꼬리표는 받아들이지 않을 겁니다.
- 이게 바로 우리가 지금 만나서 이야기해야 하는 이유예요.
- 그런 식으로 말하는 건 용납하지 않겠습니다.
- 잠자코 듣기만 하겠다고 했잖아요.
- 좀 더 안정되면 그때 다시 이야기하겠습니다.

다음은 부모들이 흔히 하는 말들이다.

❶ 내가 언제 그랬느냐?

부적절함이나 불안을 피하기 위해 부정이라는 방어기제를 사용했던 부모들은 대면이라는 현실을 피하기 위해 또다시 부정을 할 것이다. 당신에게 터무니 없는 소리를 한다고 우기거나 그런 적이 없다고 발뺌을 할 것이다. 아니면 기억도 안 난다고 우기거나 거짓말하지 말라며 당신을 몰아세울 것이다. 술에 중독된 부모들이 흔히 이런 반응을 보이는데, 술로 인해 생긴 기억장애와 어느 정도 연관이 있기도 하다.

그때는 이렇게 반응하라. "단지 기억이 안 난다는 이유로 있었던 일이 없어지지는 않아요!"

❷ 다 네 탓이다!

독이 되는 부모는 자신이 했던 파괴적인 행동에 대해 책임지려고 하지 않는다. 그 대신 당신을 비난한다. 당신이 나쁘게 행동했고, 다루기 힘든 아이였다고 주장할 것이다. 자신들은 최선을 다했는데, 늘 당신이 문제를 일으켰다면서 말이다.

또한 당신이 자신들을 미치게 만들었던 거라고 말할 것이다. 식구들도 다 아는 이야기라는 식으로 자신들의 말을 증명하려 들 것이다. "직장을 못 구하는 것이나 아이들 문제, 남편 간수 못하는 건 다 네 탓인데 왜 우리를 못살게 구느냐?"라는 식으로 말이다.

일단은 초점이 자신들의 행동에 맞춰지는 걸 피하고 보자는 심산이다. 그때는 이렇게 반응하자. "그런 식으로 자꾸 제 탓이라고 하지 마세요. 어렸을 때 부모님이 저한테 한 행동들에 대해 더 이상 제 책임이라고 생각하지 않을 테니까요."

❸ 미안하다고 했잖니!

어떤 부모는 앞으로 더 사랑해주고 지지해주겠다고 약속하기도 한다. 하지만 이는 채찍질을 해놓고 당근을 내미는 것에 불과하다. 시간이 지나 조금 잠잠해지면 다시 버릇대로 채찍을 휘두르고 해로운 행동을 반복하기 때문이다.

말해줘서 고맙다고 하는 부모도 있다. 하지만 그것으로 끝일뿐 더 이상은 없다. 내가 가장 자주 듣는 말이 "미안하다고 했잖니. 더 이상 어쩌라는 거냐?"다.

그때는 이렇게 말하자. "사과해줘서 고맙습니다. 하지만 이제 시작일 뿐입니다. 진심으로 미안하게 생각한다면 앞으로는 부모 역할을 제대로 해주세요. 그리고 우리 관계가 좀 더 원만하고 바람직해지도록 이 작업에 동참해주세요."

❹ 우리는 최선을 다했어!

무능한 부모나 자식을 학대한 부모도 소극적이고 비효과적인 방식으로 반응한다. 그런 부모는 당신이 자라는 동안 자기 속을 얼마나 끓였는지 모른다고 말한다. 예를 들면 이런 식이다.

- 말도 마라. 내가 너 때문에 얼마나 힘들었는지 상상도 못 할거야.
- 내가 몇 번이나 아버지(혹은 어머니)를 말리려고 했는지 모를 거다.
- 난 너에게 최선을 다했어.

이런 식의 반응은 당신으로 하여금 부모에 대해 연민의 정을 불러일으켜 하고 싶은 말을 못 하게 만든다. 이런 유혹은 당신의 욕구보다는 부모의 욕구를 먼저 생각하게 만든다. 그러므로 이런 경우에는 당신이 언제 어떤 일로 부모를 힘들게 했는지 확실한 근거를 찾은 다음, 그런 일이 있다면 그 일에 대해서는 고맙게 생각한다고 말하면 된다.

그리고 이렇게 말하자. "힘들었다는 건 이해해요. 그리고 저를 해치려고 그런 게 아니라는 것도 알아요. 하지만 부모님 문제로 그랬던 게 저한테 엄청난 상처를 주었다는 걸 알아야 해요."

❺ 더 이상 뭘 더 해줘야 하니?

많은 부모가 당신에게 어린 시절 중 아주 좋았던 때를 떠올리게 만들어 당신의 주장을 꺾으려 들 것이다. 좋았던 장면에 초점을 맞추어 자신들의 행동 가운데 바람직하지 못한 것들을 보지 못하게 하는 것이다.

특히 당신에게 주었던 선물, 데리고 갔던 장소들을 떠올리게 해 자신들이 했던 행동들 중에 골치 아픈 부분을 빼버리려 한다. 그들은 이렇게 말할 것이다. "우리한테 고맙다고 했잖니. 더 이상 뭘 더 어떻게 잘 해달라는 거냐?"

그럴 때는 이렇게 반응하자. "그 점에 대해서는 정말 고마워하고 있습니다. 하지만 그렇다고 해서 저를 때려도(혹은 지속적인 비난, 난폭함, 공격성, 술 주정 등) 되는 건 아니에요."

❻ 어떻게 나한테 이럴 수 있니?

어떤 부모는 순교자처럼 행동한다. 눈물을 짜고, 손을 비비고, 충격받은 것처럼 행동하며, 당신의 '잔인한 행동'이 믿기지 않는다는 듯, 이 일이 마치 자신들을 희생시키려는 음모인 듯이 행동한다. 그리고 마음 아프게 하고, 실망시킨다며 비난할 것이다. 안 그래도 골치 아파 죽을 지경인데 너마저 이럴 거냐고 할 것이다.

또한 자신들은 이런 일을 받아들일 만큼 강하지 않으며 건강도 좋지 못하다고 호소할 것이다. 이렇게 가슴 아프게 하면 곧 죽을지도 모른다고 협박하면서 말이다.

부모가 표현하는 서러움은 어느 면에서는 사실일 수 있다. 부모로서 자식에게 상처를 주었다는 것을 인정하고, 자식의 호소에 직면해야 한다는 현실이 서글픈 것이다. 하지만 더 중요한 것은 여전히 그런 식으로 당신을 조종한다는 사실이다. 죄책감을 느끼게 해서 하려는 말을 막는 것이다.

그럴 때는 이렇게 반응하자. "기분 나빴다면 죄송합니다. 상처가 되었다니 유감이에요. 그렇다고 여기서 그만두고 싶지는 않습니다. 부모님께 받은 상처 때문에 아주 오랫동안 힘들었거든요."

가끔은 아주 불가능할 때도 있다. 무슨 수를 써도 의사소통이 불가능한 부모도 있기 때문이다.

갈등을 점점 강하게 만들어 의사소통이 불가능해지도록 만드는 재주를 가진 부모는 당신이 얼마나 합리적으로, 친절하게, 명확하게, 본질적으로 의견을 피력해 나가느냐 하는 것과는 상관없이 자신들과 대면하는 것 자체를 못하게 만든다. 그들은 당신의 말과 동기를 왜곡하고, 거짓말을 하며, 당신이 말하는 것을 방해하고, 공격하며, 소리를 지르고, 가구를 부수고, 그릇을 던져서 당신을 미치게 만들거나 심지어 당신을 죽일 수도 있다는 식으로 반응할 것이다.

그러므로 더 이상 의사소통이 불가능하다는 것을 판단하고 그만둘 때를 아는 것도 중요하다. 그만두는 것은 부모의 행동 때문이고 부모가 실패하는 것이지, 당신이 실패하는 것은 아니기 때문이다.

조용한 대면과 폭발적인 대면

우울증을 앓고 있던 아버지 때문에 어린 시절 미쳐버리겠다고 했던 혜리 씨는 무력한 남자로부터 벗어나려고 애쓰는 중이었다. 그녀는 어머니와 함께 나를 찾아왔다. 아버지는 돌아가시고 난 뒤여서 어머니와 대면하려고 했다. 그녀는 우리가 함께 연습했던 말로 시작했다. 어머니는 알았다는 표시를 했다.

혜리 : 엄마, 지금부터 어릴 때 제가 상처받은 이야기를 하려고 해요. 어린아이였을 때 제 자신을 얼마나 비난했는지 몰라요.

어머니(말을 막으며) : 아직도 그런 느낌들을 갖고 있다니, 얘야, 아직도 치유가 안 된 모양이구나.

혜리 : 잠자코 들어주겠다고 했잖아요. 말을 끊지 마세요. 지금 치유 이야기를 하는 게 아니라 제 어린 시절 이야기를 하는 중이에요.

제가 남동생과 싸웠을 때 아버지가 화냈던 거 기억나세요? 아버지는 눈물이 글썽해서는 동생이 얼마나 제게 잘해주었는지, 제가 동생에게 얼마나 못되게 굴었는지에 대해 고함을 치듯이 이야기했어요. 아버지가 울 때마다 엄마는 항상 저를 아버지 방으로 보내 즐겁게 해주라고 했어요. 기억나요? 아버지를 위로하고 돌보는 동안 얼마나 죄책감에 시달렸는지 아세요? 어린아이가 아버지를 돌봐야 하는 입장이었다고요. 왜 엄마가 직접 챙기지 않았어요? 아버지는 왜 스스로를 돌보지 못한 거죠?

엄마는 있어야 할 곳에 늘 있지 않았어요. 엄마하고 시간을 보내기보다는 일하는 아줌마 하고 보낸 시간이 더 많아요. 제가 신문사 상담란에 글을 보냈던 거 기억할 거예요. 그것도 엄마는 모른 척했죠.

어머니(조용하게) : 전혀 기억이 안 나는구나.

혜리 : 기억이 안 날지는 모르지만 저를 돕고 싶다면 듣고 있어 주기라도 하세요. 아무도 엄마에게 뭐라고 하지 않아요. 단지 제 느낌들을 말하고 싶을 뿐이에요. 제가 어떻게 느꼈는가 하는 걸 말이에요. 정말 외로웠어요. 고쳐보려고 했지만 고칠 수 없어서 무서웠고, 죄책감에 시달렸어요. 그게 제가 느꼈던 거예요.

이젠 그것들이 제 삶에 어떤 영향을 끼쳤는지에 대해 이야기하고 싶어요. 이 말을 하기까지 저는 늘 가슴이 텅 빈 느낌이었어요. 이젠 좀 나아진 것 같지만, 여전히 자상한 남자에 대해서는 두려움을 느껴요. 그래서 일부러 냉정하고 무뚝뚝한 남자를 골라요. 내가 누구인지, 내가 뭘 원하는지, 심지어 필요한 게 뭔지조차도 잘 몰라요. 지금 그게 뭔지 알아보고 있는 거예요. 제게 가장 어려운 일은 제 자신을 좋아하는 거였어요. 어린 시절 아버지가 저를 두고 걱정스럽게 했던 말들이 떠올라요.

어머니(흐느끼기 시작하며) : 정말 기억이 안 나는구나. 하지만 네가 그랬다고 하니 틀림없이 그랬을 거야. 나는 내 불행부터 감싸기에 급급했다는 생각이 드는구나.

혜리 : 이런, 엄마를 괴롭히고 있는 것 같아 죄책감이 드는군요.

나 : 혜리 씨, 왜 어머니께 바라는 것을 말하지 않는 건가요?

혜리 : 저는 어른과 어른으로서의 관계를 원했어요. 진심으로 엄마하고 함께하고 싶었어요. 엄마에게 진실을 말하고 싶었지요. 엄마에게 제 과거 경험들을 이야기하고, 엄마가 들어주길 바랐어요. 정말로 일어났던 일들에 대해 엄마가 기억하려고 애써주고, 생각해주며, 느껴주길 원했어요. 엄마가 저와 아버지를 돌보지 않고 내버려두었고, 아버지로부터 저를 보

호해 주지 않았던 것에 대해 책임을 느끼길 바랐어요. 지금 이 순간 우리가 서로 진실이 무엇인지 이야기를 나눌 수 있는 계기가 되었으면 참 좋겠어요.

혜리 씨 어머니는 진정으로 딸의 이야기를 들어주고, 믿으려고 노력했다. 또한 정신을 차리고 이성적인 대화를 하려고 최대한 애썼다. 충격을 받긴 했어도, 딸의 요구에 부응하고 최선을 다하겠다고 동의했다.

상원 씨 부모는 그리 이해심이 많은 편이 아니었다. 그는 아버지에게 매를 맞고 자란 심리학도였다. 여러 차례 연습한 다음 마침내 부모와 대면하기로 마음을 먹고는 술꾼 아버지와 상호 의존적인 어머니를 내 상담실로 오게 했다. 상원 씨는 무척 기대하는 눈치였다. 하지만 혜리 씨의 경우와는 달리 그리 순탄하지 않았다.

상원 씨 아버지는 자신이 주도권을 잡을 거라는 기대에 차서 상담실로 성큼성큼 걸어 들어왔다. 덩치가 좀 있고, 짧게 머리를 자른 60대 초반의 보통 남자였다. 오랜 세월 술을 마신 데다 화를 잘 내는 성격 탓에 나이에 비해 늙어 보였다. 상원 씨 어머니는 매우 우울해 보였다. 회색 머리에 회색 옷, 안색도 회색으로 성격마저 회색일 것처럼 느껴졌다. 그녀는 매 맞는 아내들이 흔히 그렇듯 불안정한 눈동자로 여기저기를 살폈다. 그리고 남편 뒤에 바짝 붙어서 상담실로 들어와 앉은 다음 양손을 포개고 바닥만 바라보았다.

시작 초반 30분 정도는 상원 씨가 말을 할 수 있도록 분위기를 잡는 데 써버렸다. 상원 씨 아버지는 있는 대로 소리를 지르고, 욕을 해대며, 말을 막았다. 내가 끼어들자 나에게도 차마 입에 담지 못할 말을 하고 내 경력을 모욕했다. 반면 상원 씨 어머니는 아무 말도 하지 않았다. 남편이 진정하자 고작 몇 마디 했을 뿐이다. 내가 그 자리에서 본 것은 상원 씨 가족의 지난 역사를 축소한 현장이었다.

상원 씨는 그런 불가사의한 일이 벌어지고 있는데도 놀라울 만큼 침착했다. 무척 화가 나 있었는데도 차분히 수습해보려고 무척 애쓰는 것 같았다. 상원 씨가 아버지의 술 중독에 대해 언급하자 그는 고래고래 고함을 질렀다.

아버지 : 좋아, 이 자식아! 됐어. 도대체 네가 누구라고 생각하고 있는 거냐? 이게 다 내가 너를 너무 풀어줘서 그런 거야. 너한텐 땡전 한 푼 안 쓰고 네가 먹을 건 네가 벌어서 먹도록 하는 건데. 이 개자식아, 어떻게 생판 남 앞에서 술꾼이라고 까발릴 수가 있냐? 우리 가족을 이렇게 갈가리 찢어놓아야 속이 시원하겠냐? 더 이상 여기 앉아 있을 수가 없다. 이 진저리 나게 끔찍하고 징그러운 자식아!

상원 씨 아버지는 말을 마치자마자 일어서버렸다. 그리고 아내에게 갈 거냐고 물었다. 상원 씨 어머니는 나머지 시간을 마저 채우겠다고 했다. 상원 씨 아버지는 아래층 커피숍에 있겠다며 15분 내로 안 오면 혼자 알아서 집에 가야 할 거라고 소리쳤다. 그러곤 문을 박차고 나가버렸다.

어머니 : 죄송합니다. 창피스럽군요. 저 양반이 이 정도는 아닌데 자존

심이 무척 강한 사람이라 체면이 손상되는 것을 참지 못해요. 정말 좋은 점도 많은 사람이랍니다.

상원 : 엄마 그만두세요. 제발 그만하라고요! 그게 바로 지금까지 제 인생에서 내내 보여준 엄마 모습이에요. 엄마는 지금 거짓말을 하고 있어요. 아버지를 감싸왔고, 아버지가 우릴 때리게 내버려뒀어요. 그 일에 대해서는 일언반구도 안 하는군요. 저는 엄마가 저를 구해줄 거라는 환상에 사로잡혀 살았어요. 엄마가 저를 구해줬나요? 어린아이가 그런 집에서 어떤 생각을 하며 살았는지 상상이 돼요? 날마다 제가 어떤 학대를 받았는지 알기나 해요? 그런데 도대체 왜 아무것도 안 했어요? 왜 지금도 아무것도 안 하는 거죠?

어머니 : 네 인생은 네 거야. 왜 우릴 그냥 내버려두지 않는 거니?

상원 씨의 대면은 너무 난장판이 되어서 절망스러웠다. 하지만 실제로는 상당히 성공적이었다. 상원 씨가 부모가 바뀔지도 모른다는 부질없는 환상에서 마침내 빠져나왔기 때문이다.

대면이 주는 진정한 용기와 힘

❶ 당신의 반응

부모와 대면한 직후 새로운 용기와 강인함을 깨닫고는 갑자기 상쾌함이 밀려드는 걸 느낄 수 있다. 정확하게 원해온 것은 아닐지라도 뭔지 모를 해방감을 맛볼 수 있다. 오랫동안 가슴속에 담아두기만 했던 것들을 입 밖으로 꺼낸 것만으로도 몸이 굉장히 가벼워진 느낌을 받을 수 있다. 하지만 한편으로는 균형이 깨어진 것 같아 실망스러울 수도 있다. 무슨 일이 일어날까 봐 불안할 수도 있고 말이다.

초기에 어떤 반응을 느끼든 부모와 대면하는 것의 진정한 맛을 느끼게 될 때까지는 시간이 조금 걸린다. 그러나 몇 주 혹은 몇 달이 지나면서 대면이 주는 진정한 힘을 경험하기 시작할 것이다. 평안함과 자기 신뢰감이 지속적으로 증가되는 것을 즐기게 될 것이다.

❷ 부모의 반응

대면의 본질적 의도는 궁극적으로 결과가 어떻게 될 것이냐 하는 데 있지 않다. 경험을 해나가는 과정의 각 부분마다 시간이 걸리고, 각각의 방법을 다루는 데도 시간이 걸린다. 예를 들어 긍정적으로 끝난 것 같아도 부모가 시간을 두고 생각하다 보면 처음 결론과 달라질 수도도 있다.

반면 대면하는 동안에는 난리 법석이었지만 나중에 가서는 아주 긍정적인 관계가 형성되기도 한다. 시작은 어려웠지만 과거를 털어놓고 감정을 정리하는 가운데 당신과 부모 사이가 좀 더 개방적이고 정직한 의사소통을 하는 계기가 되기 때문이다.

만약 대면을 한 후 부모가 화를 낸다면 당신도 분노가 치밀어 오를 것이다. 하지만 "그러면 그렇지."라는 말이나 "앞으로는 무슨 말을 해도 절대로 안 믿을 겁니다."와 같은 말은 하지 않는 게 좋다. 그리고 새로 얻은 힘을 부모에게 직접 사용하거나 공격적으로 행동하지 않는 게 중요하다. 그 대신 다음과 같이 말해 보자.

• 얼마든지 화난 것에 대해 이야기해도 돼요. 그러나 계속 그렇게 소리

를 치거나 위협하는 건 참지 않겠습니다.

- 좀 진정하고 나면 그때 다시 이야기하겠습니다.

부모가 침묵으로 분노를 표시하면 다음과 같이 말해보자.

- 아무 말 안 하는 것으로 벌주겠다는 생각을 버릴 준비가 되면 언제든 말하세요. 저는 언제든지 대화할 준비가 되어 있습니다.
- 목숨 걸고 마음에 있는 말을 한 겁니다. 그런데 왜 부모님은 그렇게 못하는 겁니까?

한 가지는 분명하다. 영원히 똑같은 것은 없다. 한 주, 한 달 혹은 일 년 후라도 잘 지켜보면 무엇인가 변화가 있다는 것을 알게 될 것이다. 틀림없이 부모나 다른 식구들과의 관계에서 변화를 느낄 것이고, 머리도 한결 맑아지며, 눈빛도 한층 부드러워질 것이다.

대면이 부모 사이의 관계에 미치는 영향

부모와의 관계도 극적으로 변하지만 부모 사이에도 변화가 있을 것이다. 만약 부모 중 어느 한쪽이 다른 한쪽과 거리를 두고 있었다거나, 꼭꼭 숨기려 했던 집안의 비밀이 드러난다면, 가족 관계에 심한 변화가 따르게 된다. 부모 중 어느 한쪽이 당신과 의기투합해 다른 쪽에 저항하는 것이다. 따라서 부모 사이의 관계가 완전히 분리될 수 있다.

만약 술 중독 문제와 같이 집안에서는 공공연한 비밀을 언급했다면, 부모 사이에 큰 영향을 미치지는 않는다. 하지만 두 사람의 관계가 심하게 흔들릴 것이다. 그렇게 되면 당신은 공연한 짓을 했다고 자책할 수도 있다. 그냥 덮어두었더라면 좋지 않았을까 하고 후회할 수도 있다.

술에 중독된 어머니를 만나러 갔던 현주 씨는 어머니의 술 문제와, 의존성을 부추기는 아버지 문제, 괴롭기만 했던 부모의 결혼 생활과 직면하기로 했다.

어머니가 회복기로 접어들었을 때는 아버지와 별거 중이었다. 아버지의 자존감은 부모로서 제대로 된 역할을 해내는 것에 달려 있었다. 아내가 더이상 남편에게 의존적이지 않았으므로 집안에서 그의 위치와 역할을 잃은 상황이었다. 결혼 생활의 상태도 이전과 달라져 있었기 때문에 과거와 같은 방법은 통할 수가 없었다. 그들은 서로 의사 소통하는 법도 모르고, 균형도 이루지 못했기 때문에 한꺼번에 대면할 수가 없었다. 현주 씨는 혼란스러워했다.

현주 : 부모님이 이혼하면…… 끔찍해요.

나 : 당신은 죄책감을 느낄 필요가 없어요. 부모님들은 새로운 정보를 얻게 되어 자신들의 관계에 대해 재평가를 하는 거예요. 당신은 정보를 준 게 아니라 불을 지폈을 뿐이에요.

현주 : 그렇다고 해도 썩 좋은 방법이 아니었나 봐요. 전에는 그런대로 괜찮은 결혼 생활을 했거든요.

나 : 그렇지 않아요.

현주 : 적어도 겉으로는 그랬어요.

나 : 그렇지 않아요.

현주(한참을 말없이 있다가) : 더 이상 부모님 때문에 희생하기 싫어요.
이제 부모님 스스로 책임지게 할 거예요. 이러는 게 누구에게나 다 불편
한 일이라면 부모님도 불편해야 하는 게 당연해요.

현주 씨 부모는 이혼하지 않았다. 하지만 평화로운 결혼 생활을
한 것도 아니다. 어찌 되었든 계속 싸우고 지내기는 했어도 더 이상
현주 씨의 인생에 악영향을 끼치지는 않게 되었다. 부모가 오랜 세
월 동안 곪아온 갈등을 드러내놓고 서로 싸우기 시작하면서부터 현
주 씨는 불가능할 거라고 믿어온 자유를 얻게 된 것이다.

대면, 가족들의 반대를 무릅써라

당신은 한 가족을 이루고 있는 체계의 일부이고, 그 체계에는 여
러 사람이 속해 있다. 대면하고 나면 어떤 식으로든 부모와의 관계
가 달라질 것이다. 형제들과의 관계 또한 달라질 것이다.

당신의 기억을 증명해주는 형제도 있을 것이고, 당신과 똑같은 경
험을 했거나 당신보다 더 학대받고 부당한 대접을 받고도 혼란과 두
려움 때문에 숨기거나 별것 아니라고 애써 무시하는 형제도 있을 것
이다. 그런가 하면 당신과는 전혀 다른 것을 경험했기 때문에 당신
이 하는 말이 너무 생소하게 들리는 형제도 있을 것이다.

당신의 행동을 위협적으로 받아들여 불같이 화를 내는 형제도 있
을 것이다. 진희 씨의 남동생이 그랬다.

진희 씨 아버지는 편지를 받은 후 그녀에게 전화해서 기대하지 않

았던 지지를 해주었다. 그는 진희 씨가 써보낸 어린 시절 이야기는 기억이 안 난다고 했다. 하지만 아버지 때문에 고통스러웠었다면 사과한다고 했다. 진희 씨는 깊이 감동해서 아버지와 새로운 관계를 형성하게 될 거라는 기대에 부풀었다.

그러나 몇 주 후 아버지는 진희 씨가 말한 그런 일은 기억도 안 날 뿐더러 사과한 것조차도 부정했다. 게다가 더욱 가슴 아픈 일은 남동생이 진희 씨에게 전화해서 왜 아버지에 대해 '역겨운 거짓말'을 하느냐고 따지면서 아버지에게 학대받았다고 떠벌리고 다니는 정신병자라고 몰아세운 것이었다.

만약 부모와 대면하려는 시도를 부정적으로 생각하는 형제가 있다면, 그는 당신이 집안의 평화를 깨뜨리는 주범이라는 것을 증명하려고 온 힘을 기울일 것이다. 당신은 수많은 전화와 편지, 직접적인 방문을 받게 될 것이다. 하나같이 부모의 메시지나 위협, 최후 통첩일 것이다.

그리고 당신 이름을 함부로 부르면서 당신이 미쳤거나 잘못했다는 것을 알리기 위해 온갖 수단과 방법을 가리지 않을 것이다. 이때 당신은 다시 한번 확고한 태도를 보여주어야 한다. 그리고 당신의 권리를 당당하게 전해야 한다.

다음은 당신 형제들에게 할 수 있는 말들이다.

- 너희들과 이 문제에 대해 얼마든지 대화하고 싶어. 하지만 일방적으로 나를 비난하는 것은 용납하지 않겠어.
- 너희들이 부모님을 보호하고 싶어 하는 거 다 이해해. 하지만 내 말은

사실이야.

- 아무도 다치게 하고 싶지 않아. 하지만 나 자신을 위해 꼭 해야 할 일이야.
- 너희들과의 관계가 나한테는 무척 중요해. 그렇다고 이 일을 그냥 묻어두고 넘어가고 싶지는 않아.
- 너희들이 그런 일을 겪지 않았다고 해서 나한테도 그런 일이 없었다고 할 수는 없어.

여진 씨는 은행가였던 아버지에게 자주 맞으며 자랐다. 어떤 때는 여동생 미진 씨와 함께 맞았다. 그녀는 과거의 고통스러웠던 기억들을 떠올리게 했다는 것 때문에 여동생으로부터 경멸 어린 시선을 받을까 봐 걱정했다. 그러나 위험을 감수하기로 결정했다.

저는 늘 미진이를 보호하기 위해 노력했다고 생각했어요. 저보다 많이 맞은 적도 있으니까요. 부모님께 편지를 전달한 날 저녁, 미진이에게 전화해서 제가 한 일을 알렸어요. 대뜸 만나서 이야기 좀 하자고 하더군요. 틀림없이 몹시 화낼 거라고 생각했어요. 참 난감했죠.

그런데 집에 가보니 미진이가 울고 있었어요. 우리는 서로 부둥켜안고 한참을 울었어요. 이야기를 하다가 울기도 하고, 얼싸안고 웃기도 했지요. 운 적이 더 많은 것 같아요. 미진이는 제가 잊고 있었던 것들도 기억하고 있었어요. 그리고 그런 일들에 대해 이야기할 수 있다는 사실에 몹시 기뻐했어요. 저한테 이야기하지 않았더라면 얼마나 더 오랫동안 가슴에 묻어두고 살게 되었을지는 오직 하느님만이 아실 거라고 했죠. 미진이는 더 이상 혼자가 아니라는 걸 느꼈대요. 진심으로 저의 용기에 탄복했다면서 앞으로는 제 편이 되어 주겠다고 했죠. 미진이가 그 말을 하는 순간, 모든 걱정이 눈 녹듯이 사라졌어요.

여진 씨와 미진 씨는 좀 더 굳건한 관계를 형성했고, 서로에게 강력한 지원군이 되었다. 여진 씨의 용기 있는 행동 덕분에 여동생도 어린 시절에 학대받은 내면아이를 치유하는 상담에 참여하게 되었다.

대면은 당신과 감정적으로 연관된 모든 사람들에게 영향을 미친다. 특히 당신의 배우자와 아이들은 독이 되는 부모로부터 간접적으로 피해를 입은 희생자들이다. 대면을 하고 나면 당신이 그토록 꿈꿔온, 사람들을 사랑할 능력을 갖게 될 것이고 원해온 지지도 받을 수 있을 것이다

하지만 배우자와 아이들이 당신과 동일한 강도의 감정을 느낄 거라고 기대해서는 안 된다. 그들은 당신이 왜 그토록 힘들어하는지, 왜 그 어려운 작업을 하려고 하는지 온전히 이해하지 못할 수가 있다. 그들에게도 어려운 시간이 될 수 있기 때문에 당신이 원하는 만큼 지지해 주지 않더라도 이해하고 받아들여야 한다.

당신의 부모는 다른 식구들을 포섭해 동맹군으로 삼아 자신들은 정당하고, 못된 사람은 당신이라는 걸 알리려고 들 수도 있다. 대상은 할아버지, 할머니 혹은 당신이 좋아하는 가까운 친척일 수 있다. 친척들은 당신의 부모를 감싸주어 이 소동을 한시라도 빨리 잠재우고 싶어 할 것이다. 물론 어떤 친척은 당신 편이 되어줄 것이다. 부모와 형제에게 했던 것처럼 친척들에게도 당신의 안정과 평안을 얻

기 위한 작업이라는 것을 알아들을 수 있게 설명하고 이해를 구해, 당신과 적대 관계가 되지 않도록 주의해야 한다.

대면 후 부모와의 관계 결정하기

부모와 대면한 후에 일어날 수 있는 가장 위험한 반응은 부모가 당신의 시도를 무용지물로 돌려놓으려고 하는 것이다. 부모가 아무 행동도 안 할 수 있고, 자신들을 가르치려 든다며 열변을 토할 수도 있으며, 아예 입을 닫고 당신과는 아무 말도 안 할 수도 있다

또한 당신을 가족으로 생각하지도 않고 끼워주지도 않을 수 있다. 당신이 가족의 규칙을 깨뜨린 주범이라는 걸 침묵과 부정으로 알리는 것이다. 다시 말해 당신은 가족의 신화를 파괴한 사람이고, 내놓은 자식이며, 가족의 치부를 만천하에 공개한 인간쓰레기라고 시위를 하는 것이다.

그렇게 되면 당신은 어떤 대가를 치르더라도 원래 상태로 돌려놓고 싶어질 수가 있다. 당신이 얻은 것이 그렇게까지 가치 있는 것인지 의문이 들 것이다. 별의별 의심이 다 들고, 그러다 보면 없었던 일로 해버리고 싶어질 것이다. 그러므로 당신을 감정적으로 지지해 줄 수 있는 체계를 갖추는 게 무엇보다 중요하다.

독이 되는 부모가 실제로 자식을 가족에서 제외하는 일은 거의 없다. 단지 너무나 당혹스러워서 극적인 변화에 저항하는 것에 불과하다. 하지만 재정적인 도움을 완전히 끊어버리고 유산도 남겨주지 않는 부모도 있으므로 미리 마음의 준비를 하는 게 좋다

그러나 좀 잠잠해지면 대면 효과가 나타날 것이다. 나타날 수 있

는 효과는 다음 세 가지다.

첫째, 부모가 당신의 고통을 조금이라도 이해하려는 여지를 보이고, 당신과의 갈등에 대해 최소한이라도 책임지려는 경우다.

만약 부모가 당신과 좀 더 진지하게 논의해 가고 탐구해 가면서 감정과 느낌을 공유할 의사가 있다면, 당신은 좋은 기회를 갖게 되는 것이다. 당신이 부모님을 가르치는 선생님이 될 수도 있고, 의사소통이 잘 되는 동등한 관계를 만들어갈 수도 있다. 그리고 두려움 없이 감정을 표현하는 법을 부모에게 가르쳐줄 수도 있다. 게다가 부모와의 관계에서 어떤 것이 좋게 느껴지고 어떤 것이 나쁘게 느껴지는지 말할 수도 있게 된다.

둘째, 부모가 당신과의 관계에 변화를 일으킬 능력이 없는 경우다. 만약 부모가 예전 모습으로 돌아간다면, 당신의 건강을 위해 부모와의 관계는 지속하되 더 이상 중요한 말은 안 하는 게 좋다. 나는 부모와의 관계를 완전히 끊어버리고 싶어 하지 않는 사람도 많이 봐 왔지만, 예전으로 돌아가고 싶어 하지 않는 사람도 많이 봐 왔다.

이런 사람들은 부모와 겉으로는 충실한 듯 보이고 깊이는 없는 그런 관계를 유지한다. 그리고 다시는 내면 깊숙한 곳의 느낌이나 감정을 드러내지 않고, 감정적으로 중립을 지킨다. 부모와 접촉하는 새로운 규칙을 정한 다음, 마치 모든 게 잘 되어가고 있는 것처럼 중간 입장만 고수하는 것이다.

셋째, 당신의 평안을 위해 부모와의 관계를 아예 포기해 버리는 경우다. 어떤 부모는 전보다 더 독이 되는 말과 행동을 하기도 하는데, 이 정도라면 부모와 당신 둘 중에서 한쪽을 선택해야 한다. 당신의 작은 변화가 삶을 몽땅 바꿀 수 있다. 새로운 체계를 만들 때가 온 것이다.

부모와 관계를 끊는다는 것은 참으로 고통스러운 일이다. 이럴 때는 일단 잠시만이라도 부모와 떨어져 지내는 게 좋다. 적어도 석 달 정도는 절대로 만나지 말아야 한다. 만나지도 말고 전화도 하지 말며 편지도 하지 말자. 나는 이 시기를 '해독 과정'이라고 부른다. 굴레에서 빠져나와 독을 뺄 시간을 벌 수 있기 때문이다. 또한 부모에게도 생각할 시간적 여유를 주는 것이 좋다.

이렇게 관계가 정지되면 서로 어렵게 느껴지기는 하지만 좀 더 성숙해질 수 있는 기회가 된다. 그리고 당신은 부모와의 갈등을 해소하는 데 쓸 엄청난 에너지를 고스란히 자기 발전을 위해 쓸 수 있다. 일단 감정적으로 부모님과 거리를 두게 되면, 서로를 위하는 긍정적인 느낌을 재발견할 기회가 된다.

일시적인 관계 정지가 끝날 때쯤 부모가 조금이라도 변했는지 재평가해보아야 한다. 예전의 문제에 대해 다시 한번 이야기해보는 게 어떻겠느냐고 묻는 것도 한 방법이다. 만약 여전히 변하지 않은 것 같으면 다시 한번 거리를 두어보거나, 아예 다 포기하고 싹 정리해버리는 것도 생각해볼 수 있다.

모든 걸 정리하는 것만이 살 길이라고 판단되면, 전문가를 찾아가 상담을 받아야 한다. 놀란 가슴으로 여전히 당신 내면에 있는 어린아이를 달래주고 다독여주어야 하기 때문이다. 당신을 잘 이해하는 상담 전문가는 당신 내면의 어린아이가 성장하도록 도와주고, 불안이나 고통과 작별을 하도록 해서 진정한 어른이 될 수 있게 해줄 것이다.

상원 씨 아버지는 그 후로도 오랫동안 계속 화를 냈다. 여전히 술도 많이 마셨다. 몇 주 후 상원 씨 아버지는 아내를 시켜 상원 씨에게 메시지를 보냈다. 아버지를 다시 볼 생각이 있으면 사과하라는 내용이었다. 어머니는 거의 날마다 상원 씨에게 전화해서 아버지에게 사과하라고 했다. 어머니 말대로 표현하면 '다시 가족이 되자'는 요지였다.

상원 씨는 집안의 왜곡된 현실이 자신의 정신 건강을 앞으로도 계속 해칠 거라는 사실을 슬픈 마음으로 받아들였다. 상원 씨는 부모에게 간단한 편지를 썼다. 앞으로 석 달 동안 부모님과 접촉을 끊는 휴식기를 가질 예정이니 그동안 다시 한번 생각해보길 바란다고 썼다. 그러면서 석 달 후에는 뭔가 가치 있는 결정이 내려져 있기를 바란다고 덧붙였다.

상원 씨는 편지를 보낸 후 최종적이고 영원한 이별을 받아들일 준비가 된 느낌이라고 말했다.

어떻게든 부모님과 좋은 관계를 만들어보려고 제 자신이 강해지려고 애썼습니다. 하지만 제 자신에게 너무 무리한 요구였다는 걸 알게 되었어요. 부모님과 저 중에서 한쪽을 선택해야 한다면 제 자신을 선택하겠습니다. 처음으로 건강한 결정을 내렸다는 생각이 듭니다. 하지만 대단하고 강해진 것처럼 느껴지다가 가슴이 텅 빈 것 같은 느낌이 들곤 해요.

부모와 결별하는 게 마음 아프긴 하겠지만, 문제를 해결하려는 태도 자체가 상원 씨에게 내적 강인함을 만들어주었다. 자신을 조절할 수 있게 된 상원 씨는 곧 여자친구도 생겼고, 여섯 달 후에는 열렬히 사랑하는 사이가 되어 마음이 아주 편안해졌다. 그리고 자존감도 꾸준히 향상되어 자기 인생의 주인으로 살아가게 되었다.

부모와 좀 더 좋은 관계가 되기 위해 타협을 하든지, 얄팍한 관계가 되든지, 아예 모든 관계를 끊어버리든지 당신은 이미 과거와 단절되기 위한 위대한 발걸음을 옮긴 것이다.

늙고 병든 부모와 대면하기

내담자들 가운데 많은 수가, 아프거나 장애가 있거나 너무 늙은 부모와 대면하기를 망설이면서 동정심과 분노 사이에서 갈팡질팡한다. 어떤 사람은 자신에게 의존하는 부모를 돌봐주어야 한다는 강한 인간적인 도리 때문에 걱정을 하기도 한다.

부모의 어려운 상황을 아주 최소화하거나 간과하라고 말하고 싶지는 않다. 하지만 부모가 늙었다거나 오래도록 병을 앓고 있다는 것이 부모와 대면하지 않아도 된다는 뜻은 아니다. 그래서 나는 내담자들에게 감정적인 스트레스가 부모의 병을 심하게 악화시킬 위험이 있는지 어떤지 의사에게 직접 물어보라고 권한다.

부모의 병에 심각한 위협을 준다고 할 경우에는 진실을 우회적으로 말할 수도 있고, 부모에게 직접 말하지 않고 대면하는 방법도 있다. 대면할 내용을 편지로 쓴 후 부모 사진을 앞에 놓아두고 읽는 방법도 있고, 형제나 집안 사람들에게 읽어주는 방법도 있다. 만약 당신이 치유 프로그램을 진행 중이라면 누군가에게 부모 역할을 맡아

달라고 부탁한 후 그 사람과 대면하는 방법도 있다.

부모 중 한 분 혹은 두 분 모두를 돌봐야 했던 세 명의 내담자들이 이 방법으로 효과를 보았다. 부모가 함께 살면서 당신에게 의존하고 있다면, 당신은 부모의 보호자로서 긴장이 덜한 상태에서 대면할 수 있다.

그러나 이렇게 되면 부모를 돌보는 게 더욱 참을 수 없게 느껴질 수 있다. 만약 부모로부터 거리를 유지할 수 없는 상황이라면 대면하는 방법을 바꿔야 한다.

4장에서 이야기한 세진 씨는 독신으로 여자들과의 관계를 힘들어했다. 어머니가 여전히 그를 압박하고 있었기 때문이다. 몇 달 간의 심리치료 후 그는 마침내 여든 살이 넘은 어머니와 대면하기로 결심했다. 몇 년 전 심장마비 증세를 보인 그의 어머니는 몹시 허약한 상태였다. 그런데도 거의 날마다 전화하고 편지까지 써 보내며 그를 간섭했다.

나는 세진 씨에게 부모와 대면하는 이유가 부모를 비난하거나 몰아세우려는 게 아니라는 점을 상기시켰다. 만약 고통과 상처와 분노를 해소할 부드러운 방법을 찾을 수만 있다면 마음의 평화를 얻게 될 거라고 설득했다. 그리고 아프거나 죽어가는 부모와, 내면아이가 있는 어른의 관계를 솔직하게 탐구하는 새로운 대면 방법에 대해 말해주었다.

몇 주 동안 고민하던 세진 씨는 의사로부터 어머니의 상태가 안정적이라는 말을 듣고는 안심했다.

어머니가 제게 물었습니다. 왜 자신 곁에 있으면 그렇게 불안해 보이느냐고 말이에요. 그때 저는 어머니께 제 생각과 느낌들을 말하고, 어머니가 제 인생에 얼마나 많은 영향을 미치고 있는지 말해야겠다고 마음먹었습니다. 어머니와 저는 몇 시간 동안 이야기를 나누었습니다. 말할 수 있을 거라고는 상상도 못했던 이야기까지 다 했지요. 어머니는 자기방어를 했습니다. 상처를 받은 것 같았어요. 그리고 대부분은 부인했습니다. 하지만 어쨌든 다 이야기했습니다. 어머니는 몇 번씩 눈물이 그렁그렁해져서는 제 손을 꼭 잡았습니다. 그때 느낀 안도감은 믿을 수 없을 정도였어요. 어머니를 보는 것조차 두려웠는데, 어머니는 단지 병들고 가녀린 노인네였습니다. 그렇게 오랫동안 어머니께 제 자신에 대해 이야기하는 걸 두려워했다는 게 믿기지가 않았어요.

세진 씨는 평생 처음으로 어머니에게 솔직한 심정을 털어놓았고, 관계를 개선할 수 있었다. 마치 무거운 짐 하나를 내려놓은 느낌이었다. 또한 그는 과거의 기억들과 두려움에 휘말리지 않고 현실 속의 어머니를 볼 수 있었다. 그리고 이젠 현실에 맞게 어머니와 대응할 수 있게 되었다. 어머니는 더 이상 어린 소년에게 잡아먹을 듯이 달려들던 그런 억센 어머니가 아니었다.

세진 씨의 대면은 비교적 긍정적인 결과를 만들었다. 하지만 모든 경우가 그런 것은 아니다. 나이가 들수록 죽는 시늉을 하면서 잡아떼는 부모들도 있다. 자식을 몰아세우는 것만이 자신들의 우울함과 공황 상태를 피할 수 있는 길이라고 생각하기 때문이다.

이런 부모들은 분노와 원한을 무덤까지 갖고 가느라 자식은 안중에도 없다. 그러니 상관하지 말자. 당신이 신경 써야 할 부분은 무엇을 말해야 할 것인지를 정하는 것뿐이다.

세상을 떠난 부모와 대면하기

부모 중 한 사람이 세상을 떠났거나 두 사람 모두 세상을 떠났다면 부모와 대면해서 우왕좌왕할 때보다도 더 절망스러울 것이다. 하지만 놀랍게도 대면할 방법이 있다.

대면할 내용을 편지로 써서 부모님 묘 앞에서 읽는 것이다. 이 방법은 의외로 강력한 효과가 있다. 마치 실제로 부모에게 말하는 것 같은 느낌을 주는데다 오랫동안 가슴에 담아온 말을 거리낌 없이 표현할 수 있기 때문이다. 실제로 지난 몇 년 동안 내담자들로부터 효과가 아주 좋았다는 이야기를 수없이 들었다.

만약 부모님 묘를 찾아가기가 여의치 않다면 사진이나 빈 의자를 앞에 두거나 부모님 역할을 대신해줄 도우미를 앞에 앉혀두고 큰소리로 편지를 읽어도 된다. 가능하다면 부모와 동년배인 친척에게 돌아가신 부모 역할을 해달라고 부탁하면 좋다. 피를 나눈 가까운 친척이면 더 효과적이다. 부모에게 표현하고 싶었던 것들을 그 사람에게 말하면 된다. 그 친척에게는 부모가 책임져야 할 부분에 대해서 말할 필요까지는 없지만 표현하는 것만으로도 엄청난 해방감을 맛볼 수 있다.

그 친척이 부모처럼 부정적인 반응을 보일 수도 있다. 마치 부모처럼 잡아떼거나, 말도 안 된다고 하거나, 화를 내거나, 당신의 마음을 상하게 할 수도 있다. 그래도 맞대응하거나 방어적으로 행동할 필요는 없다. 변화의 주도권은 당신에게 있다는 점을 더욱 분명히 해주는 아주 좋은 기회이기 때문이다.

반면 식구들이나 친척들이 당신을 전폭적으로 신뢰하고, 심지어는 부모 대신 사과할 수도 있다. 지원 씨의 경우가 그랬다. 지원 씨 아버지는 돈과 예측불허의 기분 변화로 그녀를 조종했다. 아버지는 5년 전쯤 세상을 떠났지만 지원 씨는 아버지를 대신해 가족 중 누군가와 대면하고 싶어 했다. 그녀는 아버지의 여동생을 선택해 점심 식사에 초대했다.

그 일이 있고 난 후 면담 시간에 만난 그녀는 무척 밝아져 있었다.

아시겠지만 누구나 우리 아버지를 두려워했어요. 아버지는 집안의 어른이었으니까요. 고모도 아버지를 존경스러운 눈빛으로 바라보았지요. 그러니 아버지가 저에게 못되게 군 이야기를 하기가 얼마나 힘들었겠어요. 그런데 막상 말을 하자 깜짝 놀랄 일이 벌어졌어요. 고모는 아버지가 늘 조마조마했대요. 어린 시절에도 형제들에게 못되게 굴어서 제 이야기가 하나도 놀랍지 않다는 거예요. 그리고 말하기를, 이게 정말 핵심인데요, 8년 전 아버지 생일에 줄무늬 셔츠를 선물했대요. 무시무시한 해적들이 입는 옷 같은 거 말이에요. 해골 문양을 수놓아서 주고 싶었는데 꾹 참았다나요. 둘이 얼마나 웃었는지 몰라요. 울기도 하고요. 참 좋았어요. 그 식당에 있던 사람들은 아마 우리가 미친 줄 알았을 거예요.

고모가 지원 씨에게 말한 핵심은 이것이었다. "네가 어떤 느낌이었을지 이해해. 그리고 그것들이 모두 사실이고 현실이었다는 것도 알아." 지원 씨는 세대를 넘어 이어져온 경험을 공유하게 되면서 아버지로 인한 불안감과 죄책감에서 해방될 수 있었다.

사실 이 방법은 썩 좋은 방법이 아니다. 대부분의 경우 친척들은 당신의 부정적 경험에 대해 책임지고 싶어 하지 않기 때문이다. 그래도 자기 파괴적인 정신과 감정의 상처들을 치유할 수 있다면 꼭 시도할 필요가 있다. 일시적으로 화가 나더라도 말이다..

잘못된 대면이란 없다. 대면은 독립으로 가는 여행길의 정점이기 때문이다. 어떤 식으로 부모와 대면하든 그 전이나 그 후의 일에 대해서는 신경 쓸 필요가 없다. 부모와 대면했다는 사실만으로 당신은 이미 승리한 것이다. 집으로 우승 트로피를 들고 올 수 없다고 하더라도, 준비한 말을 다 하지 못했다고 하더라도, 충분히 설명하지 못했다고 하더라도, 부모가 자리를 박차고 나가버렸다고 하더라도 당신은 해낸 것이다.

성적 학대의 상처와 직면하기

어린 시절에 성적 학대를 당한 사람들은 꼭 전문가의 도움을 받아야 한다. 내가 자주 사용하는 방법 중 하나가 편지 쓰기이다. 이 방법은 독이 되는 부모 밑에서 자란 내면아이가 있는 어른과 성적 학대의 희생자들 모두에게 좋은 효과가 있었다.

나는 특히 심리 치료 초기 단계에서 일주일에 한 번씩 꼭 편지를 쓰게 했다. 그리고 집에서 써 온 편지를 치료 모임에서 큰소리로 읽게 했다. 그런 다음 스스로 강해졌다는 생각이 들 때 편지를 부치게 했다.

❶ 가해자에게 편지쓰기

가해자에게 쓰는 편지에서는 모욕감을 최대한 표출하는 것이 좋다. 가능하면 '어떻게 감히', '어떻게 그럴 수가' 등의 문구를 최대한 많이 사용해야 한다. 모욕감을 좀 더 쉽게 드러내줄 수 있기 때문이다.

은행에 다니는 태희 씨는 일찍부터 아버지로부터 괴롭힘을 당했고, 나중에는 아무 남자와 잘 정도로 자신을 망가뜨렸다. 그녀가 아버지에게 쓴 첫 번째 편지는 초점이 없고, 중언부언에 횡설수설이었다. 하지만 두 번째 편지는 좀 더 다듬어지고 요점이 분명했다.

아버지께

첫 번째 편지를 쓴 후 시간이 꽤 지났어요. 많은 것들이 변했죠. 처음 편지를 쓸 때는 아버지가 괴물처럼 느껴졌는데 지금은 좀 나아졌어요. 근친상간은 정말 나쁜 짓이에요. 하지만 어찌 되었든 아버지와 함께 살아야 했기에 위협과 난폭함을 모두 견뎌야 했어요. 당신은 약한 자를 등쳐먹는 사람이고 폭군이에요. 도대체 어떻게 제 어린 시절을 송두리째 훔쳐 갈 수가 있죠? 어떻게 제 인생을 이토록 망쳐버릴 수 있는 건가요?

당신은 정말 징그럽고 끔찍한 짐승만도 못한 인간이에요. 수단과 방법을 가리지 않고 사람을 이용해 먹을 대로 이용해 먹는 나쁜 사람이죠. 당신은 다른 아버지들이 하는 것처럼 딸로부터 사랑을 받으려 하지 않고 이상한 방법으로 당신을 사랑하게 강요했어요. 저는 당신을 막을 힘이 없었어요. 당신은 정상이 아니고, 더러운 인간이에요. 모든 게 엉망진창이었어요. 제가 할 수 있는 거라곤 제 자신을 망가뜨리는 것밖에 없었지요.

저는 아버지나 어머니의 문제를 해결해줄 수 없어요. 하지만 제 문제만큼은 해결할 수 있어요. 이 과정에서 아버지나 어머니 혹은 두 분 모두 상처를 입는다고 해도 어쩔 수 없어요. 저를 괴롭혀달라고 한 적이 없으니까요.

- 태희

태희 씨는 모욕감을 표현한 다음부터 더 이상 자신을 미워하고 파괴하는 말과 행동을 하지 않았다.

❷침묵하는 한쪽 부모에게 편지쓰기

가해자에게 편지를 쓰고 나서 대개 어머니인 한쪽 부모에게 편지를 쓰게 되는데, 만약 어머니가 성적 학대에 대해 모르고 있었다면 이때 처음으로 알게 된다. 하지만 어머니가 알고 있었다는 생각이 들거나, 그런 일이 있었을 때 어머니에게 말한 적이 있다면, 모욕감을 극대화해 표현해야 한다. 보호해주지 않은 것에 대해, 믿어주지 않고 비난한 것에 대해, 결혼 생활이나 가족 관계가 파탄 날 것이 두려워 딸을 희생양으로 삼은 것에 대해 최대한 모욕감을 표현해야 하는 것이다. 동시에 어머니 자신의 경제적 안정을 유지하려고 성적 학대를 묵인한 것에 대해서도 모욕감을 표현해야 한다.

태희 씨가 쓴 편지에는 대부분의 희생자들이 어머니에게 드러내는 감정과 주저하는 모습이 그대로 표현되어 있다. 편지는 고통스러웠던 성적 학대들을 하나하나 열거하는 것으로 시작되었다.

……엄마까지 저를 배신했어요. 엄마의 역할은 어린 딸을 보호하는 거

예요. 그런데 엄마는 그러지 않았어요. 엄마가 저를 돌봐주지 않은 게 더 가슴 아파요. 알고 싶지 않았나요? 아니면 알 만한 여유도 없었나요? 저는 외롭고 무서운 시간을 보내야 했어요. 그래서 엄마에게 너무 화가 나요. 엄마는 저를 버렸어요. 엄마는 그 빌어먹을 아버지와의 평화가 더 중요해서 저를 아버지에게 제물로 바쳤어요. 저는 제가 보호받을 가치도 없을 정도로 하찮은 존재라는 생각에 큰 상처를 받았어요. 그 상처가 너무 아파서 살아오는 내내 고통을 받았지요. 제가 보통 사람과는 다른 사람처럼 느껴졌어요. 부모님은 제 어린 시절을 송두리째 빼앗아갔을 뿐만 아니라 제 감정까지 빼앗아갔어요. 저는 부모님을 미워하면서도 사랑하는 혼란에 빠져버렸어요. 왜 저를 보호해 주지 않았나요? 왜 저를 사랑해 주지 않았나요? 제가 뭘 잘못했나요? 이젠 대답해주세요!

모든 희생자들은 태희 씨가 표현한 대로 몹시 혼란스러워한다. 그 중에서도 특히 어머니가 딸을 보호하지 못한 데 대한 혼란스러움과 배신감은 모두가 다 느끼는 감정이다. 태희 씨가 하려는 말의 핵심은 '하다못해 동물들도 제 자식은 보호한다'는 것이었다.

❸ 상처입은 내면아이에게 편지 쓰기

가장 어려운 일은 당신 내면에 살고 있는, 상처 입은 내면아이에게 편지를 쓰는 것이다. 이 일은 가장 중요하다. 당신이 내면아이의 부모가 될 준비를 하는 일이기 때문이다.

부모가 된다는 것은, 당신의 내면 깊숙한 곳을 탐구해 그 안에 있는 상처 입은 아이에게 사랑스럽고 신뢰할 수 있는 부모를 찾아주는 것을 의미한다. 여전히 당신의 일부인 겁먹은 그 내면아이를 보호해주고, 안심시켜주며, 평안하게 해주는 부모 말이다.

어린 시절에 성적 학대를 당한 사람들 대부분은 내면에 존재하는 아이와 사이가 좋지 않다. '더럽혀진' 불쌍한 아이에게 창피함 때문에 화를 내고, 그 아이를 미워한다. 극도로 고통스러운 이런 감정들을 느끼지 않으려고 그 아이의 존재를 인정하지 않으려 들지만, 그아이를 숨길 수는 있어도 완전히 버릴 수는 없다.

내면아이에게 편지를 쓰면서 그 아이를 안아주기 바란다. 그리고 그 아이를 당신의 일부로 받아들이기 바란다. 또한 그 아이를 보호하고 지지해 주자. 당신이 부모에게 전혀 받아본 적이 없는 것을 해주자. 아이가 사랑받고 있다고 느끼게 해주고, 생애 처음으로 자신이 가치 있는 사람이라고 여기게 해주자.

어린 시절과 청소년기 내내 아버지로부터 성적 학대를 받은 영민씨는 자신이 어린아이였다는 사실 자체를 인정하려 들지 않았다. 그 작은 소년은 너무 연약해서 아버지에게 맞설 수 없었기 때문이다. 그가 쓴 편지는 그 느낌들이 몇 번의 상담과 치료에 의해 얼마나 극적으로 변했는지 보여준다.

사랑하는 어린 영민이에게

너는 참 예쁘고 아무 죄도 없는 아이야. 순수하고 사랑스럽지. 이제부터는 내가 너를 지켜줄게. 너는 재주도 많고 총명해. 내가 이제 너를 표현해줄게. 너는 이제 안전해. 너는 사랑할 수 있고 사랑받을 수 있어. 더 이상 상처받지 않을 거야. 이제 알게 될 거야. 내가 우리를 돌볼게. 나는 우리를 하나가 되게 할 거야. 우리는 늘 떨어져 있었지. 각기 다른 역할을 하고 각자 대처했어. 너는 미치지 않았어. 무서웠을 거야. 그 사람은 더 이상 너를 괴롭히지 못해.

너의 분노, 너의 슬픔, 너의 우울함, 너의 죄책감, 너의 수치심, 너의 불안을 잠재우기 위해 더 이상 술이나 약물에 손대지 않을게. 이제 그런 느낌들은 버려도 돼. 나는 이제 아버지가 우리에게 했던 것처럼 우리에게 벌을 주는 행동을 더 이상 하지 않을 거야.

하느님께 기도했어. 우리는 가치 있는 사람이 될 거야. 나는 가치 있는 사람이야. 이제 우리가 만든 세상이 열리고 있어. 우리가 깨어나고 있어. 여전히 상처가 남아 있지만 그렇게 심하진 않아.

영민 씨는 이 편지를 자신의 내면아이와 의사소통하기 위해서 썼지만, 스스로를 망가뜨리고 있던 술과 약물에서 빠져나오려는 자신을 안심시키기 위해서도 썼다. 편지에도 썼듯이 그는 생애 처음으로 자신을 망가뜨리려는 행동과 어린 시절의 고통이 연결되어 있다는 것을 이해할 수 있었다.

성적 학대의 가해자인 부모와 대면하기

성적 학대의 경우 부모 한 사람씩 대면하는 게 덜 폭발적이다. 한꺼번에 두 사람과 대면하면 두 사람이 이런저런 변명을 늘어놓거나 딱 잡아떼기 일쑤다. 그래서 두 사람과 한꺼번에 대면할 때는 지지 체계가 더욱 확고해야 한다.

가해자가 어떤 식으로 나올지 짐작하기 어렵다면 열받을 각오를 해야 한다. 가해자는 모든 걸 부정하는 것은 물론 오히려 당신에게 화를 내고, 상담해주는 사람까지 가정 파괴범으로 몰면서 행패를 부릴 수도 있기 때문이다. 자신의 범죄 사실을 최소화하려고 할 수도 있고, 자신이 한 짓을 잘 알고 있다고 말할 수도 있다. 자신이 무슨 행동을 했는지 잘 알고 있다고 할 경우 특히 더 조심해야 한다. 가해자들은 희생자들로 하여금 오히려 미안한 마음이 들게끔 조종하니까 말이다.

성적 학대를 한 부모와 대면하는 일도 다른 종류의 독이 되는 부모들과 대면하는 일과 별로 다를 것이 없지만, '특별히 염두에 두어야 할 점'들이 있다. 가해자에게 대면할 것을 요구했을 때 어떤 반응을 나타내는지를 보면, 향후 가해자와 어떠한 관계를 형성할지 예측할 수 있어서이다.

당신이 알고 싶어 하는 것들을 이야기해보겠다.

- 가해자가 일어난 일들에 대해 온전히 인식하고 있으면서 기억이 안 난다고 한다. 그때는 이렇게 말하자. "뭐라고 말하든 상관없다. 내가 그 일을 기억하고 있는 한 그 일은 분명히 있었다!"
- 가해자가 사과한다.
- 그동안 당신을 괴롭혀 온 고통을 가해자가 전부 책임지겠다고 한다.
- 보상할 의지가 있다. 예를 들면 가해자가 자신도 치료를 받으러 다니고, 당신의 치료비도 부담하며, 고통받은 피해자들에게 용서를 구하는 것이다.

가해자가 용서를 구하며 사과하는 것은 매우 매력적인 요소를 지니고 있어서 당신으로 하여금 잘못된 희망을 품게 할 수도 있다. 가해자가 사과는 해놓고 행동에 변화를 보이지 않는다면, 그것은 아무런 기대도 하지 말아야 한다는 뜻이다.

가해자와 앞으로의 관계에 대해 몇 가지 기본적인 규칙을 만들 필요가 있다. 당신은 이제 거짓되고, 비밀을 감추기에 급급하며, 부정하면서 살지 않겠다고 맹세해야 한다. 가장 중요한 것은 더 이상 잘못된 책임감 때문에 폭력의 희생양이 되지 않겠다는 점을 분명히 하는 것이다. 그 길만이 희생자로 살아가지 않는 방법이다.

희생자의 굴레에서 빠져 나와라

연수 씨는 아버지와 어머니를 따로따로 대면하기로 마음먹었다. 그녀의 아버지는 몇 번이나 약속을 어긴 다음에야 치료에 참석했다.

연수 씨 아버지는 건장한 50대 후반의 남자였다. 흠잡을 데 없이 말쑥했고, 빈틈이 없는 사람처럼 보였다. 내가 그에게 연수 씨가 왜 아버지를 모시고 왔는지 아느냐고 묻자 그는 "그러는 게 효과가 있어서죠."라고 대답했다. 나는 연수 씨에게 어떤 치료가 진행되고 있는지 아버지에게 말하라고 했다.

아버지, 저는 지금 성적 학대를 당한 희생자 모임에 참여하고 있어요. 아버지한테 혹은 아주 간혹 어머니한테 제가 당했던 것과 같은 것을 당한 사람들 모임이죠.

연수 씨 아버지는 얼굴이 벌게져서는 눈을 껌뻑거렸다. 그러고는 뭐라고 말하기 시작했다. 연수 씨가 얼른 말을 가로막고는 이야기를 들어달라고 했다. 그녀는 아버지가 자신에게 했던 일들에 대해 말을 이어갔다. 얼마나 아팠는지, 얼마나 놀라고 혼란스러웠는지, 그리고 얼마나 더럽게 느껴졌는지에 대해 계속 이야기했다. 더불어 성적 학대의 상처가 인생에 어떤 영향을 주었는지에 대해서도 이야기했다.

다른 남자를 좋아하게 될 거라고는 상상도 할 수 없었어요. 아버지를 배신하는 것 같고, 속이는 거 같았거든요. 저는 늘 뭔가에 홀려 있는 사람 같았어요. 아버지를 빼고는 아무것도 생각할 수 없었죠. 아버지가 저더러 노예라고 한 걸 믿었어요. 결국 이 더러운 비밀을 가슴속에 간직하게 되었죠. 제가 뭘 잘못해서라고 생각했어요. 살아오는 내내 우울해하면서도 아무렇지도 않은 것처럼 행동했어요. 하지만 제대로 되고 있는 것은 아무것도 없었지요. 아버지, 이제 모든 것을 제자리로 돌려놓을 시간이 됐어요.

제 결혼 생활은 엉망진창이었어요. 제가 남편과의 잠자리를 거부했기 때문이죠. 제 몸이 싫었어요. 제 자신이 미웠고요. 감사하게도 이제 모든 게 바뀌고 있어요. 아버지가 지금까지 제게 짐을 지웠던 것에 대해 이제는 책임을 져줘야겠어요. 아버지는 저를 배신했고, 저를 이용했으며, 아버지로서 해서는 안 될 짓을 했어요.

연수 씨는 아버지에게 그동안 원해 온 것들을 줄줄이 이야기했다. 사과해줄 것과, 아버지로서의 모든 책임을 깨달아줄 것을 요구했다. 그리고 연수 씨가 직접 말하기 전에 어머니에게 고백해달라고 했다.

연수 씨 아버지는 어리둥절한 표정을 짓더니 딸이 공갈 협박을 하고 있다고 소리쳤다. 성적 학대를 부정하려고 들지는 않았지만, 책임을 최소화하기 위해 연수 씨에게 절대로 '육체적인 상처'는 입히지 않았다고 우겼다. 사과를 하기는 했지만 연수 씨 아버지의 주된 관심사는 그런 사실이 '세상에 알려질 경우' 뒤따르게 될 결혼 생활 유지 문제와 사회적 지위였다. 그는 자신이 '쓸모 있고 생산적인 생활'을 하고 있다면서 치료받기를 거부했다.

그 다음 주 연수 씨는 어머니에게 아버지가 '고백' 하도록 압력을 넣으라고 했다. 그런 다음 치료 모임에 참석해 다음과 같이 얘기했다.

어머니는 잠시 망연자실하더니 몇 번 숨을 고른 다음 저에게 아버지를 용서하라고 했어요. 그리고 식구들한테는 절대로 말하지 말라고 했지요. 다른 식구들까지 상처를 입게 할 필요는 없지 않겠느냐고 말이에요. 저는 동의하지 않았어요. 갑자기 저만 나쁜 사람이 된 기분이었죠.

모임 안의 모든 사람들은 연수 씨가 그렇게 엄청난 일을 해낸 후 어떤 느낌이 들었는지 궁금해했다. 나는 그녀가 한 대답을 잊을 수가 없다.

제 어깨에서 수십 톤이나 되던 더러운 짐 하나가 떨어져 나간 것 같았어요. 이제 진실을 말할 권리를 찾았고, 누가 뭐라고 하든지 간에 그건 제 책임이 아니었다는 걸 실감하고 있어요.

우리 모두는 연수 씨가 어떻게 자신의 힘을 되찾고 희생자의 굴레에서 빠져나오게 되었는지를 보면서 짜릿함을 느꼈다. 연수 씨는 결과적으로 제한된 범위 내에서만 부모와의 관계를 지속하기로 했다.

단단한 돌벽 같은 부모에 대고 말하기

연수 씨의 경우는 비교적 내 도움 없이 부모와 대면했지만, 진서 씨의 경우는 달랐다. 그녀의 양아버지는 지방의 힘 있는 목사였는데, 성적 학대를 했을 뿐 아니라 저항하는 그녀를 매번 힘으로 밀어붙였다. 더구나 어머니까지 합세해 불가항력이었다. 진서 씨가 치료에 참석해달라고 했을 때는 "정신적 문제를 치료하기 위해서라면 무엇이든 하겠다."라고 했다.

열다섯 살 때 진서 씨는 엄마에게 양아버지의 행동에 대해 말했지만 엄마는 그녀의 말을 믿으려 하지 않았고, 진서 씨는 두 번 다시 그 말을 입 밖에 내지 않았다.

진서 씨 양아버지는 품위 있어 보이는 60대 초반의 남자였다. 검은색 정장을 입고 상담실에 나타난 모습이 아주 인상적이었다. 진서 씨의 어머니는 키가 크고 날씬하며, 굳은 표정에 고집이 세 보이는 인상을 하고 있었다. 두 사람이 문을 열고 걸어 들어올 때는 경건한 느낌마저 들 정도였다.

진서 씨는 그동안 연습했던 말과 행동을 모두 펼쳐놓았다. 하지만 학대당한 이야기를 할 때마다 돌로 된 벽에 대고 말하는 것 같았다.

그녀의 부모는 지금 무슨 말을 하고 있는지 모르겠다면서 진서 씨가 제정신이 아니며, 모든 것을 지어내고 있고, 사악하고 집착이 강한 아이가 아버지를 경건한 성직자의 지위에서 끌어내리려 한다고 우겼다.

진서 씨는 멈칫했지만 더 이상 물러설 곳이 없었다. 그녀는 절망적인 표정으로 나를 보았다. 내가 끼어들기로 했다.

당신 둘은 진서 씨를 지독하게 배신했어요. 더 이상 두고 볼 수 없군요. 두 분이 끝까지 진실을 숨기겠다니 유감이에요. 아버님, 당신은 진서 씨가 말하는 게 모두 사실이라는 것을 알고 있어요. 이런 가슴 아프고 질척대는 이야기를 만들어내고 싶어 하는 사람은 세상에 아무도 없어요. 그리고 몇 년씩 우울해하고 창피스러워 고개도 못 들고 다니고 싶어 하는 사람 역시 없지요. 법망을 빠져나갈 수 있을지는 몰라도, 끝까지 자신을 속일 수는 없다는 걸 알아두세요. 당신은 아이들에게 권위와 신뢰를 내세워야 하는 위치에 있어요. 삶 전체가 거짓으로 가득 차 있으면서 어떻게 목사 신분으로 사람들 앞에 설 수 있는지 모르겠군요. 당신은 사기꾼이고 아동학대범이에요. 당신도 알고 하느님도 알아요!

진서 씨 양아버지의 얼굴이 굳어졌다. 아무 말도 하지 않았지만 머리끝까지 화가 나 있는 게 분명했다. 나는 진서 씨 어머니에게 진실과 직면할 수 있는 마지막 기회라고 말해주었다. 하지만 말짱 헛수고였다.

나는 진서 씨의 고통이 계속되게 내버려둘 수가 없었다. 그녀는 필요한 모든 정보를 갖고 있었기 때문에 나는 진서 씨 양아버지와 어머니에게 나가달라고 말했다.

진서 씨는 부모와 자신의 건강한 감정 중에서 하나를 선택해야 한다는 것을 깨달았다. 그녀가 선택하기까지는 오래 걸리지 않았다.

제 인생에서 두 사람을 지워버려야겠어요. 두 사람 다 제정신이 아니에요. 제가 그 사람들과 관계를 계속할 수 있는 방법은 저까지 미치는 것뿐이에요. 이제 제가 좀 더 강해진 것 같아요. 그 사람들은 다른 별에서 살다 온 사람들 같아요. 오, 세상에 저런 여자가 제 어머니였다니요!

진서 씨는 울기 시작했다. 나는 그녀가 마음 놓고 울 수 있도록 꼭 안아주었다. 마침내 그녀가 입을 열었다.

제가 가장 상처받은 건 그 사람들이 저를 조금도 배려해 주지 않았다는 사실이에요. 정상적인 부모들이 하는 사랑과 신뢰를 저에게 눈곱만큼도 베풀지 않았어요.

진서 씨는 어린 시절 성적 학대를 받았던 많은 어른들이 직면해야 할 끔찍한 진실을 보여주었다. 사랑할 능력조차 없는 사람들이 자신의 부모라고 하는 사실 말이다.

침묵하는 부모와 대면하기
태희 씨 아버지와 어머니는 서로 다른 곳에서 지내고 있었다. 그래서 각각 편지를 보내기로 했다.

태희 씨는 편지를 부친 후 몹시 불안해했다. 그녀는 3주가 지나자 아버지로부터 답장을 받을 수 없다는 사실을 깨닫고 몹시 슬퍼했다. 나는 그녀에게 "답장을 받은 거나 다름없어요. 이 문제에 대해 언급하고 싶지 않다는 답장을 받은 거예요."라고 말했다.

하지만 태희 씨 어머니는 답장을 보냈다. 그녀는 치료 모임에서 편지의 일부분을 읽었다.

내가 무슨 말을 하든지 네가 받은 상처를 감싸기에는 모자랄 거야. 그 당시 나는 최선의 방법으로 너를 보호하고 있다고 생각했단다. 네 아버지에게 그 문제에 대해 이야기했지만, 그는 미안하다고 하면서 다시는 그러지 않겠다고 맹세만 했구나. 그래도 비교적 믿을 만한 사람이었는데……. 그는 다시 한번 기회를 달라고 하면서 나를 사랑한다고 했어. 누가 내 어려움과 공포를 알겠니? 나는 어떻게 해야 할지 몰랐단다. 이제 다 끝났다고 생각했어. 이제야 말이지만 그가 이렇게 나를 속이고 얕봤다니 역겹구나. 나는 행복했던 집안이 불행해지는 것을 어떻게든 막고 싶었어. 나는 우리 삶이 부디 평화롭게 유지되기를 바랐단다.

심란해서 더 이상 이 문제에 대해 뭐라고 말할 수 없구나. 늘 그랬겠지만 너에게 아무런 도움이 못 되는구나. 태희야, 하지만 내가 너를 진심으로 사랑하고 있고 최선을 다하고 있다는 것만큼은 제발 알아주기 바란다.

- 사랑하는 엄마가

이 편지는 두 사람이 좀 더 친밀해질 수도 있다는 희망을 줄 정도로 솔직해 보였다. 나는 어머니와 이야기해볼 테니 전화를 걸라고 했다. 태희 씨는 전화를 걸었다. 태희 씨 어머니는 다시 한번 슬픔을 표현했고, 자신의 나약함과 자신도 모르게 공범이었다는 점을 시인했다. 나까지 이 두 여자가 좀 더 건설적인 관계를 형성할 수 있으리라는 희망을 품었다. 태희 씨가 어머니에게 진정으로 원하는 것을 말하기 전까지는.

태희 : 최근까지도 엄마가 아버지와 갈라설 거라고는 생각하지 않았어요. 하지만 저에게는 아주 중요한 게 있어요. 엄마, 아버지에게 가서 아버지가 저에게 한 짓들이 얼마나 끔찍하고 소름 끼치는 짓이었는지 말해주세요. 더 이상 아버지에게 바라는 것은 없어요. 아픈 데다 제정신이 아닌 사람이니까. 하지만 대답은 엄마를 통해 듣고 싶어요.

어머니(오랫동안 아무 말도 하지 않다가) : 그건 못하겠다. 절대로 못해. 나한테 시키지 마.

태희 : 아버지를 보호하겠다는 뜻이군요. 지금까지 그랬던 것처럼 말이에요. 편지를 받고 드디어 진정한 엄마를 갖게 되는구나 하고 생각했는데, 이번만큼은 제 편이 되어줄 거라고 생각했는데 말이에요. 미안하다는 말로는 안 돼요. 저를 위해 뭔가를 해줘야 해요. 그렇게 말만 하지 말고, 저를 사랑하고 있다는 걸 보여주세요.

어머니 : 태희야, 오래전 일이잖니. 너는 네 삶이 있고, 이제 네 가정이 있어. 아버지는 내 모든 것이란다.

태희 씨는 암담했지만, 어머니가 이미 오래 전에 한쪽을 선택했다는 것을 깨달았다. 이제 와서 태희 씨가 부모의 삶에 변화가 오기를 기대한 것은 비현실적이었다.

태희 씨는 어머니의 한계를 인정하고, 자신의 평안을 위해 어머니와 전화나 편지만 주고받는 최소한의 관계만 유지하고, 아버지와는 관계를 끊기로 마음먹었다.

이제부터 새로 시작하는 거야

고등학교 교장으로 재직하다 은퇴한 영민 씨 어머니는 아들이 사실을 이야기하자마자 즉각적인 반응을 나타냈다. 영민 씨 부모는 이미 10년 전에 이혼한 상태였다. 영민 씨 어머니는 아들에게 일어났던 일들에 대해 자세히 들은 후 영민 씨를 안아주었다.

세상에! 얘야, 미안하구나. 왜 진작 말하지 않았니? 뭔가를 했어야 했는데, 내가 생각이 없었구나. 뭔가 끔찍한 낌새를 알아차리기는 했단다. 사실 우리 부부 사이는 그리 좋지 못했어. 그 사람이 늘 목욕탕에서 자위한다는 건 알았지만, 너한테까지 몹쓸 짓을 했으리라고는 상상도 못했다. 아이고, 얘야, 진짜 미안하다. 정말 미안하다.

영민 씨는 어머니에게 너무 많은 짐을 지워준 것 같아 걱정했지만 그건 어머니의 능력을 과소평가한 것이었다. 어머니는 그를 안심시킨 다음 거짓된 삶을 살기보다는 걱정스러운 진실에 과감히 맞서기로 결정했다.

네 말을 듣고 얼마나 충격을 받았는지 모른단다. 하지만 진실을 말해줘서 기쁘다. 이제야 그 많은 일들이 이해가 가는구나. 그래 참 많은 것들이 엉망이 되어버렸어. 네가 술을 마시는 것도, 네가 우울증에 걸린 것도, 내 결혼 생활이 고통스러웠던 것도 그래서였어. 그 몇 년 동안 아버지가 나한테 성적으로 무관심해서 얼마나 자책했는지 모른단다. 심지어 아버지가 화를 내는 것도 나 때문이라고 자책했지. 이젠 알겠다. 아버지는 병에 걸린 거야. 병에 걸리지 않고서야 어떻게 그럴 수가 있겠니? 그러니까 우리 이제 자책은 그만하자. 이제부터 새로 시작하자.

영민 씨는 진실을 말함으로써 선물을 받았을 뿐 아니라 어머니를 얻었다. 영민 씨가 성적 학대에 대해 말함으로써 어머니는 결혼 생활 내내 자신이 그렇게 고통스러웠던 이유를 알게 되었다. 이후 영민 씨 어머니는 대부분의 성적 학대 피해자들 어머니처럼 피해자의 강력한 지지자가 되어 가해자에게 분노하고 따졌다.

나는 영민 씨와 어머니가 팔짱을 끼고 상담실을 나서는 모습을 보면서 모든 어머니가 다 저렇다면 얼마나 좋을까 하는 마음을 주체할 수가 없었다.

성적 학대 치료 모임에서 상담을 받은 희선 씨가 편지를 보내왔다. 그녀의 아버지는 어린 희선 씨에게 자기 말을 안 들으면 고아원에 보내버리겠다고 위협해 자기 욕심을 채웠다. 그녀는 부모와 대면하지 못했는데, 상담을 시작한 직후 부모가 연락 두절되었기 때문이다.

친애하는 선생님께

편지를 쓰고 싶었어요. 저를 새로운 사람이 될 수 있도록 도와주셔서 다시 한번 감사드려요. 모임 친구들에게도 고마워요. 저는 정말 잘 지내고 있습니다. 꽤 괜찮은 남자와 결혼했고, 세 아이의 엄마가 되어 신뢰라는 것에 대해 다시 배우고 있어요. 좋은 엄마가 되려고 해요. 저는 나쁜 사람들이 우리 아이들을 건드리지 못하게 애쓰고 있어요. 아이들은 그런 일이 생기더라도 제가 도와줄 거라는 걸 알고 있고요. 마침내 아버지와 대면했어요. 몇 가지 어려운 점이 있었지만 제가 어떻게 생각하고 있는지 말했어요. 아버지가 한 대답은 고작 "나는 아픈 사람이다."였어요. 미안하다는 말은 절대로 안 하더군요. 하지만 선생님이 옳아요. 그게 무슨 상관이에요. 저에게 필요한 것은 책임은 져야 할 사람이 져야 한다는 것뿐이니까요. 저는 훨씬 나아졌어요. 선생님의 사랑에 감사드려요. 선생님께 큰 빚을 졌어요.

– 사랑하는 희선이가

희선 씨는 정상을 되찾았다. 성적 학대의 희생자로서 인생이 암울하게만 보였지만, 상담을 하고 대면을 한 게 효과를 발휘한 것이다.

이 장에서 만난 사람들은 절망에서 벗어나 모두 다 건강한 삶을 살고 있다. 당신도 반드시 할 수 있다.

악순환의 고리를 끊어라

독이 되는 부모의 행동은 외형이 바뀌어도 악순환의 고리를 만들며 대를 이어 지속될 수 있다. 세대별로 외형은 다르지만 결과적으로 고난과 고통을 준다는 점에서는 다 똑같다.

여자를 괴롭히고 상처 주는 남자와 그럼에도 불구하고 그 남자를 사랑하는 여자에 관한 이야기를 책으로 출간한 직후 한 여성이 편지를 보내왔다.

책을 읽는 내내 저와 제 남편 이야기라고 생각했어요. 그리고 남편이 가학적인 사람일 뿐 아니라 저 역시 몇 대를 걸쳐 희생되어 온 희생자이면서 가해자이기도 했다는 사실을 깨달았지요. 선생님의 책이 저에게 용기를 주었어요. 남편이 바뀔 수 있을지, 저 역시 남편 곁에 계속 머무를 수 있을지 아직은 잘 모르겠어요.

하지만 이제부터 제 아이들에게 다른 모습을 보여주려고 해요. 말로 하는 학대를 포함해 모든 학대를 묵묵히 견디는 엄마가 아니라, 더 이상 학대를 용납하지 않는 엄마가 될 거예요. 제 아들은 여자를 괴롭혀도 된다고 생각하지 않을 것이며, 제 딸은 자신이 희생자가 되어도 당연하다고 생각하지 않을 거예요. 이끌어주셔서 고맙습니다.

편지를 보낸 여성은 집안에 만연되어 온 남편의 학대와 자신의 소극적인 태도를 과감히 바꾸겠다고 나섰다. 자신의 행동을 바꾸고, 남편에게 더 이상의 감정적 학대는 없게 함으로써 아이들이 집안 대대로 내려온 독이 되는 부모의 대물림으로부터 벗어나 자유를 찾는 위대한 발걸음을 내딛게 하려는 것이다. 즉 악순환의 고리를 끊으려는 것이다.

'악순환의 고리 끊기'는 원래 아동 학대와 연관이 있다. 매를 맞고 자란 아이들은 어른이 되어서는 자기 아이들을 때린다. 하지만 나는 이 개념을 확대해 모든 학대를 다 포함시켰다.

악순환의 고리 끊기는 희생자로 살아가는 것을 그만두고, 자신을 학대한 사람과 똑같이 행동하는 것을 그만두며, 무능한 부모 역할을 하지 못하게 하려는 의도에서 만들어졌다. 더 이상 절망적인 상태로 배우자와 자녀들, 친구, 동료, 권위자, 그리고 부모에게 의존하는 어린아이로 살아서는 안된다. 부끄러워하지 않고 과감하게 행동하면 어떤 식으로든 도움을 받을 수 있다. 당신부터 변화를 시도해야 좀 더 큰 반향을 불러일으킬 수 있다. 악순환의 고리를 끊음으로써 어린 시절에 덧칠된 잘못된 믿음과 규칙들로부터 자녀를 보호해야 한다. 당신에게는 다가올 세대를 위해 당신 가정의 상호작용의 본질을 변화시킬 능력이 있다.

무능한 어머니들의 대물림을 끊고

악순환의 고리를 끊는 가장 효과적인 방법은 당신의 부모가 했던 것보다 감정적으로 좀 더 효과적인 서약을 하는 것이다.

혜리 씨는 부모로부터 제대로 된 사랑과 양육을 받지 못했기 때문에 자식들을 사랑할 수 없을 거라고 잘못 생각해 왔다는 것을 알았다. 오래 된 습관에 맞서는 것이 쉽지는 않았지만 그녀의 서약은 단호했다

자식을 낳는 게 몹시 두려웠다. 내가 어떤 엄마가 될 수 있을지 몰랐기 때문이다. 정말 어려운 결정이었다. 나는 자식들에게 방으로 들어가라고, 혼자 있게 해달라고 수없이 악을 썼다. 아이들이 얼마나 요구가 많고 귀찮게 하는지 견디기가 힘들었다.

하지만 그게 다 우리 엄마가 나한테 한 행동이었다는 걸 치료를 받기 시작한 다음에야 알았다. 이제는 아이들에게 조용히 하라고 절대로 소리치지 않을 것이다. 나는 내면 깊숙한 곳에 있는 것들을 탐구할 것이다. 나는 완벽한 사람이 아니다. 하지만 조금이라도 나은 사람이 되기 위해 노력하고 있다.

혜리 씨는 자신을 회복하기 위해 특별한 걸음을 내디뎠다. 어머니와 대면한 것이다. 두 여인은 자신들의 감정과 경험들을 터놓고 이야기했다. 혜리 씨는 자신이 몇 세대 전부터 전해져 온 무능한 어머니들과 똑같이 살고 있다는 것을 깨닫게 되었다. 그녀는 자식들에게 자신이 받은 대로 하지 않아도 된다는 것을 알고는 몹시 기뻐했다.

그녀는 모임에 참가해 좋은 부모가 되겠다고 서약했지만 막상 어떤 부모가 좋은 부모인지 알 수가 없었다. 좋은 부모를 한 번도 본 적이 없었기 때문이다. 그녀는 부모 모임에서 누구나 이해할 수 있는 두려움을 해소하는 법과 일상에서 난감해하거나 공황 상태에 빠

지지 않고 아이들의 요구를 다루는 방법을 배워 나갔다.

　그녀는 자신을 돌보는 법도 배우고, 내적 공허감과 싸우는 법도 체득했다. 그리고 부모 모임과 내가 권한 민속춤 사교 모임에 가입해서 새로운 친구들도 사귀었다. 남자들과 잘 지내지 못하고 문제만 일으키던 과거의 잘못된 생활 방식에서 벗어나 조금씩 안정되기 시작했고, 자기 파괴적인 행동도 많이 줄어들었다.

절대 아버지처럼은 되지 않겠어

　책 첫머리에서 이야기한 민수 씨는 어린 시절 아버지로부터 무자비하게 맞으며 자란 사람이다. 상담을 하고 나서 6개월이 지나자 민수 씨는 자신이 학대당하며 자란 사람이라는 것을 실감했다. 그는 편지 쓰기, 역할극, 부모와 대면하기 등 모든 과정을 다 거쳤다. 그리고 과거의 고통들로부터 서서히 해방되기 시작할 무렵, 자신 역시 결혼 생활에서 악순환의 고리를 반복하고 있다는 사실을 깨달았다.

　민수 : 아버지처럼 되지 않겠다고 수백 번도 넘게 맹세했습니다. 하지만 되돌아보면 아버지가 저를 함부로 대했던 것처럼 저도 제 아내를 대했어요. 아버지처럼 저를 훈련시켜 똑같은 결과를 냈던 거죠.

　나 : 성인이 되었는데도 여전히 어린아이로서 사랑과 학대를 같은 것으로 혼동했군요. 아버지한테 학대당할 때 느꼈던 것처럼 말이에요. 그래서 둘을 뒤섞게 된 것 같아요.

　민수 : 아내를 신체적으로 학대하지는 않았기 때문에 다른 줄 알았어요. 하지만 말로 학대했고, 감정 변화로 벌을 주었어요. 오래 전에 집을 떠

나 왔지만 여전히 아버지와 같이 살고 있었던 겁니다.

민수 씨는 아버지가 자신을 학대했다는 사실과 가학적인 결혼 생활을 하고 있다는 사실을 부정하면서 살아왔다. 입장만 바뀌었을 뿐 여전히 학대 속에서 살고 있었던 것이다. 아버지가 민수 씨를 몹시 난폭하게 대하고 신체적인 고통을 주면서 조종했다면, 민수 씨는 언어적 학대와 감정적인 고통으로 아내를 조종했던 것이다.

민수 씨는 희생자인 동시에 자기 합리화를 하고 있는 아버지와 똑같은 폭군이었다. 민수 씨가 자신의 행위를 부정했다면 아버지와 똑같이 학대를 반복했을 것이다. 자신이 스스로 선택한 거라는 사실을 모르는 채 말이다.

악순환의 고리를 인식하지 못한다면 그것을 부숴버릴 엄두도 낼 수가 없다. 민수 씨는 아내가 떠나고 나서야 그 사실을 알게 되었다. 그는 지불한 대가에 비하면 행운의 사나이였다. 아내가 민수 씨가 달라졌다고 생각하고 다시 합치기로 결정했기 때문이다.

그는 더 이상 아내를 괴롭히지 않았고, 업신여기지도 않았다. 그리고 아내에게 분노를 전가하는 대신 근원을 찾아 해결하려고 노력했다. 그는 아내에게 자신의 어린 시절에 경험한 학대와 공포를 털어놓았고, 악순환의 고리를 끊었다.

술 중독인 아버지와 함께 직장에서 일했던 윤호 씨는 아버지 같은 사람과 절대로 상종하지 않겠다고 맹세했지만, 술 없이는 못 사는 여자와 결혼했고 십 대인 자식 두 명도 술과 약물 중독에 빠졌다.

아이들이 똑같은 문제를 일으킬 줄은 꿈에도 생각 못했어요. 저는 술을 입에도 안 대거든요. 하지만 아이들 엄마는 계속 술을 많이 마십니다. 그런데 도움 받기를 거부하고 있어요. 일을 마치고 저녁에 집에 들어가서 아내가 두 아들과 맥주잔을 기울이고 있는 꼴을 보는 건 지옥이나 다름없습니다. 셋 다 취해 있을 때가 한두 번이 아니에요. 젠장, 어떻게 이럴 수가 있습니까?

윤호 씨는 전에 보여준 태도와는 달리 아내와 직접 담판을 짓기로 했다. 아이들이 더 망가지기 전에 술 중독이라는 악순환의 고리를 끊어야만 한다는 걸 알았기 때문이다. 그래서 도움을 받지 않으면 이혼하겠다고 아내를 위협했다. 아내는 단주 모임에 등록했고, 두 아들은 젊은이들을 위한 술 중독 치료 모임에 참여하기로 했다.

만약 당신이 술 없이 하루도 못 사는 부모 밑에서 자란 사람이라면 당신의 가정에 또 다른 술 중독자가 존재할 확률이 높다. 윤호 씨의 경우처럼, 자신이 술 중독은 아니더라도 술을 좋아하는 배우자를 만날 가능성이 크다. 그렇게 되면 자녀 역시 당신과 마찬가지로 술 중독 부모 밑에서 당신과 똑같은 경험을 하며 자랄 수밖에 없다. 그래서 당신 대에서 악순환의 고리를 끊어야 하는 것이다.

충동을 조절하는 기술

6장에서 소개한 미주 씨는 어린 아들을 학대하는 문제로 아동보호 기관의 의뢰를 받고 왔다. 그녀는 악순환의 고리를 끊기 위해 과거와 현재라는 두 가지 궤도를 수정했다. 나는 충동을 조절하는 기

술을 가르치는 문제에 초점을 맞췄다. 그녀에게는 충동을 조절하는 게 가장 절실했기 때문이다. 그녀는 우선 일상의 삶부터 되찾아야 했다. 어린 시절에 대해 다루기 전에 분노부터 조절해야 했다는 뜻이다.

나는 미주 씨에게 자식을 학대하는 부모 모임에 매주 참석하라고 했다. 그녀는 모임에서 자신이 아들을 해칠 위험이 있을 때 도움을 청할 조력자를 구했다. 조력자는 그녀에게 충고를 해주거나 그런 상황을 극복하게 도와주는 중재자였다.

그녀는 스트레스를 받는 상황에서 공격성을 조절하는 치료와 다른 치료도 함께 받았다. 학대 행동을 조절하는 물리적인 치료와 더불어 분노를 구분하는 치료였다.

나는 그녀에게 몸이 측정기 역할을 한다고 말해주면서 분노는 여러 가지 생리적 요소를 갖고 있기 때문에 집중하기만 하면 된다고 했다. 분노로 치를 떨기 전에 분명하게 경험한 몸의 감각에 집중하기 시작하자, 그녀 스스로도 놀랄 만큼 여러 가지 변화가 일어났다.

선생님이 그 말을 할 때는 반신반의했어요. 하지만 사실이었어요! 제가 제 정신이 아닐 때 목과 뒷덜미가 뻣뻣해진다는 걸 알았지요. 속이 부글부글 끓고, 턱이 덜덜 떨리고, 숨이 굉장히 가빠져요. 심장이 쿵쾅거리고, 눈에서는 뜨거운 눈물이 흘러내리고요.

이런 신체적인 감각들은 그녀가 화를 낼 거라고 경고해주는 징후였다. 나는 가능한 온화해지도록 자신을 조절하라고 말했다. 자기 내면에 존재하는 엄청난 긴장감을 해소하기 위해 아들에게 소리를 지르거나 때리는 자동적인 반응을 고치려면, 집안 대대로 내려오는 학대라고 하는 악순환의 고리를 끊어야 하기 때문이다.

화가 끓어오를 때 나타나는 신체적인 징후들을 알게 되자 그녀는 그런 느낌이 들면 다른 방식으로 대응해야겠다고 생각했다. 우리는 새로운 반응과 대응 방식에 대해 많은 이야기를 나누었다. 하지만 워낙 오랫동안 자동적으로 행동해 왔기 때문에 새로운 행동 양식을 찾기까지 꽤 오랜 시간이 걸렸다.

미주 씨가 다시 시작할 수 있도록 나는 부모가 그녀를 학대하지 않고 어떻게 해주길 바랐느냐고 물었다. 그녀가 대답했다.

화가 가라앉을 때까지 멀리 떨어져 있기를 바랐어요. 집 주변을 걷거나 뭔가 다른 일을 하길 말이에요.

나는 그녀에게 다음에는 화가 나려고 하면 그 방법을 써보라고 했다. 그런 다음 부모에게 바란 것들 중에서 자신에게 적용한 방법을 말해보라고 했다.

열까지 세다가 생각해보니 예순까지 세는 게 나을 것 같았어요. 그렇게 하니까 아들에게 말할 여유가 생기더군요. 아들에게 너를 때리고 싶지 않으니까 잠시만 딴 방에 가 있으라고 했어요. 어떤 때는 조력자에게 전화로 상의했고요.

나는 훌륭한 행동 전략을 만들었다고 칭찬해주었다. 몇 달 동안 그녀는 자신의 느낌과 충동적인 행동을 조절하는 법을 만들어가면서 스스로 매우 대견스러워했다. 그리고 자신을 제어할 수 있다는 것을 알게 되면서 자신의 어머니가 했던 행동을 하지 않게 되었다. 학대 받으며 자란 아이의 고통을 다스리는 힘든 숙제를 이제 해낸 것이다.

어린 시절 아버지로부터 성적 학대를 받은 연희 씨는 아버지의 사랑을 되찾기 위해 20년이라는 긴 세월을 허비했다. 어느 날 같은 치료 모임의 회원이 연희 씨에게 여덟 살 난 그녀의 딸과 조부모와의 관계는 어떠냐고 물었다. 연희 씨는 부모가 손녀와 함께 있을 때 어떻게 해야 하는지에 대해 아주 엄격한 규칙을 정해놓고 실천하고 있다고 대답했다.

저 없이 아이 혼자 할아버지, 할머니와 있게 하지 않겠다고 못 박아 두었어요. "아버지는 전혀 변하지 않았어요. 치료도 안 받았고요. 저를 학대할 때와 똑같은 사람이에요. 왜 제가 딸을 아빠에게 맡겨도 된다고 믿어야 되죠?"라고 말했어요. 그런 다음 어머니에게도 말했어요. 어머니는 제 딸을 지켜줄 사람이 아니라고요. 아버지가 저를 학대할 때 어머니도 집에 있었거든요.

딸을 성적으로 학대한 아버지들은 손녀나 아이들에게도 손을 뻗친다. 연희 씨는 아버지가 또 그러지 않으리란 보장이 없으므로 현명하게 그런 식으로 경고한 것이다.

또한 연희 씨는 서점에 가서 딸에게 줄 책들을 잔뜩 샀다. 정상적이고 건강한 애정과 무력한 성적 행동을 구분할 정보가 담겨 있는 책들이었다. 그녀는 좀 더 용감하게 행동했다.

식구들 모두에게 이야기해 두었어요. 제 딸뿐만 아니라 집안의 아이들을 다 보호해야 한다고요. 아버지가 그 말의 의미를 이해했기를 바라요. 아무도 무서워하지 않았지만, 특히 우리 부모님이 그랬는데, 조만간 피부에 와 닿게 될 거예요. 제가 몇 년 동안 함구해 온 건 그러는 게 식구들을 보호하는 거라고 잘못 생각했기 때문이에요. 하지만 집안 아이들을 위험하게 둘 수는 없어요.

연희 씨는 용기 있고 책임감 있게 행동했지만 식구들 누구나 환영하는 분위기는 아니었다. 대부분은 자신들과는 관계 없다고 여기거나 믿지 않았고, 심지어는 거짓말하지 말라고 화를 내거나 배은망덕하다고 비난했다.

고통스러울 수도 있지만 아이들을 보호하려면 감수해야 할 몫이라고 생각해야 한다. 침묵을 강요하는 음모가 성적 학대를 계속하게 만들기 때문이다. 침묵을 깨야만 악순환의 고리를 끊을 수 있다.

얘야, 가슴 아프게 해서 미안하다

독이 되는 부모의 두드러지는 특징은 절대로 사과하지 않는다는 점이다. 그러므로 악순환의 고리를 끊으려면 독이 되는 부모들로 하여금 상처를 입힌 자녀들에게 사과하게 해야 한다. 당신부터 자녀들에게 사과하라. 사과라는 게 그저 안아주면 되는 거라든가, 자신이 나약하다는 것을 인정하는 징표라거나, 권위가 땅에 떨어지는 거라고 생각할 수 있다. 하지만 아이들은 오히려 당신을 존경할 것이다. 비록 어린아이일지라도 사과하려면 용기가 필요하다는 걸 알기 때문이다. 진심 어린 사과는 가장 치료 효과가 높다.

미주 씨는 어린 아들에게 진심으로 사과하고 싶었지만 두려웠다. 뭐라고 말을 시작해야 할지 알 수가 없었다.

나는 역할극을 제안했다. 미주 씨에게 내 쪽으로 바짝 당겨 앉은 다음 내 손을 잡으라고 했다. 그리고 자신을 아들이라고 상상하라고 했다. 나는 미주 씨 역할을 맡았다.

미주(아들 역할) : 엄마, 저는 엄마를 정말 사랑해요. 하지만 정말 무섭기도 해요. 엄마가 정신이 나가 때릴 때면 엄마가 저를 정말 미워한다고 생각돼요. 아무 생각도 안 들어요. 착한 아이가 되려고 노력하고 있어요. 엄마, 이제는 때리지 마세요.

미주 씨는 더 이상 말을 잇지 못하고 눈물만 뚝뚝 흘렸다. 그녀는 아들의 고통을 자신의 고통으로 느끼고 있었다. 아들이 하고 있는 말은 사실은 그녀가 어머니에게 하고 싶은 말이었다. 그녀는 집으로 가서 아들에게 사과하겠다고 결심했다.

다음 주에 그녀는 얼굴이 환해져 나타나서는 아들에게 사과하는 것이 생각보다 어렵지 않았다고 하면서 그저 자신이 부모에게 듣고 싶었던 말만 생각했다고 했다.

자녀에게 사과할 때는 아이가 자신의 느낌과 지각을 믿도록 가르쳐야 한다. 당신이 실수를 했더라도 아이에게 있는 그대로 보여주어야 한다. 그리고 잘못을 책임지는 모습도 반드시 보여주어야 한다. 그래야 당신 자녀도 실수는 누구든 할 수 있고, 실수를 하면 반드시 책임을 져야 한다는 걸 배우기 때문이다. 사과를 함으로써 진정으로 사랑한다는 것이 무엇인지를 보여주는 것이다.

　당신에게는 자녀의 인생을 바꿀 힘이 있다. 당신이 죄책감, 분노, 수치심, 자기 학대의 굴레에서 벗어날 때 당신의 자녀도 자유로워진다. 당신이 독이 되는 부모의 대물림을 끊고 악순환의 고리를 끊어야 자녀에게 대가를 치르지 않아도 되는 삶을 선물할 수 있다. 그리고 또 그 아이는 자기 아이에게 바람직한 삶의 선물을 줄 수 있다. 즉 당신이 미래를 자라게 하는 기름진 땅이 되어야 하는 것이다.

나가는 글

우리는 독이 되는 부모들이 우리가 말하는 것을 받아들이도록 하기 위해 수없이 많은 전쟁을 치렀다. 소란과 고통의 연속인 하루하루를 보내는 데 우리는 에너지를 다 써버렸다. 그런데도 결과는 여전히 변변치 않다. 이 전쟁에서 이길 수 있는 유일한 방법은 처음부터 그런 일을 시작하지 않는 것이다. 이제는 전쟁을 그만두고 소란을 잠재워야 한다. 부모를 내버려두라는 말이 아니라, 당신이 다음의 것들을 그만두어야 한다는 뜻이다.

- 부모를 변화시켜 당신이 좀 더 편안해지려는 기대
- 부모로부터 사랑받을 수 있을 거라는 기대
- 부모에게 지나치게 감정적으로 반응하는 것
- 그토록 갈망해 온 부모의 지지를 어느 날 갑자기 받을 수 있을 거라는 환상

독이 되는 부모 밑에서 자란, 내면아이를 간직한 어른들은 이성적으로는 알고 있다. 부모로부터 정서적인 지지를 받으며 자라지 못했는데 이제 와서 갑자기 정서적인 면이 충족되기는 어렵다는 것을!

하지만 머리로 이해하는 것과 느끼는 감정은 다르다. 굶주린 내면

아이는 조만간 부모가 살갑게 다가와 당신이 얼마나 훌륭한 아이인
지 알아주고, 사랑을 듬뿍 베풀어줄 거라는 환상에 매달린다. 부모
로부터 못 받은 사랑을 받을 수만 있다면 나쁜 짓이라도 서슴지 않
겠다고 마음먹을 수도 있다.

　그러나 독이 되는 부모에게 돌아가 어린 시절에 바랐던 것처럼 인
정을 받고 사랑을 받으려고 해봤자 말라버린 우물에 두레박을 내리
는 것과 같다. 당신의 물동이는 계속 말라 있을 것이다.

내려놓고 앞으로 나아가라

　신앙심이 깊은 수지 씨 부모는 딸이 유산한 일을 놓고 두고두고
잔혹한 장광설을 늘어놓았다. 그녀는 '나 죽었소!' 하고 지내는 방식
으로 부모와 보이지 않는 전쟁을 치르고 있었다. 다시 부모로부터
사랑받고 인정받을 거라는 부질없는 희망을 포기하기까지 그녀는
정말 많은 노력이 필요했다.

　최근 몇 년 동안 우리 부모님은 훌륭한 분들이고 저는 문제라고 믿었
어요. 부모님이 저를 사랑하는 법을 모른다는 사실을 받아들이기가 정말
힘들었지요. 그분들은 저를 조종하는 법을 알고 있었어요. 비난하는 법도
알고 있었고요. 어떻게 하면 제가 죄책감을 갖고, 나쁜 아이라고 생각하
는지도 알고 있었지만, 저를 저답게 살게 하고 자존감을 지킬 수 있도록
내버려두는 법은 몰랐지요.

　그분들은 제가 착한 아이라고 생각되면 저를 사랑하고, 그렇지 않다고
여겨지면 사정 없이 내팽개쳤어요. 그분들이 변하지 않을 거라는 거 알아

요. 이제 그분들이 달라지길 기대하기보다는 저를 위해 좀 더 나은 일을 해야겠어요.

수지 씨는 부모에게 인정받고 싶은 욕구를 충족시키기 위해 길고 험난한 길을 걸어왔다. 그녀는 유산 문제에 대해 부모와 대면했다. 어머니는 당시 부모로서 딸을 지지해 주지 못한 건 사실이라는 말만 했다. 그리고 나서도 여전히 딸의 인생에 지나치게 간섭하고 여러 가지를 요구했다.

수지 씨는 부모가 여전히 죄책감을 불러일으키고 잔소리를 해대며 자신을 조종하고 이용하려 들자 부모와 일정한 선을 긋기 위해 나에게 도움을 청했다. 여기 수지 씨와 내가 만든 대응 요령들을 적어본다.

- 어머니, 아버지가 저를 위해 얼마나 많은 공을 들이는지 알아요. 하지만 저도 제 인생이 있어요. 더 이상 이용당하고 싶지 않아요.
- 더 이상은 저를 몰아붙이게 내버려두지 않겠어요. 부모님은 의견을 말할 권리는 있지만, 저를 하찮게 여기거나 잔인하게 업신여길 권리는 없어요. 또 그러면 가만 있지 않겠어요.
- 기분 나쁘겠지만 이제부터 좀 더 많이 '싫다'고 대답할 거예요. 일요일마다 함께 있지도 않을 거예요. 그리고 이젠 전화도 없이 불쑥불쑥 찾아오지 마세요.
- 제가 너무 많이 변한다고 생각될 거예요. 그리고 두려울 거예요. 하지만 우리가 좀 더 나은 관계를 지속하려면 함께 노력해야 돼요.

수지 씨는 파괴적이고 소모적인 관계를 진정으로 변화시키려고 부모의 행동에 합리적인 한계를 두었지만, 부모의 태도나 신념에 대해서는 변화를 시도하지 않았다.

그녀의 부모는 예상했던 대로 몹시 화를 냈다. 딸을 악랄하게 괴롭히고 어린아이 취급을 했다는 걸 인정하지 않았다. 하지만 수지 씨는 부모가 인정하든지 안 하든지 아무 상관 없이 자신의 인생을 마음대로 하기로 마음먹었다. 시간이 지나자 그녀의 부모는 새로운 규칙을 마지못해 받아들였다.

부모와 전쟁을 치르느라 너무 많은 에너지를 소모해 왔던 수지 씨는 전쟁을 그만두게 되면서 결혼 생활과 개인적인 목표에 에너지를 쏟아부었다. 남편과 대화를 나누고, 삶의 계획을 세우며, 사랑을 나누는 시간이 늘어났다. 그 결과 둘 사이는 더욱 돈독해졌다. 약 2년 후 그녀는 치료를 마치고 목표였던 꽃 가게를 열었다.

당신은 부모가 어른이 되라고 허용해줄 때까지 기다리고 있기 때문에 계속 작고 힘 없는 어린아이처럼 행동하고 있는지도 모른다. 그러나 어른이 되는 것은 당신 스스로가 허용하는 것이지 부모가 허용해주는 게 아니다.

사랑에 대해 다시 생각하기

사랑이란 느낌 이상의 것이다. 사랑은 일종의 행위 방식이기도 하다. 수지 씨가 "우리 부모님은 저를 어떻게 사랑해야 하는지 몰랐어요."라고 한 말은, 그녀의 부모가 어떻게 행동하는 게 사랑하는 건지를 몰랐다는 뜻이다.

수지 씨 부모도 그렇겠지만, 다른 독이 되는 부모들에게 자녀를 사랑하느냐고 물어보면 모두 똑같이 대답한다. "당연히 사랑하죠. 다 잘 되라고 그러는 거예요."라고.

하지만 슬프게도 대부분의 아이들은 자신이 사랑받고 있다고 느끼지 못한다. 독이 되는 부모가 하는 '사랑'은 아이들에게 영양가 없고 불편하기 때문이다.

독이 되는 부모 밑에서 자란, 내면아이가 있는 어른들은 사랑이라는 말의 의미와 사랑이 어떤 느낌인지 잘 몰라서 몹시 혼란스러워한다. 부모가 사랑이라는 이름으로 하는 행동에서 극도로 '사랑하지 않는' 대접을 받았기 때문이다.

그래서 독이 되는 부모 밑에서 자란 사람들은 사랑을 혼란의 극치, 영화 혹은 드라마에서나 볼 수 있는 것, 변덕이 죽 끓듯 하는 것, 심지어 고통으로 해석하고 이해하기도 한다. 나아가 꿈과 희망과 용기를 포기하게 만드는 거라고까지 생각한다. 그 결과 사랑이 전부가 아니라고 단정 짓게 된다.

사랑한다는 것은 결코 자신을 내팽개치고, 균형을 잃게 하며, 자신을 미워하게 만드는 게 아니다. 사랑은 어떤 식으로든 남을 해치지 않으며, 좋은 느낌을 준다. 사랑은 마음을 풍요롭게 한다. 누군가 당신을 사랑해주면 당신은 그가 당신을 인정해주는 걸 느끼고, 당신을 돌봐주는 걸 느끼며, 당신 자신을 가치 있게 느끼고, 존경받고 있다고 느낀다.

진정한 사랑은 따뜻하고, 즐겁고, 안전하고, 안정적이며, 내적 평화를 느끼게 해준다.

자기 자신을 굳게 믿어라

모든 아이들이 그렇듯이, 당신도 어렸을 때는 부모가 당신을 인정해주느냐 안 해주느냐에 따라 착한 아이가 되기도 하고 나쁜 아이가 되기도 했을 것이다.

이 책에 있는 방법들을 이용해 당신 안에 잠재된 부모의 잘못된 판단 기준을 배제하기 바란다. 부모가 동의하지 않더라도 인정해 주지 않더라도 불안을 이겨낼 수 있다. 더 이상 부모로부터 인정을 받아야 할 필요가 없다. 자신을 굳게 믿어라.

그리고 당신을 다시 정의 내려야 한다. 자신에 대해 좀 더 잘 알게 되고, 독립적이 되면 될수록 부모는 점점 더 예전처럼 행동하지 못하게 될 것이다. 독이 되는 부모는 변화를 죽도록 싫어한다는 점을 기억하자. 독이 되는 부모는 당신이 건강해지고 새로운 사람으로 거듭나는 것을 절대로 인정하려 들지 않을 것이다.

하지만 시간이 흐르면 당신 부모도 새로워진 당신을 받아들일 것이다. 어른 대 어른으로서 새로운 싸움을 걸어오고 당신을 자극할 수도 있을 것이다.

선택은 당신에게 달려 있다. 집안 대대로 대물림되어 오던 파괴적인 악순환의 고리에서 자유로워질 것인가, 계속 엮여 살 것인가는 당신에게 달려 있는 것이다. 그런 다음 앞으로 갈 것인가, 뒤로 갈 것인가, 왼쪽으로 갈 것인가, 오른쪽으로 갈 것인가 역시 당신의 선택에 달려 있음을 꼭 잊지 말기 바란다.